QUEM É O BEBÊ HOJE

Blucher

QUEM É
O BEBÊ HOJE

A construção do humano
na contemporaneidade

Organização

Isabel Kahn Marin

Maria Teresa Venceslau de Carvalho

Regina Orth de Aragão

Quem é o bebê hoje: a construção do humano na contemporaneidade

Publisher Edgard Blücher
Editor Eduardo Blücher
Coordenação editorial Jonatas Eliakim
Produção editorial Thaís Costa
Preparação de texto Ana Maria Fiori
Diagramação Negrito Produção Editorial
Revisão de texto Évia Yasumaru
Capa Leandro Cunha

Blucher

Rua Pedroso Alvarenga, 1245, 4º andar
04531-934 – São Paulo – SP – Brasil
Tel.: 55 11 3078-5366
contato@blucher.com.br
www.blucher.com.br

Segundo o Novo Acordo Ortográfico, conforme 6. ed. do *Vocabulário Ortográfico da Língua Portuguesa*, Academia Brasileira de Letras, julho de 2021.

Dados Internacionais de Catalogação na Publicação (CIP)
Angélica Ilacqua CRB-8/7057

Quem é o bebê hoje : a construção do humano na contemporaneidade / organizado por Isabel Kahn Marin, Maria Teresa Venceslau de Carvalho, Regina Orth de Aragão. - São Paulo : Blucher, 2022.

320 p.

Bibliografia
ISBN 978-65-5506-524-4 (impresso)
ISBN 978-65-5506-520-6 (digital)

1. Psicologia infantil. 2. Parentalidade. I. Marin, Isabel Kahn. II. Carvalho, Maria Teresa Venceslau de. III. Aragão, Regina Orth de.

22-1605 CDD 155.4

Índices para catálogo sistemático:
1. Psicologia infantil

Conteúdo

Parte 3. Atualizações da clínica da primeira infância: riscos, intervenções e patologização

Apresentação

Ao nos reunirmos em 2017 para preparar o IV Encontro Internacional e XI Encontro Nacional sobre o Bebê, que aconteceria em 2018, e do qual se originam os textos deste livro, definimos que o tema seria *quem é o bebê hoje: a construção do humano na contemporaneidade*. Ao definir esse tema, buscávamos manter a tradição dos Encontros promovidos pela Associação Brasileira de Estudos sobre o Bebê (ABEBÊ), que sempre priorizou o debate de questões importantes e atuais para todos os profissionais que trabalham em torno do bebê. Nessa perspectiva, os cinco eixos estruturantes para a organização dos temas daquele Encontro foram os seguintes: "Parentalidade em discussão, a origem dos bebês: da cegonha ao *self-service*"; "O atravessamento da tecnologia na vida dos bebês"; "Atualizações da clínica da primeira infância: riscos, intervenções e patologização"; "Educação, cultura e cuidados"; "Atenção básica: saúde e políticas públicas".

Naquele momento, a zika assombrava, e compreender como as crianças seriam afetadas e quais os tratamentos possíveis frente às severas limitações que os bebês apresentavam eram aspectos que traziam muita angústia a todos os profissionais envolvidos. Os bebês que nasciam muito comprometidos causavam um estranhamento que remetia ao horror de se deparar com a imagem tão distante do ideal do bebê belo e forte, que representa a utopia do futuro. O bebê encarna as promessas e os riscos do futuro por sua condição, que sintetiza, ao mesmo tempo, não apenas as fantasias e anseios das gerações passadas encarnadas em seus pais, mas também os temores do estranho, daquele que chega trazendo algo do desconhecido, ou do sabido não aceito, do inconsciente. Cada nascimento traz um enigma: é a chegada de um novo humano na cultura, por assim dizer um estrangeiro, que pede acolhimento. Se o bebê é estrangeiro, precisa ser adotado por sua cultura: pais, família, adulto cuidador, rede social.

Não podíamos imaginar então que a preocupação com as consequências do vírus da zika sairia de cena para dar lugar à pandemia causada pelo coronavírus, quando, de início, as crianças novamente passaram a assombrar, pois se acreditava que poderiam ser as transmissoras do vírus, e que assim poderiam contaminar seus avós, ou até mesmo seus pais. Subitamente, a vida passa a ser restrita, a circulação pelos espaços públicos desaparece e a tecnologia se impõe como alternativa de contato com o mundo: trabalho, escola, amigos, família na tela. Para o Encontro de 2018, a tecnologia, cada vez mais presente na vida dos bebês, havia sido proposta como um campo a ser investigado. As questões giravam em torno de se perguntar sobre os efeitos da tela nas relações constitutivas do bebê e até que ponto os sintomas contemporâneos, como o autismo, tinham a ver com essa realidade. Se naquele momento a proposta era a de discutir o atravessamento da tecnologia na vida do bebê, numa certa perspectiva crítica, a partir da pandemia essa situação se impôs inexoravelmente. Além disso, nas condições de isolamento, a organização das famílias se viu colocada em questão, quando a rede de sustentação se precarizou, e pais e mães tiveram que se haver com seus filhos e bebês 24 horas por dia, mantendo seus trabalhos *on-line*, isso quando não perdiam seus empregos, toda a situação reavivando sentimentos de desamparo e impotência. Nos encontramos todos subitamente envolvidos numa atmosfera de catástrofe, ou de ameaça de catástrofe. E nos vimos todos submetidos a uma descontinuidade radical, rompendo com as condições da vida anterior à pandemia.

Atravessamos uma crise sanitária para a qual ainda é difícil prever todas as consequências sociais, econômicas, políticas e subjetivas. Essa crise também veio revelar nossas fragilidades, vulnerabilidades e falhas. Nessa perspectiva, ela colocou em questão a estruturação do espaço e do tempo que organiza socialmente nossos movimentos e nossas maneiras de estar no mundo. Abalou, assim, o enquadre constitutivo da nossa sociedade, nossos grupos de pertencimento, nossas relações familiares, sociais e de trabalho. Como considerar essas perturbações sobre o que os bebês vivenciaram? Uma pergunta que se coloca com urgência pode ser formulada assim: como sustentar a continuidade dos laços estando nós mesmos submetidos a essa descontinuidade súbita, radical, capturados por essa evocação intensa do desamparo fundamental e remetidos a vivências arcaicas do início da vida?

O desafio que se colocou para cuidadores, terapeutas e educadores era o da exigência de preservar o laço e, ao mesmo tempo, lidar com a separação, com a distância. Sabemos que um bebê suporta a descontinuidade até certo ponto, e que ela pode ser para ele estruturante, quando banhada numa experiência de permanência interna e de confiança no laço com o outro primordial. Confiança que se constrói pouco a pouco, e que depende fundamentalmente da capacidade do outro de sustentar a presença e a lembrança do sujeito, mesmo na ausência. Mas estávamos todos submetidos a rupturas significativas.

Ser um "bebê da pandemia" significou nascer isolado de círculos sociais que complementam a exclusividade parental, e viver em um contexto limitado redundou em restrição dos contatos dos bebês com outros adultos. Além disso, o fechamento das creches e das escolas de educação infantil reduziu completamente as oportunidades de interações com outras crianças e bebês. E sabemos hoje que parte importante da experiência relacional dos bebês se dá pelo contato próximo com outras crianças, pelo brincar com os pares, que começa a existir muito mais cedo do que supúnhamos anteriormente.

Nesse contexto, a perspectiva em relação aos efeitos da tecnologia para os bebês passa a ser outra, pois ela entrou no cotidiano das famílias como mantenedora de vínculo, marcando presença nas relações pessoais, profissionais e afetivas. Bebês nasceram e foram apresentados aos avós pelas telas, que perdem parte de seu caráter negativo e passam a ser utilizadas e valorizadas como o único meio para manter uma certa continuidade dos laços familiares e sociais. Dessa forma, se antes a tecnologia era usada principalmente para substituir os pais e cuidadores, agora ela se torna presença constante ao lado destes.

As perguntas novas que surgem ainda não podem ser respondidas e abrem caminhos para novas pesquisas e campos de investigação. Desde que, no pensamento psicanalítico, a dimensão da relação com o outro em seu modo e qualidade de presença tem sido valorizada como fundamental na humanização do bebê, vem sendo proposta uma metapsicologia da presença, e não somente uma metapsicologia da ausência. Talvez estejamos agora precisando buscar uma melhor compreensão do que seria uma metapsicologia do vínculo, do encontro, sustentado no espaço virtual. Uma metapsicologia do vínculo virtual.

Muitas questões se apresentam em decorrência dessa experiência que alterou profundamente e por um longo período os modos de convivência familiares e sociais. O que está acontecendo com os bebês que nasceram na pandemia e não têm experiência diversificada e múltipla de cuidados? O que seria a angústia do segundo semestre dos bebês hoje, uma vez que não há praticamente experiência do mundo externo e do encontro com o estrangeiro? Como pode ser experimentada a transição espaço doméstico--espaço público, uma vez que estamos distanciados do espaço coletivo de convivência? Quais são os fantasmas que rondam hoje o berço do bebê? Chegaríamos ao extremo de considerar que o uso das telas pelas crianças teria se tornado hoje um comportamento normalizado?

Ao organizar este livro nos perguntamos, então, de que contemporâneo falamos em 2021. Novas questões, novos dilemas: até que ponto as reflexões feitas em 2018 poderiam nos orientar para o momento? Entendemos que muitos dos trabalhos apresentados no Encontro de 2018 trazem reflexões relevantes no que diz respeito à prática com bebês, respeitando o princípio fundamental de que o bebê humano se constitui no campo da intersubjetividade, no encontro de olhares, toques, sons, sensações, ritmos, compartilhados com os pais ou com seus cuidadores de referência.

Dessa forma, mergulhadas nesse "novo contemporâneo", modificamos a organização dos trabalhos e dividimos este livro em três partes:

Parte 1. O atravessamento da tecnologia na vida dos bebês. Conforme vimos apontando, a tecnologia se impôs, e discutir seus efeitos sobre a constituição subjetiva é fundamental. Celso Gutfreind, em seu texto poético sobre esse tema, nos alerta que "diante de uma tela somos aparentemente saudáveis, mas fantasmas e barulhos perdem a chance de serem acolhidos. Dessa acolhida, com olhar, toque, textura, depende o desenvolvimento. [...] Um amigo, um poema, um analista e um encontro, ao contrário de uma tela, jamais serão neutros e sempre serão capazes de fomentar alguma subjetividade". A pensar então como a presença de um adulto cuidador, mediando a relação de um bebê com a tela, pode garantir essa acolhida.

O texto "Um arranjo possível diante da solidão materna: a escrita em *blogs* de maternidade", de Isabela Lemos Arteiro e Maria Consuêlo Passos, nos aponta justamente como os *blogs* podem se constituir como uma rede de acolhimento para dar suporte ao desamparo dos primeiros tempos de uma mãe, como propôs D. Stern com sua noção de matriz de apoio.

O interessante trabalho "Observação de bebês e presenças midiáticas", de Edilaine B. Pugliese *et al.*, parte da discussão sobre experiências de observação de bebês, orientadas pelas concepções de Esther Bick, num cenário contemporâneo. Nas observações realizadas pelas autoras, objetos midiáticos como televisão, celular etc. fizeram parte da cena. Algumas de suas considerações merecem ser destacadas: "Em um momento de intensas mudanças e adaptações a uma nova rotina para a família, para o casal e, principalmente, para a mãe, a presença dos aparelhos tecnológicos, com seus sons e imagens, pode significar um conforto em vários níveis. A tecnologia pode oferecer canais para justificar ausências e reorganizar os contatos. Também pode oferecer alternativas ao estado sensível de emoção não integrada e vulnerável em que os pais permanecem por algum tempo após o nascimento dos bebês. [....] O uso de aparatos tecnológicos como ferramentas para manter os laços da vida, amenizar experiências de separação e ausência e tentar elaborar lutos também esteve presente em uma das observações realizadas".

Parte 2. Cuidados básicos, educação e cultura: das redes necessárias para a constituição do sujeito. O lugar da escola para bebês sempre esteve em questão, e na pandemia isso se acentuou. Nessa perspectiva, discutir a importância desse espaço, assim como da cultura para a socialização dos bebês (construção do humano), se torna muito importante. Os textos "Contribuições de Elinor Goldschmied e Donald Winnicott para os cuidados e a educação de bebês", de Paulo Sergio Fochi e Bianca Sordi Stock, e "Arte contemporânea, bebês e crianças bem pequenas: que conversa é essa?", de Paula Zurawski, trazem aportes muito interessantes em relação à potência desses espaços.

Igualmente relevante é o trabalho de atenção primária em rede pública, com o acompanhamento domiciliar ao bebê e sua família, entre outros que dizem respeito às intervenções necessárias antes de qualquer problema identificado. Nessa perspectiva, a experiência de Sobral, relatada no texto "Políticas públicas para a proteção do bebê", de Ana Cecilia Sucupira e sua equipe, é inspiradora.

A família precisa de suporte para dar conta de "humanizar seu bebê". Merece atenção, particularmente, o lugar do pai, que tem sido bastante demandado. É sobre isso que o texto "Mas para onde foi o pai?", de Christine Davoudian, nos provoca a pensar. A autora propõe que a condição para que um homem possa exercer sua função paterna passa pelo reconhecimento de seu papel não somente pela mãe, mas também pela sociedade, que precisa realmente considerar o duplo laço de filiação de uma criança.

Parte 3. Atualizações da clínica da primeira infância: riscos, intervenções e patologização. A clínica com bebês, que se dedica a cuidar dos sofrimentos tão precocemente expressos, buscando compreender manifestações sintomáticas que podem se relacionar a transtornos significativos no processo de constituição subjetiva ou que expressam condições ambientais desfavoráveis ao acolhimento das expressões singulares das crianças, traz questões fundamentais, tanto no que diz respeito às possibilidades de tratamento como de prevenção.

Os diagnósticos mais frequentes em função da pandemia e provocados pelos efeitos do isolamento têm sido o atraso de linguagem e os chamados distúrbios de comportamentos. E temos percebido uma cristalização dos sintomas em diagnósticos fechados como transtornos do espectro autista (TEA), diagnóstico que já estava se apresentando quase como epidêmico anteriormente, e que passou a ser distribuído muito rápida e frequentemente aos pais de bebês e crianças pequenas preocupados com problemas de desenvolvimento de seus filhos.

Nessa perspectiva, entendemos que os trabalhos apresentados podem iluminar as questões que se apresentam no atual momento.

Em seu "Formas de expressão corporal do sofrimento psíquico em crianças psicóticas e autistas e cuidados pelas mediações terapêuticas", Anne Brun tece de modo surpreendente uma articulação entre o processo criador na arte e na clínica, enfatizando a especificidade da simbolização e propondo-se a mostrar que "o trabalho da matéria e das formas permite gerar processos de figuração de traumas pessoais arcaicos, que estão na origem do processo terapêutico".

Claudia Ravera, ao constatar nos centros maternais e creches a preocupação com o aumento das dificuldades dos bebês e dos pais para compreender e lidar com a infância, assim como o aumento alarmante dos diagnósticos de TEA, traz em seu texto "'Sinto que meu filho se perde': aumento alarmante de consultas de meninos pequenos com desvios de desenvolvimento psicomotor" aportes importantes da psicomotricidade para o tratamento dessas crianças. Por meio de vinhetas clínicas e num diálogo consistente com a psicanálise, propõe como um dos objetivos centrais no projeto terapêutico trabalhar buscando criar, de forma rítmica, envelopes sensoriais e narrativos, em um encontro intersubjetivo.

O dispositivo institucional do atendimento grupal é discutido em dois trabalhos diferentes, "Grupo terapêutico interativo com pais e crianças pequenas", pela equipe terapêutica do Lugar de Vida (SP), e "Relato de uma experiência de atendimento em grupo de bebês com suspeita de 'transtorno do espectro do autismo' e suas famílias", sobre o trabalho do Centro de Atenção Psicossocial Infantojuvenil (CAPSI) de Macaé (RJ). Ambos reúnem em atendimento terapêutico diferentes famílias na presença de seus bebês. O primeiro, de autoria de Maria Eugênia Pesaro e equipe, aposta que o encontro entre as crianças tem efeitos subjetivantes, descrevendo a proposta de criar um espaço transicional que permita encontros entre pais e crianças e que possibilite uma circulação discursiva e trocas simbólicas no brincar compartilhado, que têm, como efeito, incidência sobre os possíveis entraves na constituição subjetiva das crianças.

O segundo trabalho, de Eliane Pessoa *et al.*, tem como princípio a ideia de que são os bebês, mas principalmente os laços que os envolvem, que se tornam sujeitos de cuidado na rede pública de Macaé, entendendo o grupo como uma rede de assistência à população em vulnerabilidade. A apresentação e a discussão de vinhetas clínicas são inspiradoras para a prática em serviços de alta complexidade, que acolhem crianças e adolescentes em grave sofrimento psíquico ou risco social.

O texto "Intervenções oportunas em bebês com sinais de risco em saúde mental", de Vera B. Zimmermann *et al.*, relata e analisa prática interessante realizada com crianças pequenas, muitas diagnosticadas com TEA, no contexto de ambulatório num Centro de Referência da Infância e Adolescência de uma universidade. As autoras caracterizam seu trabalho por intervenções transdisciplinares que auxiliam corpos biológicos a ingressar num circuito pulsional, corpos sensoriais a advirem ao mundo das representações verbais e a se incluírem em redes de comunicação compartilhada no social. Entendem o transdisciplinar como a busca da compreensão da complexidade dos fenômenos pertinentes à cena clínica, implicando uma atitude empática na relação com o conhecimento do outro.

Mariângela Mendes de Almeida, Maria Cecília Pereira da Silva e colaboradoras apresentam no texto "Saúde e sofrimento psíquico no contexto das relações iniciais: reconhecimento e intervenções psicanalíticas em cena" um modelo de trabalho e transmissão de sua experiência junto às relações iniciais, visando ao fortalecimento de aspectos de saúde e continência quando algo não vai bem no desenvolvimento emocional do bebê e sua família. Por meio de vinhetas clínicas, apontam para a necessidade de um acompanhamento receptivo favorecido pelo olhar psicanalítico, integrando as ansiedades parentais e o sofrimento do bebê.

Finalmente, Patrícia L. Paione Grinfeld nos traz um relato clínico sensível e bem fundamentado em "A construção da função materna nas situações em que o recém-nascido é diagnosticado com uma patologia crônica". A autora propõe que, quando o destino anuncia uma patologia crônica em um bebê que acaba de nascer, eternidade e morte caminham, paradoxalmente, lado a lado, e, nessas circunstâncias, pergunta-se como uma mãe pode construir e se ocupar de uma função tão vital, e imprescindivelmente viva, como a função materna.

Iniciamos a apresentação deste livro relembrando os tempos que se passaram desde o início da organização do Encontro da ABEBÊ, em 2017, até chegarmos aos tempos recentes, que tantas perturbações e perdas trouxeram às vidas de muitos de nós.

A dimensão dos tempos vividos, dos tempos passados, nos liga necessariamente aos que estiveram conosco e já não estão mais, partiram cedo, precocemente, até inesperadamente. É necessário então, antes de concluirmos esta apresentação, evocar ainda outras lembranças que nos marcaram, como grupo e como instituição, nos últimos anos.

Nosso Encontro de 2018 foi aberto justamente lembrando e homenageando colegas e amigos muito queridos que nos haviam deixado pouco tempo antes. Assim, evocamos a lembrança e a presença marcante de Ângela Rabello, que foi uma das fundadoras da ABEBÊ, no ano de 2002, e que partiu precocemente. Lembramos também uma amiga próxima, pesquisadora sobre os bebês e sempre presente em nossos Encontros, Silvana Rabello, que também nos deixou cedo demais. Por fim, homenageamos Víctor Guerra, colega e amigo uruguaio, quase brasileiro de tão presente que esteve conosco, e em vários outros espaços e grupos pelo Brasil.

As marcas e as contribuições deixadas por eles seguem conosco, o que ajuda a mitigar o sentimento de tristeza e a falta sentida por não mais os termos perto. Temos certeza que as transmissões de cada um deles permanecem conosco e com todos os que puderam, ao longo desses anos de trabalho, recebê-las e partilhar momentos vivos de trocas e descobertas. Sabemos, porém, que o conhecimento e a cultura não vivem só de lembranças, mas também de diálogo, e por isso é necessário reconhecer que as perdas são sentidas como tais. No entanto, enquanto psicanalistas, acreditamos profundamente na capacidade humana de transformar as lembranças em movimentos vitais e criativos. Essa é nossa aposta.

Nessa perspectiva, os textos de abertura deste livro trazem testemunhos de dois amigos próximos de Víctor Guerra, Celso Gutfreind e Claudia Ravera, escritos por meio dos quais estamos, de alguma forma, transmitindo nossa profunda ligação com esses queridos amigos que partiram.

Em lembrança de Víctor Guerra

Claudia Ravera

Tradução de Antônio Romane

Escrever sobre Víctor usando os verbos no pretérito continua sendo difícil para mim. "Não podemos acreditar que isso tenha acontecido." Esse sentimento, me atrevo a dizer, é o de tantas e tantas pessoas que no Uruguai formam parte de uma escola que ele, sem se dar conta, foi construindo com muita paixão, de maneira livre, generosa e, sobretudo, muito contagiante: "A Escola de Víctor Guerra".

Eu o conheci no ano de 1989, no 15º andar do Hospital de Clínicas, no Centro Latino-americano de Perinatologia, junto com neonatologistas e psicólogos, em um grupo de estudo sobre a obra de Daniel Stern, que ainda não havia sido traduzido para o espanhol.

Trabalhava ele, naquela época, no jardim da infância Maternalito como psicólogo. O contato com a normalidade desenvolveu nele uma empatia por cada um dos atores da peça: bebês, professores, pais. Equilíbrio que sempre manteve com admirável maleabilidade e humanidade. Fez muitas consultas terapêuticas nesse jardim, orientando e ajudando muitos pais, que ainda se lembram dele.

Posteriormente, voltamos a nos encontrar em uma equipe interdisciplinar, a Clínica Um, coordenada por psicanalistas e psiquiatras. Nos Ateneos, todos nós esperávamos pelas contribuições de Víctor em virtude da virada inesperada que elas podiam produzir em todo o grupo, um choque que ajudava a desmontar para montar algo novo.

Anos depois, iniciou seus estudos como psicanalista na Asociación Psicoanalítica del Uruguay e sempre se manteve fiel à observação! Estudava, lia, mas as teorias eram desarmadas, e ele as fazia dialogar com sua experiência com os pais e os bebês.

Suas falas nos jardins da infância, colégios, em congressos de psicomotricidade, de psicopedagogia, cresciam de forma exponencial. A cada lugar que ia, as pessoas se transportavam até o mundo desses "*locos bajitos*" ["baixinhos loucos"] como disse Joan Manuel Serrat. E ficavam fascinadas porque Víctor tocava na alma com sua paixão contagiosa, com seu deslumbramento, com seu assombro! Todos os dias algo o assombrava e parecia ter descoberto um novo tesouro: geralmente eram livros, livros que "o chamavam", como ele próprio costumava dizer. Vivia comprando livros, revistas internacionais, e se lembrava das editoras, dos títulos e da cor das capas. Também era apaixonado pela música, pelo futebol (Peñarol), atividades que compartilhava com seus três filhos.

Ano a ano vi crescer em Víctor uma democrática abertura para todas as pessoas que queriam se aprofundar na primeira infância. Para ele, não havia lugares mais valiosos do que outros, e falava tanto num Caif (Centro de Atención a la Infancia y a la Familia) como numa conferência em Paris.

No ano de 2005 foi nomeado coordenador, junto com a Dra. Maren Viñar e Analía Camiruaga, da licenciatura em "Clínica da perinatalidade e transtornos dos vínculos iniciais", impulsionada pelo psicanalista Alberto Konicheckis, de Aix-en Provence, e pelo Dr. Salvador Célia, de Porto Alegre. Tive a sorte de ser sua aluna, junto com um grupo de uns 25 companheiros em que predominavam psicólogos, embora incluísse pediatras e psicomotricistas. Foi uma bela aprendizagem, com Víctor à frente, mas também com quem vinha da França e do Brasil: Salvador, Celso Gutfriend, Bernard Golse, Juliana Vamos, Albert Ciccone, Sylvain Missonier.

No ano de 2008, começamos a trabalhar juntos numa casa que alugamos com quatro psicanalistas, jovens companheiras da licenciatura: Tatiana, Mady, Patricia e Silvana. Essa casa era pegada ao seu apartamento e se transformou em parte de sua casa. Estava feliz! Ia à casa para buscar livros a qualquer hora do dia ou da noite, porque havia espaço para todos os livros que quisesse comprar! Almoçávamos todas as quintas-feiras ao meio-dia e de lá corríamos para o grupo de estudos sobre a obra de Bernard Golse, coordenado por Víctor e Vida Maberino de Prego. Uma mulher maravilhosa, única! No ano de 2015, em março, quando Vida já contava 99 anos, aconteceu nossa última reunião. Salvador havia falecido algum tempo antes. Duas mortes que marcaram muito Víctor, que lhe doeram, ao que me consta, até as entranhas.

O Brasil foi um país que soube valorizar e compreender a criatividade de Víctor, sua forma de sentir, integrar, pensar e transmitir. Multifacetado para além da psicanálise, fazendo um diálogo entre literatura, cinema, bebês, seus pais, psicologia do desenvolvimento, vida, psicomotricidade, fonoaudiologia etc. A cada vez que voltava de São Paulo ou de Porto Alegre, irradiava plenitude, pois havia encontrado interlocutores tão sensíveis e criativos quanto ele. Com Salvador e com Celso, ele se divertia muito. E Celso e Víctor se diziam irmãos gêmeos, pela altura, pelo sorriso. O certo é que a eles ocorriam coisas! Eram inventores! Salvador queria que víssemos o filme *Sal y canela*,[1] o que fizemos em Montevidéu. Celso nos trazia as histórias de seus primeiros pacientes na cadeia, íamos a Canela e um congresso se transformava em festa com bebês e pais, com artistas verdadeiros que tomavam parte da palestra.

Nos anos de 2016 e 2017, quando acontece sua doença, Víctor vinha *redoblando el poncho*[2] com toda sua força e alegria, para terminar o doutorado, para escrever mais e publicar, para formar grupos e ensinar... milhares de projetos se foram com ele. Ninguém conseguia acreditar no que a realidade estava nos mostrando, nem ele conseguia.

Sua voz dizendo "oi, oi!" ao receber na sala de espera seus pequenos pacientes, inclinando-se à sua altura para poder encontrar seus olhares; seus fortes passos ao subir a escadaria para ir lecionar ou tomar um café estão vivos em meus ouvidos a cada dia em que entro em meu consultório.

Vão se passar anos e será citada sua obra em trabalhos monográficos, trabalhos científicos, em nossa docência, em nossos encontros com os pais, e o teremos ao nosso lado a cada vez que nos encontrarmos com uma criança. Poderíamos enumerar muitos trabalhos do nosso grande Víctor, que se foi tão jovem e tinha tanto a dar... é a vida... temos de aceitar... não podemos pedir justiça à biologia... Então, então... *gracias* mil e uma vezes, querido amigo e professor, por tudo o que você deu à psicomotricidade, às crianças, aos seus pais, aos docentes. *Gracias siempre gracias.*

---

1 No Brasil, *O tempero da vida*, filme grego de 2003 [N.T.].

2 "Dobrando o poncho", isto é, preparando-se para a luta [N.T.].

A tese de Víctor Guerra

Celso Gutfreind

O psicanalista é um profissional arcaico
O vasto inconsciente de que depende
Para um naco de consciência
É pré-histórico
E as histórias
Que o analista
Ouve junto
De quem conta
Raramente são escritas
E tudo isto é moderno.

É o que há de mais moderno.

Homem de palavra oral
O psicanalista é da horda
Primitiva
Aedo bardo cantor
Peludo e faminto
Da fome mais pura
De saber e não sabe

A teoria é um verniz
Que nem se cria
O analista só acerta
Quando cria e murmura,
Às vezes
Com a cria
Que analisa
Faz um desenho
Que alivia a caverna
E a sede não saciada
De vir-a-saber

Mais do que arcaico
E moderno,
Parece eterno
E, enquanto analisa,
É mesmo

Víctor Guerra era obcecado pelos ritmos e pelos começos. Era da turma de uma Esther Bick, um Bernard Golse, um Alberto Konicheckis na obsessão de encontrar o ponto zero. O começo há de ser ritmo à cata de linguagem – desconfiam. Tivessem perguntado a Konicheckis, ele mostraria a estrutura de uma cantiga de ninar, como mostrou junto a outros uruguaios ritmados como Altman. O ritmo nos precede. O ritmo nos constitui. E nos sucede.

Viemos dele, mais do que do barro, como naquela ficção das origens, e para ele retornaremos, seguindo a ficção (de origem) de Víctor Guerra.

Para Víctor, o ritmo nos organiza, nos reorganiza da inevitável desorganização da vida psíquica, nos introduz na subjetividade, no que e no quem somos. Dedicou uma vida para pensar e sentir o tema. Felizes nós que fomos banhados pelo seu ritmo. Aprendemos com ele, e não há outra forma de aprender que não seja ritmada. A melodia é a maior professora, senão a única. Lembro-me de um professor na faculdade de medicina. Ele sabia muito, mas a sua voz era monocórdica, arrítmica, e não aprendíamos com ele. Acho que isso explica também eu ter sido homenageado, certa vez, como professor de saúde coletiva, com conhecimentos tão fracos de saúde coletiva. O ritmo me salvou. O ritmo nos salva sempre.

Ainda bem que não perguntaram ao Alberto assim diretamente sobre o ponto zero. A resposta é mesmo a inimiga da pergunta. Víctor Guerra não encontrou uma resposta – uma vida não basta para isso –, mas fez descobertas colossais. Colossais, quando a teoria é dosada o suficiente para nos dar sentidos que só ela daria, mas com o cuidado de evitar os efeitos colaterais de seu excesso, que trancariam os afetos e nos tirariam esta segunda chance que é uma análise. Uma segunda chance de melodia. Víctor nunca separou arte e ciência. Freud foi o seu maior álibi nesse crime do bem. São grandes dosadores e equilibristas. Lembra o nosso poeta Mario Quintana, dizendo que uma parte fundamental de sua formação poética foi ter sido farmacêutico e não poder errar nas doses. Érico Veríssimo, também.

Víctor Guerra e Alberto Konicheckis são dessa turma que sabe dosar. É com arte e com afeto que nos alimentam com seu saber sentido, e Víctor nos deu de escutar conceitos como a lei da mãe a partir de Roussillon bem antes da lei lacaniana do pai. Os seus conceitos são firmes, dosados, medicamentos e não venenos (como é pequena a diferença entre o veneno e o medicamento, e lembro-me aqui do objeto tutor a serviço da narratividade), e nenhum desses conceitos foi maior do que a arte que colheram pelo caminho. Dormem, no fundo das ideias originais de Víctor, poetas uruguaios como Circe Maia e brasileiros como Ferreira Gullar e Manoel de Barros. Ele os cavoucava nos sebos de Montevidéu, de Paris, de Porto Alegre. Esses poetas e os pintores e os artistas o sustentam. E nos embalam. Vi o Víctor seguido fazer cara feia para algum construto. Fazia parte da sua luta revisitar e não imitar o Freud. Nunca o vi fazer cara feia para algum poeta.

O espólio da biblioteca de Víctor é enorme. Tenho a emoção e a honra de ter herdado parte ínfima dela – ela foi repartida como seu dono repartia o seu saber –, e há uma profusão de livros de todas as artes. Há mais livros de arte do que de psicanálise, como na biblioteca de seu álibi, Freud. Víctor Guerra foi contaminado por ele (e por Jacques Lacan e por Wilfred Bion) pela verdade absoluta de que não há psicanálise sem arte; logo, foi mais influenciado pelos artistas do que pelos psicanalistas. Respeitava e conhecia as fontes teóricas, mas se entusiasmava muito mais com as obras de arte. Para ele – e as suas fontes –, não havia psicanálise sem arte, nem na metapsicologia nem na técnica nem na "cura" entre aspas. A arte põe as aspas. Sem aspas, somos lineares, delirantes, neuróticos demais. Onipotentes. Aspas e arte nos concedem nuanças imprescindíveis. Víctor Guerra juntou com humildade arte e ciência, criando construtos ou nomes verossímeis (ciência) para o que intuitivamente sabemos: o vínculo é decisivo, constrói-se no começo (arcaico) e é banhado pelo afeto e pela arte. O conflito estético próximo do marco zero, segundo Meltzer.

Quando eu estava triste, costumava conversar com Víctor. Ele entendia de ritmo e de começos o suficiente para acalmar como uma mãe. Mais até do que uma mãe; mães têm muito de mito, a verdade é que mães e pais, na tarefa impossível da parentalidade, exageram, escasseiam, desregulam, tudo isso que depois analisamos, e Víctor, na transferência fraternal parental, trazia a realidade em doses adequadas. E, como poeta, eu ficava triste com frequência, nem que como uma desculpa para conversar com outro poeta. Tristeza dramática, de arte mais do que psicanálise, de arte a caminho da psicanálise.

Mas houve um momento em que a minha tristeza foi maior. Eu estava numa pindaíba de alma, dessas que todos passam, mas poucos revelam, às vezes nem para o analista, e muito menos em uma mesa redonda, em companhia de um autor francês. Francês, mas latino de origem. Víctor Guerra acolhia essa loucura, e o que é um amigo senão alguém que valoriza o legado de Bion, de que não só temos o direito de estar loucos: somos loucos e temos aqui parte importante do nosso espólio.

Víctor Guerra estava ali presente, herdeiro maior do saber "estar com" de Daniel Stern. Primeiro, ele fez como naquele poema de Paulo Leminski que dizia mais ou menos assim: "Chamei um amigo para ficar a sós comigo/não dissemos nada/ ficamos assim a esmo/ e tudo ficou por isso mesmo".

Víctor sabia não dizer nada. Ou seja, escutar. Ou seja, escutar os ritmos. Os primórdios. O começo. O arcaico. Tudo isso é muito difícil, lento, sôfrego, é preciso escutar-se, e escutar-se é escutar a própria loucura, nem sempre nos lembramos da permissão bioniana, e sempre é muito difícil. Víctor Guerra sabia que dependemos da narratividade, que a narratividade depende da poesia e não há recurso maior do que elas, mas elas dependem do silêncio que as precede. Com os ritmos. Víctor não se deixou enganar pela ilusão da teoria sem encontro. Da teoria sem arte. Sempre foi um artista, como tentamos ser na arte do nosso trabalho.

Leminski, os poetas, as mães e alguns psicanalistas e terapeutas como Víctor e Alberto entendem o suficiente de ritmos e começos. Mas a minha pindaíba da alma era tanta que Víctor disse que o meu caso era mesmo muito sério e... precisaria escrever um poema para mim. Para Víctor, a "cura" entre aspas era chegar ao poema. Para Freud, também: o que a casa terapêutica analítica oferece de mais profundo é poder representar. E, modéstia à parte, é mais profunda do que outras casas do ramo, porque ousa representar. E Víctor fez este poema que eu mesmo traduzi:

Irmão Leão

Resistiré contra el mundo como bestia perseguida.
Vladimir Maiakovski (tradução de Irina Bobdaschevski)

O leão em silêncio lambe as suas feridas
feitas de esperanças
ou de palavras perdidas.

O leão, meu irmão Celso,
em silêncio,
lambe as feridas
mutantes que lhe marcam a vida.

Cada dívida dolorosa
deixa uma marca

que parece incessante,
hoje, às seis da manhã,
chamado pela tormenta,
que já não sei se de dentro
ou de fora,
saiu este poema para recuperar
minhas memórias perdidas,
sei que ao lamber suas feridas,
meu irmão leão Celso tecia
o mel de sua alma
por onde passavam sonhos, ilusões, a vida
e que, às vezes, ao lamber as feridas como o látego
incessante, as perguntas sem resposta
só golpeavam e golpeavam
e o leão insano já não sabia
se lambia ou se mordia

Por um tempo,
ao lado da espera,
fazia o seu trabalho.

Hoje, o leão, meu irmão Celso,
respira a vida apesar das dores passadas

e sei que, ao falar do meu irmão leão Celso,

também falo de mim mesmo,

todos em silêncio

lambemos as feridas

e, sem atravessá-las,

a vida não seria vida.

Lamber feridas, atravessá-las, golpear no sentido contrário da compulsão à repetição. Estava em *Além do princípio do prazer* desde a década de 1920: a morte é uma batida mortífera quase incessante, um trabalho hercúleo. Está no texto *Repetir, recordar, elaborar*. Não é só morte, não é só silêncio, não é só nada. A morte também é ritmo, mesmo e, sobretudo, sem ter encontrado a palavra. Uma arritmia, talvez. Víctor Guerra acreditava nas marteladas contrárias à morte, essas que se dão no começo com a lei materna e os objetos tutores e podem ser recuperadas a qualquer momento, basta um encontro banhado de empatia. Basta dispor-se a martelar, soando. Basta narrar. E, então, como dizia Emile Ajar, pseudônimo de Romain Gary, teremos toda a vida pela frente.

E, por isso, é preciso golpear pelo outro lado. Alberto Konicheckis havia mostrado com as cantigas de ninar. Ele estava comigo e o Víctor em Montevidéu na noite em que esse poema foi escrito.

Mas as cantigas de ninar repetem, repetem e criam, talvez, uma barricada contra o que a morte também repetirá ao longo desta vida. Elas compõem o fundo de memória do adolescente a que se referia Piera Aulagnier diretamente e Freud, poeticamente, com o seu ponto de vista sobre a efemeridade. Para Freud, ela, a efemeridade, é a responsável pela beleza da vida. Alberto fala em identidade sensorial, tenho pensado em identidade sonora.

Há lacunas, mesmo na arte, como escreveu Saul Bellow. O trabalho de Víctor é exímio também por isso: ele aprofunda a importância das reservas de ritmo (de vida) necessárias ao tirão de existência, especialmente em suas partes mais descompassadas, logo, desamparadas.

Vida e morte, ambas repetem, cada uma do seu jeito, cada uma a seu lado e, para complicar, podem estar no mesmo lado. Ambas sabem se renovar, mas, para isso, é preciso observar o início que precisa ser ritmado nem que mínimo para ser garimpado e resgatado mais tarde, como fazemos todos os dias em nossos tratamentos, sabendo ou não sabendo que o estamos fazendo.

Há na empatia (metaforizante para Lebovici e para Víctor) uma insistência (gratuita para Winnicott), um espaço (lúdico para Pavlovski) que, já no começo, promovem a integração entre a forma e o conteúdo: o desenho. São barricadas contra a dissociação mortífera e a sua persistência em sentido contrário que virá como uma escrita.

Da luta entre o mortífero e o desenho, entre o mortífero e a escrita, do embate entre a vida e a morte somos feitos. Perdemos sempre, como disse Mário de Andrade, mas, às vezes, ganhamos, como disse Freud, e esses instantes ínfimos e passageiros de vitória (Freud ainda, sobre o transitório) justificam esteticamente as nossas vidas.

Ao fim e ao cabo, fica a melodia que nos inaugurou desde antes do primeiro dia. Em casos como o de Víctor Guerra, nem a morte é capaz de silenciá-la. Pelo contrário, ecoa em poemas, envolta em conceitos ficcionais verossímeis que reconhecem a primazia do poético e sua permanência, e hoje posso responder poeticamente como um irmão leão ao seu poema.

A prosa de Víctor lançou pistas suficientes para acreditarmos que estar junto (Stern) é fundamental para o começo da subjetividade. Mais do que responder com conteúdos, Víctor e Alberto, com este trabalho que continuam fazendo, fizeram forma ou arte disso. Não desistiram do ideal, como preconizava Hegel, cachorro grande da estética. Víctor e Alberto, em suas medidas possíveis, são também cachorros grandes, porque sabem estar com gente, porque sabem estar com a gente, essa cachorrada que teve a sorte de conviver com eles (minha cachorra e Víctor e o interativo de Alberto). E eu os homenageio com a minha arte através deste poema que, sem encontrá-los, não faria.

Excessos

> *Sobre o lado ímpar da memória*
> *o anjo da guarda esqueceu*
> *perguntas que não se respondem.*
> João Cabral de Melo Neto, "Infância".

Olhar diminui o excesso
tocar diminui o excesso
cantar sem nem dançar
termina o excesso o excesso
é uma pergunta ao abandono
acompanhar é a justa medida
nada sobra, a falta vestida

beber comer dormir amar

a sobra da obra possível

só para contar contigo

entre o calor de agora e

o frio do novo segundo

Estar junto é a única

resposta que há no mundo

Parte 1

O atravessamento da tecnologia na vida dos bebês

Das novas tecnologias ao velho apego

Celso Gutfreind

Nada mais difícil do que encontrar um objeto realmente neutro.

Octavio Paz

A literatura, esta saúde.

Gilles Deleuze

Estranha profissão a do analista ou a de qualquer cuidador. Por ser humana e só poder existir se for humana. Por não poder dispor, na hora H, da velha ou da nova tecnologia. Por lidar com bebês novos, desamparados e transferidos a toda hora. Não tem remédio nessa hora que não o tempo, "estar com" (Stern, 1997), emprestar-se. Já não é profissão. É ofício. Mais arte do que ciência. Artesania de que máquina nenhuma é capaz.

Será preciso olhar, tocar, brincar e calar até falar, essa saúde. Mas, inevitavelmente, antes é preciso adoecer. Diante de uma tela somos aparentemente saudáveis, mas fantasmas e barulhos perdem a chance de serem acolhidos. Dessa acolhida, com olhar, toque, textura, depende o desenvolvimento.

A doença do outro ecoa em nós e seremos, como em Macbeth, o nosso próprio médico. A doença interessa ao analista como em *A Montanha mágica*, que fez Sigmund Freud se interessar por Thomas Mann e vice-versa. Já não se pode calar a doença. Já não se deve calar a doença. De seus barulhos virá a música, essa saúde.

Dessa doença e sua mágoa virá a transformação que propomos manifestamente depois de nos ter sido proposta de forma latente. Não podemos abafá-la. Não devemos abafá-la. Dela virá a saúde como o antídoto vem do veneno e como Freud buscou no luto pela morte do pai a matéria de sua autoanálise e a cura possível (Quinodoz, 2015). Se fosse abafada, não haveria autoanálise.

O desamparo extremo de um menino fisicamente doente como um bebê de Spitz e de todos nós, desorganizados psicossomaticamente, me fez adoecer com ele. Ele tinha uma síndrome e muitos nomes para se livrar dela. Ele chorava sem palavras. Foi preciso adoecer com ele para encontrar as palavras, essa saúde. Eu contraí minha própria doença no cruzamento de nossos desamparos diante de duas mães desamparadas. É o prelúdio do teatro de quem cuida. Afogar-se primeiro para depois vir à tona. E, agora, precisaria penetrar na selva do meu desamparo, para, juntos, produzirmos o epílogo da vacina para ele. Para a mãe dele. E para a minha. E isso só se faz com doença e poesia, ausentes nas novas tecnologias, incapazes de propor prosódia e toque com olhar.

Foi o que fizemos. É o que fazemos nesse ofício de risco. A descrição da análise do menino abarcaria entrevistas dialogadas e conceitos como resistência, elaboração, interpretação e transferência. Fala-se muito de uma neurose de transferência, e sabemos das dificuldades históricas de abordar uma neurose de contratransferência, dois termos, aliás, raramente justapostos. Freud pouco falou disso, legando a todos nós essa necessidade.

Preocupação materna primária é aquela loucura necessária que a mãe desenvolve no final da gravidez e permanece no puerpério como um propulsor do vínculo com o bebê (Winnicott, 1969). O vínculo começa inevitavelmente simbiótico, sem distinção entre o eu e o outro, e a mãe, aqui, se empresta ao bebê para ele se constituir. Uma doença saudável que pode, como um construto para se pensar o processo, atualizar-se na transferência, especialmente no começo, quando o sofrimento do outro retira o envelope (Kaës, 2001) do sofrimento do analista. A cura será, então, voltar a envelopar os dois. Isso, no fundo, não se faz com máquina, embora pareça ser feito quando vemos um bebê teclar, abafando os barulhos precursores de sua música e de seus símbolos, essa saúde.

Outro construto que nos parece abarcar a experiência vivida com o menino e todos os outros é o conceito de "lei materna", de Víctor Guerra, a partir de René Roussillon, quando valorizam a importância do ritmo materno na interação com o bebê e o quanto a artesania de acompanhar o ritmo de um bebê é necessária para o desenvolvimento de sua subjetividade, essa saúde. Acompanhar num duo, jazz ou sinfonia, respeitando a autonomia do outro e coconstruindo uma nova ópera com ele (Golse, 2006; Guerra, 2017).

O respeito e o ajustamento ao ritmo dos bebês são valorizados por muitos interacionistas em meio a descontinuidades, igualmente valorizadas (Ciccone, 2018). De nossa parte, estamos sempre atentos à reedição de tudo isso em cada encontro, independentemente da idade de quem encontramos, já que todas as idades presentes transferem todas as precedentes, incluindo os bebês. Ou, especialmente, os bebês que carregam um começo tão decisivo, sempre disposto a ser relançado, basta encarar que é encontrar: "Trago em mim todas as idades", cantou o poeta Hecker Filho.

Largos, descritivos, todos os construtos cabem, ainda que imperfeitamente, na síntese de um poema que, sem aquele menino, eu não faria. Que novas tecnologias podem ser veículos para a poesia das pessoas, mas não a fonte. Aqui elas padecem da neutralidade e não oferecem o essencial: afetos dos piores aos melhores com olhar, toques, ternura e textura. A neutralidade não cuida nem compõe. Compomos teorias para compor poesia, esse punhado de emoção nada neutro. E, sem poesia, teoria nenhuma faria efeito.

Eu precisava penetrar na selva do meu herpes, nome orgânico e provisório de minha doença, ou a dele em mim (contratransferencial), e do meu desamparo e dos nossos, para, juntos, produzirmos a vacina para ele. Para ele e para mim. E isso só se faz com doença e poesia.

A poesia (a arte mais pura) é o que o ser humano inventou de mais saudável para lidar com a sua impureza e livrar-se, nem que em parte, da sua impureza. Não aparece nos tratados nem constará do CID-11, mas toda análise bem-sucedida, seja lá o que isso significa, redunda na construção de um poema, escrito ou não. Parte-se de uma tendência de linearidade e de concretude do sintoma para se chegar à polissemia de uma metáfora.

A metáfora que eu escrevi quando, contratransferencialmente, elaborei meu herpes e aquele menino livrou-se, na maior parte do dia, de seu núcleo paranoide e conseguiu, fora da análise, um amigo, foi essa que chamei de "Apologia do encontro":

Não sou neutro.

Não filtro.

Não blindo.

Este menino

que encontro

dói em mim

a tristeza dele me soa

nos ossos recônditos

e desaba

em lágrimas

de alma além

de qualquer anatomia

do corpo sem palavras

ainda,

mas uma melodia

nasce

sei lá onde desses corpos

como o peixe escondido

em Guernica

como o barulho

que ganha ritmo,

ela é mínima

ela é distante

ela é frágil

como ele é,

eu fui e sou,

mas cresce

a cada olhar

e brincadeira

de meses anos

até que nos

tornamos

alegres

em parte

do dia,

a parte que nos cabe

de alegria

sem nem um esboço

de neutralidade

Um amigo, um poema, um analista e um encontro, ao contrário de uma tela, jamais serão neutros e sempre serão capazes de fomentar alguma subjetividade.

Referências

Ciccone, Albert. (2018). A ritmicidade nas experiências do bebê, sua segurança interna e sua abertura para o mundo. *In* Regina Orth de Aragão, & Sílvia Abu-Jamra Zornig (Orgs.). *Continuidade e descontinuidade no processo de subjetivação do bebê*. São Paulo: Escuta.

Deleuze, Gilles. (2011). *Crítica e clínica*. São Paulo: Editora 34.

Golse, Bernard. (2006). *L'Être-bébé*. Paris: PUF.

Guerra, Víctor. (2017). O ritmo, a musicalidade comunicativa e a lei materna na artesania da subjetivação humana. *Revista de Psicoterapia da Infância e da Adolescência, 26*, 8-21.

Hecker Filho, Paulo. (1995). *Ver o mundo*. Porto Alegre: Livros Camaleoa.

Kaës, René. (2001). Introdução: o sujeito da herança. *In* René Kaës, *et al. Transmissão da vida psíquica entre gerações*. São Paulo: Casa do Psicólogo.

Paz, Octavio. (2014). *Marcel Duchamp ou o castelo da pureza*. São Paulo: Perspectiva.

Quinodoz, Jean-Michel. (2015). *Sigmund Freud*. Paris: PUF.

Spitz, René. (1976). *De la naissance à la parole – La première année de la vie*. Paris: PUF.

Stern, Daniel. (1997). *La Constellation maternelle*. Mesnil-sur-L'Estreée: Calmann-Lévy.

Winnicott, Donald. W. (1969). *De la pédiatrie à la psychanalyse*. Paris: Payot.

Um arranjo possível diante da solidão materna: a escrita em *blogs* de maternidade

Isabela Lemos Arteiro, Maria Consuêlo Passos

Talvez em nenhum outro momento histórico a maternidade tenha sido tão debatida publicamente. No presente trabalho, trataremos do aumento significativo do número de mulheres que se utilizam de recursos tecnológicos e midiáticos para compartilhar experiências relativas à maternidade, abrindo um rico campo de investigação entre maternidade e cibercultura.

Acontecimentos como a entrada maciça da mulher no mercado de trabalho, a liberação sexual e o reposicionamento feminino na cultura, inevitavelmente, tiveram efeito sobre o papel outrora assumido exclusivamente pela mulher: o de ser mãe. Isso se apresenta mais concretamente nas escolhas prioritárias pelo trabalho e pela independência financeira, adiando a decisão de ter filhos até o limite máximo da capacidade reprodutiva, na escolha de não os ter, e, ainda, no questionamento sobre quem deve ou pode cuidar do bebê, não atrelando essa função unicamente à figura materna.

Outra questão que está na base dessa discussão é uma condição comum, especialmente nas grandes metrópoles: a solidão materna.

Temos a hipótese de que o sentimento de insuficiência frente às demandas da maternidade nem sempre está atrelado à ausência de conhecimentos teórico-técnicos sobre o cuidado de bebês, mas, sobretudo, à exiguidade de referenciais maternos e de um entorno protetor que possam colaborar com a construção da identidade materna. Vejamos o relato:

> Me sinto muito sozinha! Sempre quis ser mãe, tenho uma filha de quase 2 meses e confesso que não imaginava que era tão difícil. Sou casada, mas meu marido não me ajuda quanto gostaria. Fico sozinha com a bebê (estou de licença), minha mãe trabalha o dia todo e só consegue vir à noite me ajudar. Fico tão esgotada, cansada e sobrecarregada que tem horas que quero sumir, morrer, sei lá, me arrependo de ter engravidado, enfim, tudo porque estou esgotada. Depois bate o arrependimento, a culpa de pensar assim, penso no quanto quis ser mãe, no quanto a amo, mas quando estou exausta não consigo pensar assim. (*Blog* 1)

Em um passado não muito longínquo, a experiência de "aprender" sobre os cuidados com os bebês, a partir de outras mulheres da família ou não, funcionava como uma espécie de transmissão sensível e sutil, quase intuitiva, dos elementos necessários a essa prática. Diferentemente, as mães de nosso tempo vivenciam a maternidade de maneira muito solitária, potencializando sentimentos como insegurança, insuficiência, medo e melancolia. Sobre esse aspecto, Vera Iaconelli (2015) afirma:

> *É à medida que o grupo social vai perdendo sua transmissão de hábitos e conhecimento, que a falta de um*

> *suposto saber materno advindo da natureza torna-se mais visível. A transmissão geracional se perde, revelando a fragilidade da ideia de instinto materno autônomo. A história testemunha a precariedade dessa ideia diante das questões socioambientais. (p. 83)*

Winnicott (1957/1989) foi muito enfático ao apontar a necessidade de uma rede de apoio com a qual a mãe possa contar. O autor alude a toda espécie de segurança, proteção e cuidado de que uma mulher necessita para amparar seu rebento, afinal, o encontro com a maternidade, ao passo que pode proporcionar uma experiência de profunda alegria e realização, representa concomitantemente a ativação do estado de desamparo original. Nesse sentido, interrogamos como se dá o estabelecimento da maternagem em situações nas quais as mães se deparam com o vazio de referências maternas.

O provérbio africano que diz ser necessária uma tribo inteira para educar uma criança parece não se aplicar ao contexto atual, salvo nas camadas sociais menos favorecidas, nas quais a falta de recursos financeiros obriga as famílias a se "amontoarem" em espaços físicos reduzidos, replicando o formato das pequenas comunidades e reproduzindo um modelo de convivência mais equivalente ao das antigas sociedades, em que as parturientes eram profundamente amparadas por mulheres mais experientes e os bebês eram cuidados por "diversas mãos".

Como consequência, para tentar compensar o enfraquecimento dos laços e da transmissão transgeracional no que concerne à perinatalidade, vemos crescer significativamente o uso dos espaços virtuais. Sustentamos, assim, a proposição de que o ambiente da internet, mais especificamente os *blogs* de maternidade, tendem a ocupar a função dos lugares tradicionais – familiar e comunitário – onde as antigas, recém e futuras mães interagem e fazem circular a palavra sobre as mais diversas experiências, conforme salientado a seguir:

> *No tempo de nossas avós, muitas mulheres ainda não trabalhavam, estavam fisicamente mais próximas e sempre trocavam informações que iam de receitas de bolo aos cuidados com as crianças. Naquele bate-papo no portão que logo virava um café com bolo na cozinha, uma ajudava a outra a enfrentar melhor as demandas da maternidade. Claro que muitos mitos e crendices existiam e eram propagados, mas essa rede de apoio tão próxima fazia com que as mulheres não duvidassem de sua capacidade ancestral de amamentar seus filhos, o que a maioria delas conseguia – umas com mais, outras com menos ajuda. Hoje estamos cada vez mais reclusas em nossos apartamentos, varandas e quintais com muros altos. Aquela vizinha que está a apenas uma campainha de distância e que te deu dicas valiosas, ombro e colo, teve de voltar ao trabalho, já que a licença-maternidade dela acabou. Em que porta bater na hora que o bicho pega, para onde correr? Amiga, corre para as redes sociais. Só entrei no Facebook quase um ano depois que o Samuel nasceu, uma pena! Mas quando finalmente me rendi, descobri que ali havia uma mulherada virtualmente organizada em grupos maternos, rápidas no gatilho, coração aberto para dividir experiências e debater todos os assuntos relacionados à criação de filhos, sem papas na língua e sem "mãezinha" pra cá, "mãezinha" pra lá. (Lisauskas, 2017, p. 53)*

Os discursos proferidos pelas mães são produtores dos mais diversos sentidos relativos ao compartilhamento da maternidade. Mesmo não havendo um conjunto de regras, valores e condutas que deva ser respeitado para se dizer que ali há uma mãe, observamos que a criação e a manutenção dos *blogs* parecem trazer implicitamente a intenção de obter legitimação de determinados comportamentos e atitudes maternas mediante o reconhecimento de seus pares.

O ato de compartilhar condiz tanto com a necessidade de buscar no outro alguém que faça eco e "chancele" as experiências maternas quanto com uma oferta de apoio, consoante sinalizado: "Vira e mexe vejo desabafos nos grupos dos quais participo, de mães absolutamente sobrecarregadas, cansadas, que procuram um lugar onde possam desabafar e ter a empatia tão necessária que tanto buscamos por aí e raramente encontramos" (*Blog* 5). O apoio não está presente na oferta de um conselho qualquer, mas na certeza de ser ouvida, compreendida e acolhida em seu *não saber* sobre a maternidade.

A leitura dos *blogs* maternos nos colocou em contato com histórias, vivências, "dicas", fotos e vídeos que exibem múltiplas faces da maternidade. Os depoimentos convidam a pensar na escrita em *blogs* como um exercício de invenção possível para a elaboração de experiências relativas à maternidade, a fim de que a "nova" e, por vezes, estranha vivência possa tornar-se familiar. Em outras palavras, a escrita sobre a maternidade parece funcionar como um modo de criação de si mesmo enquanto mãe. A cada letra, a cada reconhecimento, essas mulheres parecem apropriar-se de seu interior quando diante do cenário de incertezas que a maternidade pode representar, conforme aponta o relato a seguir.

> Ao invés dessas experiências, que são vitais para mulheres que desejam ter filhos, tive que passar por cima de toda a minha dor e me concentrar na própria sobrevivência de minha filha. Uma bebê recoberta por fios e mais fios, entubada e monitorada 24 horas por dia. Uma bebê que teve que enfrentar uma cirurgia cardíaca para continuar a viver, com apenas 800 gramas, e a lutar cada dia para se manter viva. Uma bebê que permaneceu 6 meses em uma UTI Neonatal e que depois teve que ter o acompanhamento do *home care*, pois ainda era dependente de oxigênio. E diante dessa bebê extremamente frágil e ao mesmo tempo extremamente forte e guerreira, também estavam uma mãe e um pai, completamente frágeis diante do enfrentamento de todos os traumas de um parto e de um nascimento extremamente prematuro. E como elaborar tudo isso? (*Blog* 2)

Como elaborar o que parecia ser da ordem do não simbolizável, o encontro com o pavor, com a ameaça da morte, com o estado de profunda fragilidade no qual a condição de prematuridade da filha a colocava, trazendo à tona a própria experiência como bebê? O que fazer com o material traumático que deixara marcas em sua história e não se removeria facilmente de sua memória? A partir de então, essa mãe encontrou na escrita um recurso para a "cura" da alma, um meio para simbolizar a tão dolorosa experiência. Seu *blog* pessoal funciona como um recurso para escrever, para resistir aos impactos da vida, tecendo um material que serviria inicialmente para si própria e, seguidamente, como um meio de oferecer cuidado, escuta, apoio e orientação às mães que vivenciam a experiência da prematuridade extrema.

Para essa mãe, a escrita parece ter representado uma saída criativa e de utilidade pública sobre o *saber-fazer* com a maternidade. Em seu relato, não se restringe a falar de sua filha: fala de si, de sua solidão e medo, mas também do que fora possível criar a partir dessa experiência. Retoma uma paixão antiga – a de escrever, conectando-se consigo mesma e reencontrando os elementos desconhecidos e não simbolizados de sua história. É nesse sentido que a utilização dos *blogs* pode representar uma possibilidade de recurso à elaboração da vivência da maternidade. Trata-se de um *locus* artístico de produção, criatividade e esperança, cuja escrita evidencia a tessitura de um sentido para a maternidade.

A leitura de *blogs* alheios, por sua vez, serve como uma forma de encontrar no outro algo com o qual é possível se identificar para constituir uma identidade materna. Assim, o sujeito materno se constrói em uma dialética entre o público e o privado, uma vez que, simultaneamente, elabora para si o seu vivido e se apresenta ao outro por meio da divulgação dessas experiências.

Apesar dos benefícios que esse recurso representa para as mães pesquisadas, não podemos negligenciar o fato de que, a depender de como essas mensagens são incorporadas pelo receptor, vemos uma experiência puramente singular assumir o estatuto de uma recomendação. Não são raros os casos em que assistimos a essa tendência, tendo em vista que estamos diante de uma geração cujo "saber" legitimado pelo social é tomado como verdade. Aqui cabe um questionamento: o que será feito do saber singular e intuitivo de cada mãe quando o discurso vindo do Outro (a mãe do *blog*) é tomado como uma verdade absoluta a ser seguida?

Noutros termos, as "verdades" veiculadas na rede por pessoas que dizem portar o "saber-fazer" com a maternidade podem representar uma ameaça ao exercício espontâneo da maternagem, aprisionando-o em regras e condutas que estão postas como verdades.

As mulheres não estão isentas do risco de que determinados personagens midiáticos sejam colocados na posição de referências idealizadas, cujos discursos tornam-se inquestionáveis, roubando o espaço singular que pode advir em cada mulher quando se permite um encontro genuíno com a singularidade da experiência da maternidade.

Referências

Arteiro, I. L. (2017). *A mulher e a maternidade: um exercício de reinvenção*. Tese de doutorado em Psicologia Clínica, Universidade Católica de Pernambuco (UNICAP), Recife, Brasil.

Cimino, T. (2017). *Temos que falar sobre isso* [*Blog*]. Disponível em: https://temosquefalarsobreisso.wordpress.com/.

Iaconelli, V. (2015). *Mal-estar na maternidade: do infanticídio à função materna*. São Paulo: Annablume.

Lisauskas, R. (2017). *Mãe sem manual*. Caxias do Sul, RS: Belas Letras.

Ruas, T. (2017). *Minha teoria na vida* [*Blog*]. Disponível em: http://teteruas.blogspot.com.br/.

Tomaz, R. (2015, jun.). Feminismo, maternidade e mídia: relações historicamente estreitas em revisão. *Galaxia*, *29*, 155-166. Disponível em: https://doi.org/10.1590/1982-25542015120031.

Urias, A. (2013). *Mãezice* [Blog].

Winnicott, D. W. (1989). A contribuição da mãe para a sociedade. *In Tudo começa em casa* (pp. 97-100, Paulo Sandler, Trad.). São Paulo: Martins Fontes. (Trabalho originalmente publicado em 1957)

Observação de bebês e presenças midiáticas

Edilaine Bronzeri Pugliese, Andrea Amaral de Almeida Prado, Bruna Ballan Maluly, Cristiane da Silva Geraldo Folino, Gisele Escorel, Mariângela Mendes de Almeida, Tereza Marques de Oliveira

Introdução: a relação pais-bebês como uma janela visionária

A observação de bebês (Bick, 1948/1967) mostra-se como uma oportunidade privilegiada de aprendizagem, a partir da experiência emocional do observador, no campo do desenvolvimento do bebê e seus vínculos e das relações humanas em variadas expressões, desde as mais primitivas. À medida que nosso mundo se modifica cultural, social e tecnologicamente, acompanhamos e experimentamos, como observadores, formas de modulação da capacidade de continência, de proximidade e separação, de necessidade de proteção e demanda por controle, intimidade e distância.

Assim, em um momento anterior à situação pandêmica de 2020, curiosamente vivenciamos questões que se exacerbariam em um tempo que estaria por-vir de crescente e inimaginável necessidade da utilização de recursos midiáticos. Por meio da discussão de vinhetas de observação de bebês e de relatos da experiência do Grupo de Seminário, em um momento em que nossos encontros presenciais ainda não se mostravam ameaçados, vamos analisar o impacto da tecnologia e das comunicações midiáticas presentes nos contatos preliminares, na própria relação mãe-bebê, na relação pais-observador e, finalmente, nos intercâmbios e associações ocorridos no grupo de participantes dos seminários de observação.

Essas atividades fazem parte do curso Relação Pais-Bebê: da Observação à Intervenção, do Departamento de Psicanálise com Crianças, do Instituto Sedes Sapientiae, em São Paulo. O curso é oferecido desde 2005, e a turma de 2016-2017 realizou visitas semanais de observação na casa das famílias, durante os dois primeiros anos dos bebês, participando de seminários de observação de bebês, aulas teóricas e discussão de situação de trabalho a partir do olhar psicanalítico.

Visamos apresentar e discutir o material, de forma que o leitor possa refletir sobre as ansiedades primitivas que os pais, o bebê e o observador podem estar experimentando e, ao mesmo tempo, pensar sobre a forma como a tecnologia pode estar presente na relação com tais ansiedades.

Contextualização: desafios da contemporaneidade ao olhar psicanalítico

A tecnologia tem trazido inúmeras inovações que impactam a todos nós. A era digital, com seus avanços e benefícios, nos deixa encantados com seus sempre novos e interessantes recursos, os quais facilitam nossa vida e ampliam nosso modo de ver o mundo e as relações entre as pessoas.

Descortina-se um mundo profundamente marcado pela *liquidez*, como o sociólogo polonês Bauman (2007) sugere, uma vez que o tempo foi profundamente alterado e as mudanças se dão numa velocidade assustadora, forjando um universo marcado pela *fluidez dos vínculos.*

Atualmente tudo parece se dar em ritmo acelerado, temos cada vez mais a impressão de que o tempo passa rapidamente e não podemos nos demorar nas atividades. No contraponto a esse panorama, as crianças precisam, nos primeiros tempos de vida, de alguém que se "curve a ela", que se dedique de "corpo e alma", não puramente de forma mecânica, mas com certa disponibilidade. Para se constituir, o bebê precisa vivenciar o prazer da experiência, se ver como alguém que mobiliza o prazer do outro, ao mesmo tempo que experimenta a disponibilidade psíquica de quem cuida (Mélega, & Sonzogno, 2008).

Assim, a partir de encontros e desencontros e da alternância entre presença e ausência do cuidador, vai ocorrendo a instalação de ritmos, fundamentais para a construção da mente do bebê. Mas como alcançar este estado de mente característico da preocupação materna primária (Winnicott, 1956/1993b), que envolve um estado de regressão, de silêncio e introspecção, quando a exigência é de que os trabalhos sejam rápidos, as decisões sejam tomadas urgentemente e as respostas não tardem?

O conceito de defesa maníaca (Klein, 1935/1996a) está fortemente presente na cultura atual, na qual parece não haver lugar para a tristeza, o medo, o sofrimento, a angústia e a depressão.

Winnicott (1935/1998) escreve:

> *Na defesa maníaca, um relacionamento com o objeto externo é usado com a intenção de diminuir a tensão da realidade interna [...] E é precisamente nesses estados de mente que menos aptos estamos para sentir que estamos nos defendendo da depressão.*

> *Nesses momentos é mais provável que nos sintamos alegres, felizes, ocupados, excitados, bem-humorados, oniscientes, "cheios de vida", e ao mesmo tempo estamos menos interessados do que em outros momentos em coisas sérias e nos horrores do ódio, da destruição, do assassinato. (pp. 250-251)*

Como vimos, no início da vida, um bebê necessita de alguém que cumpra com a função materna, que vai muito além de oferecer o leite e realizar cuidados físicos, mas, acima de tudo, alguém que se "debruce" sobre ele e se ofereça como um continente daquilo que ele vive e que ainda não pode ser nomeado e representado (Bion, 1962/1991). Todavia, essa tarefa é muitas vezes difícil, pois desconectar-se deste mundo rápido e imediatista, alimentado muitas vezes pela tecnologia, parece ser impossível. Assim, assistimos a mães que não conseguem se recolher ao seu mundo interno e estabelecer com seu bebê essa relação especial.

O psicanalista inglês Peter Fonagy nos chama a atenção para o apelo sutil que a tecnocultura pode representar para nossas necessidades instintivas e culturais, reproduzindo os sinais básicos que precisamos para sentir-nos pessoalmente endereçados. O instinto da comunicação é genuinamente específico a nossa espécie; o conhecimento passado de geração em geração é o que constitui nossa cultura. Nascemos com sinais biologicamente preparados que nos permitem aceitar e reconhecer a autoridade do outro com base na confiança: esses sinais incluem o contato visual, a repetição de nomes que nos identificam, o uso de entonação especial e respostas apropriadas e sensíveis a ações e expressões. A chave que abre a mente humana à influência do outro é a presença de alguém que tem nossa mente em mente, cujo interesse em nós serve de gatilho para nosso interesse naquilo que eles têm a dizer. Esse instinto humano relacionado à transferência do conhecimento é desafiado em sua essência pela tecnologia da informação, pois esta tem a habilidade de imitar os sinais básicos. A internet funciona nos endereçando pessoalmente, se mostrando sensível às nossas necessidades. "O poder de processamento dos supercomputadores permite a cada ser humano ser reconhecido corretamente e espelhado por [...] algoritmos [...] Nós somos, enquanto espécie, biologicamente vulneráveis ao que a internet tem para oferecer: atenção individual" (Fonagy, 2014).

A observação de bebês, além de contribuir para a construção do olhar psicanalítico, nos ofereceu, aqui, a oportunidade de acompanharmos ao vivo o impacto das comunicações midiáticas nas relações iniciais contemporâneas.

Apresentaremos a seguir vinhetas de experiências resultantes da prática de observação semanal, em visitas presenciais registradas detalhadamente e discutidas em grupo de seminário.

Foram observados, por dois anos, em ambiente familiar cotidiano, os bebês Alice, Lucas, Rebeca e Téo (nomes fictícios).

Vinhetas de observação em círculos concêntricos de continência: quatro bebês, suas famílias, quatro observadoras, três coordenadoras e um grupo de seminário

I. A tecnologia como abertura de contato: presença e função no contrato entre observadoras e família

A tecnologia esteve presente no cenário das observações realizadas, desde os primeiros contatos. Assim, a mediação tecnológica foi o instrumento utilizado para o estabelecimento de vários dos contratos de observação, bem como em situações marcadas por hesitações, ambivalências, dúvidas, rupturas e conflitos.

> Enviei uma mensagem pela manhã falando que sabia do nascimento de Rebeca, parabenizei e pedi para visitá-la. O pai me mandou uma foto dele segurando a bebê e a mãe me mandou o endereço da maternidade.

O que vemos nessas observações não são situações diferentes do nosso próprio dia a dia. No entanto, com um olhar sob a luz do pensamento psicanalítico, nos mobilizamos para pensar sobre as ressonâncias emocionais subjetivas, dentro de cada situação e cada família, além de nos atentarmos ao impacto em cada observador de algo que em nossa vida cotidiana acelerada acabaria passando despercebido.

> A mãe de Alice e eu nos falamos por mensagem no celular e marcamos nosso primeiro encontro. No dia anterior à data trocamos mensagem para a confirmação.

Internet e mensagens rápidas, sem contato recíproco direto, podem parecer cruzar as fronteiras interpessoais e fazer links imediatos sem obstáculos, o que pode proporcionar a sensação de aumentar o controle e dominar fronteiras intersubjetivas, nem sempre facilmente compreensíveis. No entanto, será que a necessidade de confirmação poderia mostrar dúvidas genuínas sobre uma possível fragilidade do "acordo" comum, expondo também ambivalências naturais, hesitações e o reconhecimento de imprevisibilidades no caminho para o "encontro real"? Seriam tais angústias sempre tão monitoráveis como esse tipo de comunicação parece propor?

> O primeiro contato com a família de Lucas foi telefônico. Não conseguimos nos conhecer pessoalmente, porém a mãe se disponibilizou a conversar via WhatsApp e por este meio, a mãe descrevia cada detalhe acerca dos preparativos referentes à chegada do bebê. E insistia em dizer: "É, desta vez, tudo será diferente!".

Mais tarde, durante as discussões entre o grupo de supervisão e a observadora, pode-se compreender o sentido desse movimento familiar, já que, desde o início, essa mãe precisava que a observadora reconhecesse sua possibilidade de cuidado materno para se fortalecer ao longo das pequenas separações e ameaças, pois ela associava crescimento e autonomia com riscos e até rupturas fatais. Afinal, essa família havia perdido dois de seus filhos: um deles aos 3 anos e o outro aos 22 anos, em um acidente.

II. A tecnologia como companhia: anestesia ou vitalização?

> A irmã de 3 anos da bebê Alice está olhando um celular, que segura em sua mão. Sua mãe o desliga e pede a ela um beijo, mas a menina ignora a mãe. A TV continua ligada.

Considerando as ideias de Buddemeier (2007), uma de nossas autoras aponta que, ao olhar para uma tela, nossos olhos ficam fixos em tudo o que está se movendo. Os músculos dos olhos ficam completamente imobilizados. Crianças assistindo à TV ou jogando *videogames* ficam sentadas, envolvendo apenas os sentidos da visão e audição, em vez de usar todos os seus sentidos em diferentes atividades e movimentos.

A ativação da imobilidade ou da atividade motora e a experiência de olhar para telas virtuais podem ser estruturalmente diversas da experiência do observador, que espera e vê onde ele será colocado, não apenas fisicamente, mas psiquicamente dentro da dinâmica das relações na casa. Dessa forma, o observador psicanalítico tem a oportunidade de olhar para a tela interna da ressonância e do impacto emocional, uma vez que está ali, com todos os seus sentidos envolvidos e atentos ao que ocorre entre o bebê e sua família, sendo uma presença íntima, porém discriminada.

> Fez-se um longo silêncio durante uma parte da observação e a mãe de Téo diz que vai colocar uma música para nós.

Ferramentas tecnológicas podem aparecer com função reanimadora, com uma qualidade variável de transicionalidade ou adesividade. Como a chupeta ou objetos de entretenimento, elas podem realizar um passo importante para a autonomia, a separação, o reconhecimento de sentimentos e elaboração, mas também podem preencher espaços que transbordam vazio e silêncios pesados. Bebês, pais e observadores parecem estar aprendendo como estar sozinhos na companhia de outros (Winnicott, 1958/1990).

> A mãe, a tia e a avó estão sentadas no sofá, cada uma olhando seu celular. Alice, que está com 15 meses, está brincando com uma cadeirinha de plástico que ela arrasta de um lado para outro. A tia pede que Alice pegue o controle remoto, mas ela não compreende. A bebê começa a brincar com um livro, fazendo de conta que está lendo. A mãe, então, me mostra um vídeo de Alice no celular, que se aproxima para ver também.

Diante das demandas contemporâneas, as fronteiras entre bebês, adolescentes e adultos podem não ficar claras, e o crescimento às vezes pode ser apressado para aquisições de habilidades de ação: fazendo, controlando e tendo coisas em vez de ser e experimentar processos emocionais. A bebê, no entanto, pelo menos na presença do observador (que a vê como uma bebê), não responde à demanda de pegar o controle remoto! Ela mostra uma capacidade, que pode vir também de sua experiência dentro da família, de brincar com o livro e voltar para a experiência genuína de explorar as páginas, mesmo sendo valorizada pela mãe por sua "leitura" e suas habilidades de adulta. Novamente ela é convocada para a tecnologia, enquanto explora ao vivo o "faz de conta" integrativo do folhear o livro junto à mãe. Podemos conjecturar que sua aproximação do vídeo envolva a atratividade do convite direto da mãe, a possibilidade de atividade conjunta e o fato de ser ela a retratada na imagem, o que poderia indicar a importância que a mãe está atribuindo à filha. Entretanto, o paradoxo de ritmos se apresenta: por que seria a tela uma mediação necessária, quando a criança está ali presente ao alcance do olhar e da presença direta do vínculo?

> Quando chego a mãe está em pé, amamentando Téo. Ela me cumprimenta e diz que vai tentar sentar se o bebê a permitir. A TV está ligada, e em certo momento, enquanto assiste, ela diz ao bebê que gosta de novela. Seu computador está aberto ao seu lado. A mãe para de amamentar e o bebê me olha, sorrindo. Depois de trocá-lo, a mãe o coloca na cadeirinha de frente para a TV. Vejo que Téo olha para a TV.

Podemos notar como alguns aspectos evocados pelo encontro emocional entre pais e bebês tendem a ser apaziguados por intercâmbios mediados pela tecnologia, substituindo o agente humano.

Esses intercâmbios diluem conflitos, personalizando identificações do que os pais supõem que o bebê irá desfrutar de acordo com suas próprias preferências, amenizando agonias e ansiedades. Serviriam então, como estratégias sensoriais para lidar com as demandas do bebê e a sobrecarga dos pais.

> Alice aponta para o celular da tia, que pergunta se ela quer "patati" ou "popó". A tia dá o celular para ela, mas ela aperta um botão e a tela fica escura. Alice devolve o celular à tia sem dizer nada. A avó chega, a bebê se anima e vai até ela, se esquecendo do celular.

Os bebês são muito inteligentes ao não descartar o complemento humano (incluindo os observadores!), mesmo quando estão em contato com as brilhantes ferramentas tecnológicas, o que as torna muito mais interessantes, mutáveis e garantem a atração renovável.

> A mãe vem me cumprimentar, com Alice chorando em seu colo. Me contou que estava tentando cozinhar, mas não conseguiu. Ela se senta e começa a amamentar. Comenta que a TV não estava funcionando. Momentos depois a TV volta a funcionar, num volume bem alto. Isso me incomoda, mas a mãe não reage... ela vê que a bebê está com a fralda suja e vai trocá-la.

Como vemos aqui, jovens mães da atualidade podem ser relacionadas ao que Gueller (2016) descreve vividamente como "*multitask*", quando se refere às crianças que simultaneamente fazem lição de casa em seus computadores ou laptops, consultando o Google enquanto trocam mensagens pelo Facebook, jogam *videogames* e postam fotos no Instagram, abrindo muitas janelas virtuais e de percepção ao mesmo tempo. Essas jovens mães talvez tenham sido a primeira geração a ter contato com essas mídias na sua infância, mas, sendo filhas de mães de uma outra geração, menos habilidosas e dependentes da tecnologia, elas talvez se sintam interna e externamente pressionadas por abandonarem uma real (oni)presença e podem culpar-se por não serem capazes de mantê-la. A mãe pode sentir-se um pouco como a TV sobre a qual fala com a observadora, que não funciona... Ela enfrenta muitas demandas: o bebê que chora, amamentar, fraldas, a filha mais velha, cozinhar, passar, estar com a observadora... A TV também oscila entre estar desligada e ligada, com som alto... A observadora sente o desconforto, talvez o mesmo desconforto que a mãe não se permite sentir, já que tem que continuar ligada. Ela também registra a necessidade de que a TV cumpra uma função tranquilizadora, um suporte para rupturas e para seu senso de "*splitting*". Paradoxalmente, se há ruído o tempo todo, tudo se mantém funcionando!

Em um momento de intensas mudanças e adaptações a uma nova rotina para a família, para o casal e, principalmente, para a mãe, a presença dos aparelhos tecnológicos, com seus sons e imagens, pode significar um conforto em vários níveis. A tecnologia pode oferecer canais para justificar ausências e reorganizar os contatos. Também pode oferecer alternativas ao estado sensível de emoção não integrada e vulnerável em que os pais permanecem por algum tempo após o nascimento dos bebês. Essas alternativas vão desde necessidades de integração sensorial primitiva, por meio de uma contenção com uma qualidade de "segunda pele" (reunindo elementos dispersos), até os níveis mais conscientes da busca por identificações e autorreflexão. Ao envolverem níveis mais compartilhados e relacionais (intrapsíquicos ou intersubjetivos), é possível desencadearem processos de internalização e elaboração.

III. A tecnologia como mediação para elaborações: laços e lutos

O uso de aparatos tecnológicos como ferramentas para manter os laços da vida, amenizar experiências de separação e ausência e tentar elaborar lutos também esteve presente em uma das observações realizadas.

> Durante os dois anos de observação a televisão da sala esteve ligada em todas as visitas. No início, o carrinho onde estava Lucas ficava ao lado da televisão, e a mãe dizia: "não consigo deixá-lo sozinho e de vez em quando tenho que mexer nele para ver se ele está vivo".
>
> Nas férias da observadora, a mãe enviou mensagem de voz falando dos progressos de Lucas e um vídeo para que a observadora o visse "brincando".

A presença da observadora em uma família enlutada pela perda de dois filhos, na qual a mãe experimentava o crescimento do bebê com angústia de separação e morte, fez com que a observadora ocupasse um lugar especial de testemunha do desenvolvimento do bebê e da capacidade materna por meio de fotos, vídeos e mensagens, mesmo durante as pausas.

> Durante a observação, a tia de Rebeca pede para todos irem à cozinha, pois ela havia preparado o almoço. A mãe coloca Rebeca no chão da sala, entre almofadas, e em frente à bebê coloca um celular com desenhos infantis. Eu digo que ficarei observando a bebê, ela diz que não, pois Rebeca precisa aprender

> a ficar sozinha. Após alguns minutos na cozinha, a mãe percebe que Rebeca já havia saído do cercado de almofadas e rolava pelo chão da sala.

Nesse caso, pudemos também observar como a tecnologia pode ser usada como proposta de distração, antecipando autonomia para que a bebê suporte a ausência da mãe. A bebê não parece se interessar por essa alternativa midiática. O que será que "rola" pela sala?

A partir do registro observacional, o grupo de seminário pôde se debruçar sobre vários movimentos primitivos da mente e do corpo, psique-soma da bebê, frente à saída do objeto primário, separação e necessidade de ter que se entreter com um aparato tecnológico substituto: buscar alcançar o objeto original? Buscar o olhar humano da mãe e da observadora? Expressar pela via motora a sensação de exclusão frente aos adultos convidados à cozinha, e a inquietação desencadeada pela ruptura do contato e proposta substitutiva? Impulso de evasão de um estado somatopsíquico doloroso ou tentativa, com os recursos possíveis do movimento global, de busca e resgate do que se distanciou? Além disso, o aspecto primitivo infantil da mãe também parece convocar a observadora a estar com ela e "cuidar" de sua vulnerabilidade e necessidade de contato.

IV. A tecnologia como participante do campo de captação de conteúdos emocionais: o olhar psicanalítico integrando impactos na observadora, na família e no grupo de seminário

> Chego na casa de Alice e logo percebo que a TV está ligada. Um repórter fala de um crime terrível. Isso me incomoda e me pergunto se as crianças estão

> prestando atenção. A mãe finalmente se dá conta e apressadamente diz: "nossa, quem escolheu este canal?". Ela pega o controle remoto e muda o canal para uma novela e às vezes presta atenção à TV.

Podemos apontar a tecnologia como desencadeando e/ou oferecendo figurabilidade para temas emocionais que são trazidos à tona dentro da situação observacional. Parece que ocorre um processo de *fatos selecionados*. Bion (1962/1991) os descreve como elementos que permitem dar coerência ao conjunto de dados esparsos, priorizando laços e experiências emocionais e não necessariamente conexões lógicas, pois os assuntos comentados podem ressoar como áreas de relevância psíquica possivelmente significativas para a família, diante dos olhos e ouvidos do observador, com quem compartilham *insights* e transformações.

> No segundo encontro, o pai de Lucas ainda está de férias e, enquanto o bebê dorme no carrinho, ficamos os três sentados na frente da TV, que segue ligada. De repente, ambos param para escutar uma reportagem sobre um menino que havia sido deixado na mata por seus pais como um castigo e estava desaparecido. Ambos começam a falar a respeito. O pai conta que seu pai sempre dava "broncas aleatórias", ou seja, para todos os filhos ao mesmo tempo. A mãe conta que, quando era adolescente e convivia mais com seu pai, ele sempre foi muito duro. Até ameaçou parar o carro e pôr todos os filhos para fora, porque estavam brigando, mas nunca fez isso. E completa: "que loucura, tem outras formas de dar castigo e não abandonar na floresta. Que loucos!".

Esta imagem poderosa do "pai bravo" permeou também nossas discussões no grupo do seminário, e foi explorada como um gatilho para as memórias dos pais de suas próprias infâncias e a representação temida de qualquer possível dureza que pudessem experimentar no relacionamento com seus próprios filhos, especialmente Lucas, considerando sua sensibilidade à culpa materna e ao risco de perda, presenças fantasmáticas rondando seu quarto de bebê (Fraiberg, Adelson, & Shapiro, 1975).

A imagem da braveza paterna nos pareceu útil quando fomos decidir sobre os arranjos futuros para apresentações, e uma das coordenadoras disse que se sentiu como o "pai bravo", ao queixar-se do grupo, o qual conversava e combinava arranjos para nosso seminário pelo WhatsApp (que, naquele momento, ainda não havia sido eleito coletivamente como um canal para decisões). Ao mesmo tempo, a coordenadora compartilhou a reflexão sobre se sentir "deixada sozinha na mata", como o menino, por não fazer parte dos arranjos tecnológicos! Como pudemos falar sobre isso com as várias ressonâncias evocadas pelo material dentro do grupo, pudemos experimentar também no diálogo, na linguagem compartilhada e nas associações metafóricas como transformações simbólicas, o que possivelmente também estava presente em nossos intercâmbios.

V. A tecnologia como ponte para conexões: favorecendo o contato com o mundo externo

Durante as observações, há várias menções sobre o compartilhamento e a troca de afetos com grupos, facilitados pela tecnologia, o que sabemos ser uma área que se desenvolveu enormemente no futuro inimaginável que estaria por-vir.

> "Sabe, estou em um grupo de gestantes e conversamos por WhatsApp também. Falamos sobre a vacinação. Hoje marcamos de nos encontrar daqui a pouco. Compartilhamos as mudanças, os sentimentos. Outro dia uma delas desabafou que estava achando um tédio. Vemos que é normal, que nem sempre é tudo lindo e gostoso", diz a mãe de Téo.

O período da gravidez e o desenvolvimento inicial da experiência parental combinam um estado de mente de gestação do interno, de qualidade introspectiva e "singularizante", ao mesmo tempo que vai emergindo o desejo de contato com o externo, com o social "coletivizante". Turbulência à vista: mudanças, idealizações desfeitas, tédio e necessidades de proteção para enfrentar a virulência do mundo externo. A imunização rotineira para os bebês, à qual alude a mãe, oferece interessante paralelo psíquico para o concomitante receio e desejo por convívio. Aqui ainda falamos das vacinações comuns e não contra a futura Covid, que elevaria ao extremo essas conflitantes polarizações de terror e anseio por convivência!

> A mãe coloca Téo no sofá ao seu lado e me diz que vai olhar seus e-mails. Está surpresa quando vê que chegaram 157 e-mails, porque não os checava havia dois dias. Ela diz que se sente importante pela quantidade de e-mails.

> A mãe pega Rebeca no colo para dar de mamar. Faz isso com bastante facilidade e com apenas uma das mãos ajuda a criança a encontrar o seio, e com a outra mão manuseia o celular. Enviava mensagens para os

> outros filhos, dizendo o que eles precisavam fazer em casa na ausência dela.

Por meio de situações como as que acabamos de descrever, podemos observar como a tecnologia pode servir como um meio de comunicação relevante para que a mãe se sinta presente em outros ambientes que compõem seu senso de *self* também como mulher, como mãe para outros filhos, como esposa e profissional. Isso parece ser naturalmente intensificado quando o período inicial de devoção à criança e de preocupação materna primária (Winnicott, 1956/1993b) dá lugar a um processo de separação/individuação mais intenso (Mahler, 1982). O bebê está começando a procurar maior autonomia. Os pais também podem ser menos exigentes consigo mesmos e realizar uma parentalidade "suficientemente boa", aceitando o ritmo do bebê e seus desenvolvimentos singulares.

Em nossos encontros no Seminário de Observação de Bebês (presencial pré-pandêmico) e como autores deste trabalho (em conversas em que a internet se fez necessária), pudemos enfrentar o desafio de fazer uso da tecnologia a nosso favor, integrar e colocar diferentes pontos de vista, exercitando a sintonia e o diálogo empático, mas também lutando com cisões e reparações necessárias. Combinando diversidades, intimidades, idiomas, limitações tecnológicas e, às vezes, em lugares geograficamente diferentes, pudemos, graças ao fato de sermos um grupo com mentes diferentes e habilidades complementares, "emergir da floresta" do desafio desta produção coletiva, que pode também nos colocar como grupo se comunicando com o nosso mundo externo.

Considerações finais: a observação de bebês como olhar psicanalítico para o infantil sempre presente

Nos primeiros tempos de vida, os cuidados que a mãe oferece ao seu bebê acontecem a partir da possibilidade da sua entrada em um estado de *preocupação materna primária*, no qual a mãe se encontra mais regredida, sendo possível uma profunda identificação com as necessidades do bebê, protegendo-o das angústias, acolhendo-as e nomeando-as.

Dessa forma, nesse momento inicial do desenvolvimento, a mãe, por meio de seus cuidados, fornece os recursos para que o bebê construa seu aparelho psíquico, que lhe permitirá lidar com as ansiedades e frustrações presentes no seu mundo interno e posteriormente nas relações interpessoais. Todavia, nem sempre esse processo ocorre de forma "suficientemente boa" e em muitos momentos os aparatos midiáticos entram em cena, servindo de maneiras diversas com funções variadas.

Ao longo de nossas observações – que naquele momento aconteceram de forma presencial –, registramos várias situações nas quais os recursos tecnológicos foram incluídos na vida cotidiana dos pais e dos bebês.

Assistimos o seu uso já no início dos trabalhos, servindo como mediador nos contratos iniciais entre as observadoras e as famílias e muitas vezes funcionando como companhia em momentos de ansiedade, solidão, dúvidas e conflitos, frequentemente presentes nos períodos iniciais da vida com o bebê.

Nas discussões no grupo de supervisão, observou-se que, à medida que o lugar do observador foi sendo construído na família, com sua presença pontual e semanal e, acima de tudo, com seu olhar e com o seu próprio silêncio, foi surgindo uma nova atmosfera emocional. Em algumas situações descritas, a experiência da observação facilitou o contato da mãe com seus próprios conteúdos internos, possibilitando um acolhimento das angústias dispersas, momento semelhante àquele experimentado pelo próprio bebê na construção da capacidade de estar só. "A base da capacidade de ficar só é a experiência de estar só na presença de alguém" (Winnicott, 1958/1990). Nesse sentido, uma criança pode ficar só a partir do apoio de um ego consistente, favorecendo o seu desenvolvimento.

Em outros momentos, o olhar do observador para com a dupla mãe-bebê serviu para acolher as aflições maternas, ajudando a romper com o barulho característico da defesa maníaca e transmitindo à família uma qualidade sonora diversa, facilitando a instalação de novos ritmos. Em algumas situações, a observadora pôde captar conteúdos emocionais disparados pela tecnologia, que, compartilhados com a mãe, proporcionaram uma expansão das experiências emocionais.

Em outras situações, ainda, observou-se que foi por meio da tecnologia que ocorreu o contato da mãe com o mundo externo, auxiliando na transição da intensa relação inicial entre a mãe e seu bebê para a paulatina separação entre eles – momento fundamental para a constituição do psiquismo do bebê (Winnicott, 1967/1975).

A própria elaboração deste artigo foi extremamente favorecida pela possibilidade de reunir pensamentos e experiências entre os autores por meio da tecnologia, encurtando as distâncias geográficas e permitindo ligações além dos encontros físicos, para construir uma comunicação estruturada. Crescemos juntos como observadores de bebês, como participantes e coordenadores do seminário de compartilhamento das observações e de discussões de situação de trabalho, no contato íntimo com todos os tipos de comunicações expressas no material observacional e clínico, desde os níveis mais primitivos e não verbais até construções metafóricas e simbólicas.

Como um grupo construindo vínculos em encontros pessoais, possíveis naquele momento, pudemos dar origem a significados coletivos, refletindo também sobre nossas conexões e respostas às comunicações por intermédio da tecnologia, como observadores e também pessoalmente, experimentando dentro de nós a essência da qual estamos falando. Certamente, de fato, "aprendendo com a experiência" (Bion, 1962/1991).

Contudo, na situação atual, em que pudemos nos debruçar novamente sobre este trabalho integrando experiências vividas a partir de um olhar atravessado pela realidade pandêmica, jamais imaginada naquele primeiro momento, nos surpreendemos com a observação de bebês e seu aspecto visionário.

Afinal, se a observação de bebês nos dá ferramentas que nos aproximam do infantil, patrimônio de todo humano, seja ele bebê, criança, adolescente ou adulto, também parece transcender o tempo, se antecipando a questões que colocam hoje a importância e o uso da mídia como um meio possível para mantermos as relações, promovendo encontros, facilitando nossa vida, reduzindo as separações e tornando possível, neste momento, estarmos em contato uns com os outros, ainda que de forma virtual, enquanto aguardamos a retomada do contato face a face, de corpo presente, com a troca de olhares ao vivo, fundamentais para nossa existência.

Diante das exigências do mundo contemporâneo, talvez sejamos todos um pouco como bebês que têm muito a aprender com novos canais de contato, mas também representantes relevantes de uma antiga cultura universal, em que as ligações humanas, intersubjetivas, emocionais e transgeracionais, não podem ser deletadas. Essas ligações, expressas com tanta vivacidade e potencialidade primitiva na relação pais-bebê, são rememoradas na experiência de aprendizagem e formação em observação psicanalítica e reatualizadas em nossa experiência profissional em saúde e educação, diante da sempre surpreendente e complexa convivência humana.

Referências

Bauman, Z. (2007). *Tempos líquidos.* (Carlos Alberto Medeiros, Trad.). Rio de Janeiro: Zahar.

Bick, E. (1967). Notas sobre la observación de lactantes en la enseñanza del psicoanálisis. Buenos Aires, *Rev. Psicoanálisis, 24*(1), 97-115. (Trabalho originalmente publicado em 1948)

Bion, W. R. (1991). *O aprender com a experiência.* Rio de Janeiro: Imago. (Trabalho originalmente publicado em 1962)

Buddemeier, H. (2007). *Mídia e violência.* São Paulo: Antroposófica.

Fonagy, P. (2014). Foreword. *In* A. Lemma, & L. Caparrota (Eds.). *Psychoanalysis in the technoculture era.* London/New York: Routledge.

Fraiberg, S., Adelson, E., & Shapiro, V. (1975). Ghosts in the nursery. A psychoanalytic approach to the problems of impaired infant-mother relationships. *Journal of the American Academy of Child & Adolescent Psychiatry, 14*(3), 387-421.

Gueller, A. S. de. (2016, 15 jan.). A criança em constituição na era das relações virtuais (parte 4). *O Estado de S. Paulo.* Disponível em: http://vida-estilo.estadao.com.br/blogs/crianca-em-desenvolvimento/a-crianca-em-constituicao-na-era-das-relacoes-virtuais-parte-4/.

Klein, M. (1996a). Uma contribuição à psicogênese dos estados maníacos depressivos. *In Obras completas.* Rio de Janeiro:

Imago (v. 1: Amor, culpa e reparação e outros trabalhos, pp. 301-329). (Trabalho originalmente publicado em 1935)

Klein, M. (1996b). O luto e sua relação com os estados maníacos depressivos. *In Obras completas*. Rio de Janeiro: Imago (v. 1: Amor, culpa e reparação e outros trabalhos, pp. 385-412). (Trabalho originalmente publicado em 1940)

Mahler, M. (1982). O *processo de separação-individuação*. Porto Alegre: Artes Médicas.

Mélega, M. P., & Sonzogno, M. C. (2008). *O olhar e a escuta para compreender a primeira infância*. São Paulo: Casa do Psicólogo.

Winnicott, D. W. (1993a). A defesa maníaca. *In Textos selecionados: da pediatria à psicanálise* (4. ed., pp. 247-267). Rio de Janeiro: Francisco Alves. (Trabalho originalmente publicado em 1935)

Winnicott, D. W. (1993b). Preocupação materna primária. *In Textos selecionados: da pediatria à psicanálise* (4. ed., pp. 491-498). Rio de Janeiro: Francisco Alves. (Trabalho originalmente publicado em 1956)

Winnicott, D. W. (1990). A capacidade para estar só. *In O ambiente e os processos de maturação* (pp. 31-37). Porto Alegre: Artes Médicas. (Trabalho originalmente publicado em 1958)

Winnicott, D. W. (1975). O papel de espelho da mãe e da família no desenvolvimento infantil. *In O brincar e a realidade* (pp. 17-30). Rio de Janeiro: Imago. (Trabalho originalmente publicado em 1967)

Parte 2

Cuidados básicos, educação e cultura: das redes necessárias para a constituição do sujeito

Políticas públicas para a proteção do bebê

Ana Cecilia Silveira Lins Sucupira, Francisca Julia dos Santos Sousa, Juliana Rodrigues Pinto, Maria do Socorro Carneiro Linhares

As políticas públicas relacionadas à proteção à maternidade podem ser vistas sob três aspectos que envolvem a mãe, o pai e o bebê. Do ponto de vista da mãe, em vários países essas políticas propõem benefícios iguais e intransferíveis para a mãe e para o pai, contribuindo para reduzir a desigualdade de gênero no cuidado com o bebê. Nas políticas de proteção à maternidade, fica evidente a importância e a necessidade de a sociedade apoiar a mulher para exercer a função materna, assim como possibilitar que o pai assuma, junto com a mulher, o cuidado com o bebê desde o nascimento, fortalecendo o vínculo pai/mãe/bebê.

Em relação ao bebê, ele precisa ser acolhido em ambientes familiares que possam lhe proporcionar a satisfação de suas necessidades básicas e vivências enriquecedoras para o seu desenvolvimento cognitivo e emocional. Os estudos da neurociência mostraram a importância da primeira infância, os primeiros 6 anos, para a vida futura do indivíduo. Essas pesquisas, realizadas a partir da década de 1990 (Castaño, 2002; Hernández-Muela, Mulas, & Mattos, 2004), demonstraram como ocorre o desenvolvimento cerebral durante os primeiros anos de vida e comprovaram a hipótese da intensa neuroplasticidade durante esse período, isto é, a capacidade do cérebro de moldar-se de múltiplas maneiras de acordo com as experiências vivenciadas. Novas tecnologias na área de exames de imagem têm permitido a observação detalhada da estrutura cerebral e dos níveis de atividade das diferentes partes do cérebro, demonstrando que, no decorrer de todo o processo de desenvolvimento, inclusive antes do nascimento, o cérebro é influenciado pelas condições ambientais. O desenvolvimento humano, portanto, é o resultado da interação dinâmica entre as influências biológicas (próprias da espécie e do indivíduo) e as experiências vividas. Nesse processo, há uma grande influência de fatores ambientais, entendidos aqui como o ambiente físico e os aspectos sociais e emocionais expressos principalmente no vínculo pai/mãe/bebê, fundamentais para o desenvolvimento do bebê.

Essas afirmações apontam para a necessidade de políticas públicas para a proteção do bebê durante a gravidez, o nascimento e os primeiros anos de vida. É preciso garantir o apoio ao exercício da maternidade tanto para a mãe como para o pai. Nos casais homoparentais, esse apoio é importante para que homens e mulheres possam exercer a função paterna e a função materna. Entre essas políticas destacam-se a licença-maternidade, a licença-paternidade e a disponibilidade de creches.

Licença parental e assistência à infância

Relatório do Escritório de Pesquisa do Unicef – Innocenti, publicado em 17 de junho de 2021 e intitulado *Qual é a posição dos países ricos em relação ao cuidado das crianças?*, apresenta a classificação dos países da Organização para a Cooperação e Desenvolvimento Econômico (OCDE) e da União Europeia (UE) com base em suas políticas nacionais de assistência à infância e à licença parental (Gromada, & Richardson, 2021). Alemanha, Suécia, Noruega, Islândia e Luxemburgo estão no topo dessa classificação, enquanto Eslováquia, Estados Unidos, Chipre, Suíça e Austrália ocupam os últimos lugares. O relatório reforça também a importância das licenças pré-natal, materna e paterna, remuneradas, para a formação do vínculo dos pais com os bebês e para o desenvolvimento saudável da criança. Henrietta Fore, diretora executiva do Unicef, afirma que "para dar às crianças o melhor começo de vida, precisamos ajudar os pais a construir um ambiente acolhedor e amoroso, que é tão crítico para a aprendizagem das crianças, para o bem-estar emocional e o desenvolvimento social" e acrescenta "o investimento do governo em políticas favoráveis à família, incluindo creches, garante que os pais tenham o tempo, os recursos e os serviços de que necessitam para apoiar os filhos em todas as fases de seu desenvolvimento" (United Nations, 2021). Nessa perspectiva, o Unicef defende pelo menos seis meses de licença parental remunerada e acesso universal a creches de qualidade desde o nascimento até a entrada no primeiro ano escolar e propõe as seguintes diretrizes para as políticas de assistência à infância e licença parental:

- licença-maternidade, licença-paternidade e licença parental remunerada para mães e pais no período pré-natal e no primeiro ano completo de vida de uma criança;
- licença parental equitativa de gênero para garantir que ambos os pais não fiquem sobrecarregados com as tarefas domésticas;
- acesso universal a creche de qualidade ao final da licença parental;
- incentivo aos empregadores para fornecerem licença remunerada equitativa de gênero, arranjos de trabalho flexíveis e sistemas de apoio a creches;

- políticas de atendimento à família, como benefícios universais para as crianças, para reduzir o risco de as desigualdades sociais existentes serem reproduzidas em ambientes públicos de creches (Gromada, & Richardson, 2021).

Licença parental em diversos países

Na Espanha, a partir de 2021, as licenças por nascimento se equiparam para mães e pais, sejam ou não biológicos. Assim, o pai e a mãe têm dezesseis semanas para os cuidados com o bebê. Desse período, as seis primeiras semanas após o parto são obrigatórias para ambos. As dez semanas restantes poderão ser distribuídas de acordo com a vontade dos pais, até que o bebê complete o primeiro ano de vida. A mãe biológica pode adiantar a licença até quatro semanas antes do parto. A proteção ao exercício da maternidade tem início na gestação. Quando as condições de trabalho podem constituir risco à saúde da mulher ou do bebê, é concedida licença remunerada por risco durante a gravidez. No período de aleitamento materno, até os 9 meses da criança, a mulher terá direito a uma hora de ausência do trabalho, que pode ser dividida em dois períodos, a serem aumentadas em caso de parto múltiplo (Espanha, 2021).

Na Noruega, o benefício parental é constituído pelo subsídio maternidade, o subsídio paternidade e um período solidário que pode ser partilhado. Ambos os pais têm direito ao subsídio parental de quinze semanas recebendo 100% da remuneração ou dezenove semanas recebendo 80%. A mãe deve gozar desse benefício, obrigatoriamente, seis semanas após o parto, e o tempo restante tem de ser retirado nos seis meses após o parto. Além dessa cota, ela recebe benefícios parentais três semanas antes do parto. O pai pode planejar como quer receber o subsídio paternidade, se de forma contínua ou combinado com períodos de trabalho ou férias, devendo ser retirado antes de a criança completar 3 anos. Mulheres grávidas saudáveis que não podem continuar a trabalhar durante a gravidez, porque isso pode representar um risco para o bebê, podem receber benefícios de maternidade. O pai e a mãe podem ainda tirar licença de dez meses recebendo 100% do salário ou de um ano recebendo 80% do salário, e depois mais um ano sem remuneração, mas sem perder o emprego. A partir de dez meses a criança tem direito à creche. A entrada nas creches ocorre sempre em março ou agosto, e se a criança fizer 10 meses e tiver de esperar algum tempo até os meses de entrada na creche, o governo paga à mãe ou ao pai para ficar em casa com a criança. Todos os filhos recebem o Bolsa Criança do nascimento até os 18 anos, sem importar a renda da família (Noruega, 2021).

Na França, a licença-maternidade compreende a licença pré-natal e pós-natal, as quais podem ser adaptadas à situação familiar, ao desenvolvimento da gravidez e às condições de nascimento do bebê. Para o primeiro ou segundo filho a licença é de dezesseis semanas, sendo seis antes do nascimento e dez depois. O tempo da licença-maternidade vai aumentando com o número de filhos que a mãe já tenha e nas gestações múltiplas. É possível transferir parte da licença pré-natal para o período pós-natal, com atestado médico afirmando que o estado de saúde da gestante permite que ela continue trabalhando, sendo no máximo por três semanas (L'Assurance Maladie, 2021). Há uma licença de nascimento para o pai de três dias, que deve ser tirada imediatamente após o nascimento. A licença-paternidade é de 25 dias, passando para 32 dias em caso de nascimento múltiplo. Ela pode ser contínua ou dividida em vários períodos, entretanto, é obrigatório um período de quatro dias que devem se seguir aos três dias de licença do nascimento (França, 2021).

Na França, existe desde 1982, para o apoio às mulheres, a *sage-femme*, um profissional de saúde que acompanha a mulher durante a gravidez, do diagnóstico ao parto, e após o nascimento até o dia sétimo dia de vida do bebê, cuja principal função é o acompanhamento da gestação normal, realizando as consultas do pré-natal e a ultrassonografia. Quando detecta alguma patologia, encaminha a gestante para o obstetra e acompanha o trabalho de parto com ele. A *sage-femme* dá cursos de preparação para o parto, faz o parto e pode prescrever exames e tratamentos relacionados à gravidez, ao parto e ao puerpério, sempre com a supervisão de um obstetra. Ela faz o trabalho de educação em saúde, com as orientações necessárias durante a gravidez, e no puerpério orienta a reabilitação perineal e os métodos de contracepção. No acompanhamento após o parto, orienta a amamentação e os cuidados com o bebê, além de poder detectar os primeiros sinais de depressão pós-parto. A formação superior da *sage-femme* tem duração de cinco anos (Lafaurie, 2019).

Na Alemanha, a licença maternidade tem início seis semanas antes da data prevista para o parto e termina oito semanas depois do nascimento, totalizando catorze semanas. Caso o nascimento ocorra antes da data prevista, a licença será de oito semanas mais o número de dias de antecipação do parto, completando o total de catorze semanas. Se o bebê for prematuro, a licença maternidade será de doze semanas após o parto, totalizando dezoito semanas. A licença é também de doze semanas para gestações gemelares ou múltiplas, ou quando o bebê tem alguma deficiência. Além da licença maternidade, há a licença parental, que é uma pausa, não remunerada, da vida profissional para mães e pais que cuidam e criam seus próprios filhos. Durante a licença parental, a empresa libera a mãe ou o pai do trabalho por até três anos para cada criança. Como não recebem salários, podem então receber o subsídio parental. O pai pode ter um dia de licença remunerada e requerer ao empregador o subsídio parental, que corresponde ao que seria a licença paternidade. É possível solicitar o subsídio parental antes dos 3 anos de idade da criança ou entre os 3 e 8 anos, de acordo com as necessidades da família. Os pais não são obrigados a requerer a licença parental para receber o subsídio parental, porém não poderão trabalhar mais de trinta horas por semana, devendo então reduzir suas horas de trabalho para poder participar do cuidado com o bebê. Depois da licença parental os pais podem reassumir seu trabalho. Os partos normais, na Alemanha, são realizados pela parteira (enfermeira obstetra), que é a pessoa de contato após o parto para perguntas sobre os cuidados da mãe e do filho. No pós-parto, elas orientam sobre a amamentação e ajudam as mulheres a crescer em seu papel de mãe. Além de esclarecer questões médicas, o objetivo principal nos primeiros dias de vida é o desenvolvimento do vínculo mãe/filho. O aspecto psicossocial é, portanto, prioritário. Até o décimo dia após o nascimento, a mãe tem direito a pelo menos uma visita diária da parteira. Até o filho completar 12 semanas, ela também pode pedir conselhos e ajuda à parteira por dezesseis vezes. Se tiver dificuldades para amamentar ou com a alimentação, a mãe pode entrar em contato com a parteira mais oito vezes. Visitas adicionais estão disponíveis se prescritas por um médico. Antes do primeiro aniversário, a criança alemã tem direito a apoio e cuidados em creche se ambos os pais estiverem trabalhando, procurando emprego ou ainda em estágio de formação (Alemanha, 2009).

A licença-maternidade nas Américas

Apenas Canadá, Brasil e Colômbia têm licença-maternidade com duração entre 14 e 17 semanas. Cuba, Venezuela e Chile têm 18 semanas ou mais. Estados Unidos, Argentina, México e demais países têm entre 12 e 13 semanas (Addati, Cassirer, & Gilchrist, 2014).

A licença-maternidade no Brasil

A Constituição Federal de 1988 estabeleceu a licença à gestante, sem prejuízo do emprego e do salário, com a duração de 120 dias, a partir do oitavo mês de gestação ou após o parto, e licença-paternidade de cinco dias após o nascimento do bebê (Brasil, 1988). Esses benefícios são válidos também para a situação de adoção. Em setembro de 2008, o Decreto n. 11.770 criou o Programa Empresa Cidadã, prorrogando por mais sessenta dias a licença-maternidade, prevista na Constituição Federal de 1988, mediante a concessão de incentivo fiscal. A licença-paternidade, por sua vez, foi prorrogada por mais quinze dias, além dos cinco tradicionais (Brasil, 2008b). Em 11 de dezembro de 2008, o Decreto n. 6.690 instituiu no âmbito da administração pública federal direta, autárquica e fundacional o Programa de Prorrogação da Licença à Gestante e à Adotante, ficando com 180 dias a licença gestante (Brasil, 2008a). Não há nenhuma menção à prorrogação da licença maternidade e paternidade para as trabalhadoras e trabalhadores dos setores não governamentais.

Até 7 de fevereiro de 2021, havia 24.180 empresas cadastradas no programa Empresa Cidadã, ampliando a licença-paternidade, considerando a importância da participação do pai nos cuidados com o bebê. São bastante positivos os depoimentos tanto de gestores como dos pais em relação aos benefícios para a criança proporcionados pela presença do pai no cuidado com o bebê (Futema, 2021).

No Brasil, de modo geral, a participação do pai no cuidado com o bebê ainda é bastante incipiente. Muitos deles ajudam a mulher, mas não se responsabilizam por esse cuidado, que é visto como da competência da mulher. É uma questão cultural, reflexo da sociedade patriarcal brasileira. Algumas mudanças no comportamento dos pais, porém, já podem ser observadas, principalmente entre os mais jovens, com maior participação no cuidado dos filhos. Essa mudança, entretanto, não encontra respaldo na legislação. A licença-paternidade restrita a cinco dias não facilita o crescimento da participação do pai. É interessante destacar que, quando o pai tem acesso a um período maior de licença, como visto nas empresas cidadãs, ele reconhece a importância de participar desde o nascimento no cuidado do bebê, fortalecendo o vínculo pai/filho.

Em relação à amamentação, a Organização Mundial da Saúde (OMS) recomenda o aleitamento materno exclusivo por seis meses, a ser complementado com outros alimentos até os 2 anos (WHO, 2000). A licença-maternidade de quatro meses é incompatível com essa recomendação. As mães que trabalham e que amamentam têm direito, por lei, nos seis primeiros meses de vida do bebê, a duas pausas no trabalho, de meia hora cada uma, para amamentar, ou sair uma hora mais cedo do trabalho (Brasil, 2017), condições que nem sempre se adequam às necessidades do bebê e da mãe. Quanto ao acesso à creche, a legislação brasileira obriga as empresas com mais de trinta mulheres acima de 16 anos a oferecerem acesso a creche, seja por creche própria ou por sistema de reembolso (Brasil, 1967; 1986).

A licença-maternidade em Sobral

É marcante a diferença entre os benefícios que os países europeus garantem aos pais para a maternidade e para o bebê e o que a legislação brasileira propicia. Sobral, um município situado na região do semiárido do noroeste do estado do Ceará, com uma população de 212.437 habitantes estimada para o ano de 2021 (IBGE, 2021), apresenta grandes avanços tanto na legislação de proteção à maternidade como na proteção ao bebê. Assim, serão descritas a seguir as políticas que protegem a maternidade e o bebê nesse município.

Sobral e as políticas públicas para a proteção do bebê

Em Sobral, a Lei n. 668, de 27 de março de 2006, ampliou a licença-maternidade das servidoras públicas municipais para 180 dias (Sobral, 2006). Em 27 de junho de 2013, foi aprovada a Lei n. 1250, prorrogando a licença-maternidade das servidoras públicas municipais de Sobral para 240 dias (oito meses) (Sobral, 2013b). Em nenhuma das leis há menção à licença paternidade. Essas leis foram criadas a partir do movimento existente em Sobral para a redução da mortalidade infantil e para a garantia do direito à criança de desenvolver todo o seu potencial.

As análises dos óbitos maternos e infantis de Sobral, entre 1998 e 2001, constataram muitas dificuldades para as mulheres cumprirem as recomendações que poderiam evitar problemas na gestação, no parto e para o bebê. A prescrição de repouso para evitar o parto prematuro, em muitos casos, não era seguida, não necessariamente por resistência da gestante, mas por ausência de apoio familiar. Se a gestante não tem quem possa ajudá-la nas tarefas domésticas e no cuidado com os filhos, como poderá ficar de repouso? Frequentemente, ficam de repouso quando têm contrações, interrompendo logo em seguida para continuar os afazeres domésticos. A falta de apoio familiar também explica a dificuldade de comparecer às consultas e a realização dos exames do pré-natal. A inexperiência no cuidado com o recém-nascido, muitas vezes, resultava na necessidade de internação do bebê. Quando algum outro filho era internado, a mãe tinha de acompanhar a criança durante a internação, comprometendo a amamentação. Após o parto, são frequentes os sintomas de depressão puerperal, desde os mais leves a alguns mais graves, que prejudicam o cuidado do bebê. A ocorrência de complicações no puerpério, a gemelaridade, o baixo peso ao nascer e a internação prolongada do bebê são situações que geram muita insegurança e ansiedade nas mulheres quando não há apoio familiar. Ficou evidente que, em muitas situações, faltou apoio à gestante, principalmente para aquelas de risco social. Essas análises identificaram também altas taxas de infecção hospitalar e falhas na definição e acompanhamento da gestante e do bebê de risco.

Essa era a realidade descrita nos relatos das famílias sobre os óbitos infantis, principalmente nas camadas mais pobres da população. As condições de vida de grande parte das gestantes e mães caracterizavam uma situação de risco social que se sobrepunha ao risco clínico. Esses fatos indicavam que, para além dos fatores biológicos, a mortalidade materna e infantil em Sobral estava determinada pela questão social.

Em 2001, a taxa de mortalidade infantil (TMI) em Sobral era de 29 óbitos por mil nascidos vivos, bem acima dos indicadores apresentados por países mais desenvolvidos, que já mostravam taxas abaixo de 10 óbitos por mil nascidos vivos. Nesse mesmo ano, o Brasil apresentava uma TMI de 19,9 e o Ceará, de 21,3 (Brasil, 2021b). Era preciso reduzir a mortalidade infantil e garantir boas condições de sobrevida aos bebês. Dificilmente o município teria condições de implantar medidas e benefícios já existentes em muitos outros países. A partir de muita criatividade, ao longo de quase vinte anos, Sobral foi implantando vários projetos que foram posteriormente transformados em uma política pública municipal que tem como foco a proteção à maternidade e ao bebê.

Os caminhos percorridos por Sobral

De modo geral, as medidas mais reivindicadas para a redução da mortalidade infantil referem-se à incorporação de novos equipamentos e recursos terapêuticos avançados, que constituem o que Merhy definiu como tecnologias duras, relacionadas ao uso de equipamentos tecnológicos do tipo máquinas, normas e estruturas organizacionais (Merhy, & Franco, 2003). A ampliação dos leitos de UTI e o aumento do número de neonatologistas intensivistas aparecem sempre como condições essenciais para evitar os óbitos neonatais. Goodman e colaboradores (2002), entretanto, concluem que "não há uma relação consistente entre o número de leitos de cuidados intensivos neonatais e o número de neonatologistas intensivistas e a mortalidade neonatal". Em muitos municípios brasileiros as condições de funcionamento das UTI neonatais ainda são muito precárias, com altas taxas de infecção hospitalar. Sobral conta com vinte leitos de UTI neonatal e trinta leitos de cuidados intermediários para atender a uma população de 1,6 milhão de habitantes dos 55 municípios da macrorregião Norte do Ceará (Brasil, 2021a).[1]

Uma análise mais detalhada da evolução da atenção à saúde em Sobral mostra que as intervenções foram bem mais amplas do que o aumento de tecnologias duras, representadas principalmente pelo número de leitos de UTI neonatal.

Em 1997, Sobral implantou as primeiras equipes de saúde da família e em 2002 atingiu a cobertura de 100% da população, garantindo o acesso de toda a população do município à rede de atenção primária de saúde e o aumento do número de consultas de

---

1 Segundo recomendações da OMS e do Ministério da Saúde, a relação ideal de leitos de UTI é de 1 a 3 leitos para cada 10 mil habitantes (Associação de Medicina Intensiva Brasileira, março de 2020).

pré-natal por gestante (Andrade, & Martins Junior, 1999). A criação, em 2002, do Comitê Municipal de Prevenção à Mortalidade Materna e Infantil teve como base o compromisso público e o dever social de garantir o direito à vida e ao exercício pleno da cidadania, expressos no direito da mulher de ter uma maternidade segura e do bebê de ter condições dignas para nascer e se desenvolver (Sobral, 2000). As análises dos óbitos pelo Comitê possibilitaram avaliar as condições da atenção ao pré-natal, ao parto, ao puerpério e ao bebê e instituir medidas visando garantir melhores condições para a mulher e o bebê vivenciarem esse período da gestação ao nascimento e nos primeiros anos de vida.

Essas medidas foram muito importantes, entretanto, ainda estavam restritas à assistência médica. Considerando a questão social presente na grande maioria dos óbitos analisados, era necessário criar condições objetivas para que a mulher pudesse ter o apoio necessário para desempenhar seu papel de gestante e de mãe, garantindo assim melhores condições para o nascimento e o desenvolvimento do bebê.

O Projeto Trevo de Quatro Folhas

Com o objetivo de dar condições às mulheres para exercerem o direito à maternidade e reduzir a mortalidade infantil, garantindo assim o direito à vida, foi implantado no município de Sobral, em dezembro de 2001, o Projeto Trevo de Quatro Folhas, com foco na redução da morbimortalidade materna e infantil, com ênfase no apoio à mulher para o exercício da maternidade (Andrade *et al.*, 2004).

Na sua essência, o Projeto Trevo de Quatro Folhas foi criado tendo o seguinte princípio fundamental: se a mulher não tem condições de cuidar da gravidez e do filho, o Estado tem que garantir essas condições! Recebeu esse nome porque as ações propostas agrupam-se em quatro momentos: a gestação; o parto e o puerpério; o momento do nascimento; e o primeiro ano de vida. É bom lembrar que o trevo de quatro folhas é o trevo da sorte. As ações visam garantir que a mulher com risco clínico e/ou social, que não tem apoio familiar, durante a gestação e no primeiro ano de vida do seu filho tenha todo o apoio de que necessitem. Esse apoio é dado pela Mãe Social junto às mulheres cujas condições de vida dificultam os cuidados requeridos nessa fase da vida. Logo depois de iniciado o projeto, o apoio foi estendido às crianças de até 2 anos de idade. Participam indiretamente desse apoio as Madrinhas e Padrinhos Sociais.

A Mãe Social é uma mulher da comunidade urbana ou rural que é selecionada, capacitada e remunerada como diarista para dar apoio à mulher gestante, puérpera ou mãe e às crianças em risco clínico e/ou social, que não têm apoio familiar, assumindo as tarefas domésticas e os cuidados com a gestante, a mãe e o bebê, enquanto necessitarem de ajuda.

As Madrinhas e Padrinhos Sociais são pessoas da sociedade civil ou de empresas que se solidarizam com a proposta do Trevo e assumem o compromisso de contribuir mensalmente com o projeto. Podem acompanhar o seu desenvolvimento de forma direta ou por fotos ou informações da equipe do Trevo e participar das atividades coletivas do Projeto. Essas contribuições são depositadas no Fundo Municipal dos Direitos da Criança e do Adolescente, que assegura o incentivo fiscal para pessoas físicas com restituição de até 6% do imposto devido e até 1% para pessoa jurídica. Há a opção de se identificar ou não para a família da criança.

O risco clínico da mulher é definido pela presença de patologias, necessidade de repouso, consultas frequentes, internações e impossibilidade de autocuidado. O risco social é atribuído na presença de dois ou mais dos seguintes critérios: mãe adolescente; analfabetismo; chefe de família desempregado e sem ocupação; proveniente de área de risco social; mais de três filhos menores de 5 anos; gravidez manifestamente indesejada e mulher usuária de droga. O risco clínico do bebê ao nascimento é definido pelo peso de nascimento inferior a 2.500 gramas, internação após a alta materna e presença de patologias. O bebê pode ainda apresentar risco clínico adquirido durante o primeiro ano de vida, de acordo com as seguintes condições: criança manifestamente indesejada; desnutrição; maus-tratos; após a segunda internação; criança com três ou mais atendimentos em pronto socorro em um período de três meses.

A Mãe Social é, geralmente, indicada pelos agentes comunitários de saúde (ACS) e selecionada pela equipe técnica da Estratégia Trevo de Quatro Folhas. Ela deve preencher os seguintes critérios: idade entre 25 e 50 anos; saber ler e escrever; gostar de afazeres domésticos; ter disponibilidade para participar da capacitação permanente; experiência no cuidado com bebês; não ter filhos dependentes exclusivamente de seus cuidados e afetividade no trabalho com crianças. É realizado o cadastro das Mães Sociais para a construção do banco de dados do Trevo, no qual constam informações sobre as características pessoais, local de residência, Centro de Saúde da Família (CSF) de referência e a área de abrangência para o trabalho da Mãe Social. A seleção de Mães Sociais é realizada com abordagem grupal, entrevista individual e análise do perfil. Após serem selecionadas, elas passam por uma capacitação inicial e um processo de educação permanente que envolve cursos anuais e a supervisão do trabalho de campo. As Mães Sociais fazem orientações sobre o autocuidado e os cuidados com o bebê, com ênfase no apoio ao aleitamento materno. No final da capacitação recebem o *Guia da Mãe Social*, que irá auxiliá-las no dia a dia, e a

Agenda da Mãe Social, para anotações sobre cada dia de trabalho. Elas trabalham usando uma camiseta que as identifica como Mães Sociais.

O apoio às mulheres pelo Trevo de Quatro Folhas

As famílias que necessitam do apoio do Trevo de Quatro Folhas são identificadas pelas Equipes de Saúde da Família (ESF), que solicitam a visita da equipe do Trevo à família indicada. A enfermeira da equipe preenche o formulário anotando os critérios clínicos e sociais definidos para cada fase de atendimento e o envia ao Trevo. Esse contato pode ser feito por telefone quando o caso exige maior rapidez no atendimento. Na visita da equipe do Trevo são avaliados os critérios de inclusão para o apoio solicitado; a elaboração do plano de cuidados; a autorização da família para o acompanhamento da Mãe Social e a pactuação dos compromissos a serem assumidos pela família. A Mãe Social escolhida deve morar perto da casa da família que vai apoiar. É realizado o trabalho educativo para que as gestantes cumpram o calendário de consultas, realizem os exames de rotina do pré-natal e participem dos grupos de gestantes; para que as mães mantenham o aleitamento materno exclusivo até os seis meses, façam o Registro de Nascimento, a vacinação da criança e as consultas de puericultura.

A atuação da Mãe Social varia quanto às atribuições e ao número de dias trabalhados segundo as necessidades identificadas pela equipe técnica. Além de trabalhar no domicílio, com uma diária de oito horas, ela também pode atuar em plantão de doze horas no acompanhamento hospitalar de gestantes, puérperas e crianças internadas. Semanalmente, a assistente social do Projeto visita a família para avaliar o trabalho da Mãe Social e definir o tempo de continuidade do acompanhamento pelo Trevo. A supervisão contínua do trabalho é feita também pela equipe de saúde da família, principalmente pelos ACS. A Mãe Social recebe pela prestação do serviço o valor correspondente a uma diária do salário-mínimo por dia trabalhado. O pagamento é feito com base no controle de frequência dos dias trabalhados, sendo necessário que a Mãe Social assine sua frequência junto à equipe de saúde da família. É importante destacar que o trabalho da Mãe Social funciona dentro da legalidade previdenciária, sendo sua contribuição como trabalhador avulso, garantindo seus direitos assistenciais, como salário-maternidade, auxílio-doença e acidente, além de aposentadoria por tempo de contribuição.

No início da Estratégia Trevo de Quatro Folhas havia o Grupo de Articuladoras Sociais Voluntárias, que ajudava a divulgar o trabalho, principalmente para a captação de novos padrinhos e madrinhas, e participava das atividades coletivas.

Desde o início do Trevo, é realizado o "Encontro Solidário", um momento de confraternização com a participação das famílias acompanhadas, Mães Sociais, Madrinhas e Padrinhos Sociais, empresas colaboradoras, articuladoras sociais voluntárias, profissionais da ESF e gestores municipais. Esse evento tem como objetivos homenagear as Mães Sociais pelo trabalho realizado durante o ano e dar visibilidade às atividades desenvolvidas, aos resultados alcançados, aos recursos captados e à prestação de contas. As famílias acompanhadas recebem brinquedos para as crianças e presentes para as mães. Esses Encontros Solidários são momentos muito importantes porque constituem uma prestação de contas do Trevo e possibilitam o contato dos gestores com as famílias e as Mães Sociais.

A equipe do Trevo desenvolveu um Plano de Captaçao de Recursos e Marketing Social, com estratégias de divulgação junto aos clubes de serviços, empresas, profissionais liberais, imprensa escrita e falada, entre outros. Logo no início, a Secretaria de Saúde e Desenvolvimento Social de Sobral apoiou o Projeto Trevo de Quatro Folhas, assumindo o pagamento das Mães Sociais. Os recursos captados foram, então, destinados ao apoio alimentar, com doação de cestas básicas para as famílias em situação de pobreza extrema que ainda não tenham sido contempladas pelo Programa Bolsa Família. É fornecido o "kit gestante" (um enxoval do bebê) às mães que realizam o pré-natal e participam das ações educativas.

Em novembro de 2010, foi aprovada a Lei n. 1041, que transformou o Projeto Trevo de Quatro Folhas em Estratégia Trevo de Quatro Folhas, Política Pública de Apoio às Gestantes, Mães e Incentivo à Vida, no município de Sobral, Ceará (Sobral, 2010). Como política pública, a Estratégia Trevo de Quatro Folhas conseguiu estabilidade ao longo do tempo e garantia das condições de infraestrutura e de recursos humanos necessários, fornecidos pela prefeitura do município de Sobral. De acordo com essa Lei, a equipe técnica ficou assim composta: um coordenador com nível superior, quatro enfermeiras, uma assistente social e um psicólogo.

A equipe da Estratégia Trevo de Quatro Folhas é também responsável pelo apoio técnico-operacional ao Comitê de Prevenção da Mortalidade Materna, Perinatal e Infantil. Os membros do Comitê reúnem-se mensalmente com o objetivo de discutir e classificar todos os óbitos maternos, fetais e infantis ocorridos no município de Sobral, a fim de identificar os fatores envolvidos em cada óbito e propor medidas para evitar tais óbitos. Essas informações são importantes para a melhoria das ações do Trevo.

Resultados

O principal resultado da Estratégia Trevo de Quatro Folhas foi a redução da mortalidade infantil (Silva, 2007). No ano seguinte à implantação, a TMI caiu de 29,9 óbitos por mil nascidos vivos para 19,0, uma redução de 36,5% (Brasil, 2021b).

Foram criados indicadores para avaliação da gestão do cuidado em cada uma das fases do Trevo, sendo os principais o número de mulheres que necessitaram de apoio, o número de Mães Sociais que atuaram em cada fase e seu custo.

O Trevo de Quatro Folha é um programa de custo-benefício muito bom O valor acumulado do pagamento de mães sociais no período de 2013 a 2018 foi de R$ 546.442,33. O valor médio anual no período foi de R$ 91.073,72 (Sobral, 2019b).

O apoio da Mãe Social resultou em melhores condições de saúde para a mãe e o bebê e o fortalecimento do vínculo mãe/bebê e pai/bebê. O depoimento das mulheres acompanhadas pela Mãe Social mostra a importância desse apoio no cuidado com elas próprias e com os bebês, evitando a ocorrência de muitos óbitos evitáveis. Seu caráter inovador, ao trabalhar com mulheres da comunidade, possibilita criar uma responsabilidade comunitária diante da mortalidade infantil. A capacitação e o trabalho das mães sociais levaram à formação de um contingente de mulheres com habilidades para atuar na promoção e nos cuidados em saúde. Atualmente, as Mães Sociais são referência para o cuidado de gestantes, mães e crianças na sociedade, gerando um mercado de trabalho para as mulheres das classes populares.

É possível, ainda, apontar como resultados do trabalho realizado pela Estratégia Trevo de Quatro Folhas o impacto na reorganização e melhora da assistência ao pré-natal, ao parto e ao puerpério, ao nascimento e ao acompanhamento do bebê. Em relação à população, destaca-se o acesso e a qualidade da assistência materno-infantil; a efetivação do princípio da equidade no acompanhamento de famílias com risco clínico e social; o fortalecimento do vínculo entre pais e filhos e do vínculo entre profissionais de saúde e famílias; a melhoria no autocuidado e na promoção da saúde.

O Trevo de Quatro Folhas constitui uma estratégia efetiva e de baixo custo para a redução da mortalidade materna e infantil, e tem como principal característica o trabalho conjunto envolvendo o governo municipal, a sociedade civil (madrinhas e padrinhos sociais), a comunidade (Mães Sociais) e o setor privado (empresas colaboradoras). Essa estratégia foi incorporando outros projetos que têm como objetivo principal o apoio aos pais, a redução da mortalidade infantil e a melhoria das condições de saúde do bebê, entre eles os projetos Flor do Mandacaru e Coala.

Projeto Flor do Mandacaru – Centro de Apoio à Saúde do Adolescente

Criado em 2008, sua proposta inicial foi pensada com base no elevado índice de gravidez na adolescência e no baixo número de atendimentos de adolescentes nas unidades básicas de saúde. No município de Sobral em 2008, o índice de gestantes adolescentes menores de 20 anos correspondia a 22,9%, com alguns casos de gestação na adolescência que aconteciam antes dos 15 anos (Brasil, 2021b). Muitas adolescentes só iniciavam o pré-natal tardiamente, mantendo a gestação escondida dos familiares pela dificuldade de falar sobre a gravidez com os pais, colocando em risco sua saúde e a do bebê. O atraso no início do pré-natal retardava os cuidados necessários para o desenvolvimento do bebê, aumentando o risco de prematuridade.

A proposta tem como principal característica o atendimento sigiloso à adolescente e ao adolescente. O pré-natal é realizado pelo projeto até que estes tenham condição de assumir a gravidez e serem acompanhadas pela equipe do CSF do seu território. O Projeto Flor do Mandacaru oferece o apoio necessário para que os adolescentes iniciem o "pré-natal sigiloso", com consultas ainda no primeiro trimestre de gestação, e possam vivenciar com maior tranquilidade a gravidez, preparando-os para serem pais e mães. É um espaço acolhedor de escuta, atendimento e reflexão sobre sexualidade e a saúde sexual e reprodutiva para adolescentes na faixa etária de 10 a 19 anos, que, além do pré-natal sigiloso, desenvolve as seguintes ações: prevenção da gravidez precoce, com acesso facilitado aos métodos contraceptivos diversos; realização dos exames de prevenção do câncer ginecológico; prevenção e tratamento das infecções sexualmente transmissíveis; orientações sobre saúde sexual e reprodutiva e atendimento psicológico. A oferta do diagnóstico precoce da gravidez possibilita o início precoce das consultas de pré-natal, contribuindo para reduzir os nascimentos prematuros de filhos de adolescentes.

Para a divulgação do Centro de Apoio ao Adolescente, o projeto realiza atividades coletivas, por meio de oficinas de educação em saúde nas escolas da rede estadual, municipal e privada e nos projetos sociais voltados aos adolescentes. Nessas oficinas, procura-se incentivar a permanência das adolescentes gestantes na escola e, principalmente, oferecer métodos contraceptivos como forma de prevenir a gravidez não planejada nessa faixa etária. O projeto funciona com a seguinte equipe de profissionais: uma enfermeira, uma médica (ginecologista e obstetra), um clínico geral e um psicólogo.

Resultados

Após a implantação do Projeto Mandacaru, a gravidez na adolescência diminuiu gradativamente, e em 2019 já era de 13,2% (Brasil,

2021b). Esse é um resultado muito importante do Projeto Flor do Mandacaru, porque contribuiu para reduzir os nascimentos prematuros. O apoio dado aos pais adolescentes foi fundamental para ajudá-los a assumir o papel de mãe e pai, com vínculo pai/mãe/bebê mais fortalecido, proporcionando melhores condições de sobrevida e desenvolvimento para os bebês.

O projeto vem realizando anualmente a Semana Municipal do Adolescente, desde 2013. Em 2017, lançou o Protocolo de Saúde do Adolescente e deu início à capacitação dos profissionais da atenção primária para o atendimento ao adolescente. A grande maioria dos atendimentos é de adolescentes do sexo feminino na faixa etária de 15 a 19 anos (Sobral, 2020).

Projeto Coala

Os recém-nascidos (RN) prematuros e os RN com crescimento intrauterino restrito (CIUR), ou seja, com baixo peso ao nascer (menos de 2.500 g), apresentam maior risco de morte neonatal. A prematuridade é considerada uma condição de alto risco, favorecendo o desenvolvimento de afecções e infecções, que são causa de óbito ou de sequelas que comprometem o desenvolvimento do bebê. No Brasil, 66,8% dos óbitos no primeiro dia de vida foram de bebês prematuros, e 71% dos óbitos entre 0 e 6 dias (primeira semana de vida) foram também de prematuros (Brasil, 2021b).

A avaliação dos óbitos neonatais no primeiro semestre de 2013 mostrou que muitos prematuros e RN de baixo peso morriam nas unidades neonatais de Sobral antes de terem alta, provavelmente, por infecção hospitalar. Nesse período, dos 37 bebês que foram a óbito, trinta não tinham tido alta da UTI neonatal (Sobral, 2013a). Verificou-se, também, que os bebês que tinham alta mais cedo apresentavam melhores condições de sobrevida. Outro aspecto a ser considerado é a qualidade do atendimento nas UTI neonatais no Brasil, que ainda é um problema em muitos municípios devido aos altos índices de infecção hospitalar. Além disso, quando não há leitos de UTI suficientes, é necessário dar alta precoce aos bebês para dar lugar a outros mais graves. Um dado importante observado em Sobral foi que, após a alta, sem acompanhamento no domicílio, muitos bebês apresentavam problemas e voltavam a necessitar de nova internação, geralmente em péssimas condições, indo a óbito. Awindaogo, Smith e Litt (2016) referem que a readmissão hospitalar e as taxas de consultas em serviços de emergência são muito maiores em prematuros, principalmente nas semanas seguintes à alta hospitalar. Entre os óbitos neonatais de Sobral (de 0 a 27 dias de vida) em 2012, 74,3% foram de recém-nascidos com menos de 2.500 g, e 68,6% eram prematuros (Brasil, 2021b).

Diante dessa situação, o Projeto Coala foi criado em setembro de 2013, com o objetivo principal de reduzir a mortalidade infantil entre os RN prematuros e/ou de baixo peso, possibilitar maior vínculo mãe/pai/filho e melhor desenvolvimento dos bebês. O foco do projeto é a redução do tempo de internação na UTI neonatal dos RN prematuros e/ou de baixo peso, viabilizando a alta precoce, principalmente daqueles bebês que permanecem internados apenas para ganhar peso, evitando assim a infeção hospitalar. A alta precoce é dada quando o RN não apresenta infecções, nem necessita mais de cuidados intensivos ou de sondas, está sugando bem e começando a ganhar peso. O projeto garante o suporte aos cuidados com o bebê por meio de uma rotina de visitas domiciliares, cuja proposta é orientar e apoiar a mãe e a família nos cuidados necessários à saúde do RN.

O coala é um animal que carrega o filho nas costas, justificando o nome do projeto pelo fato de a mãe estar sempre junto ao bebê. No método canguru, quando o bebê sai da UTI, vai com a mãe, na posição canguru, para uma enfermaria, onde fica junto com outras mães.

No Projeto Coala, o bebê tem alta da UTI e vai para casa ficar junto com a mãe e o pai. Esse aspecto é muito importante, porque a mulher não fica sozinha com o bebê. Ela passa a ter a companhia do pai do bebê e muitas vezes de alguma avó, que lhes dão apoio emocional para cuidar de um bebê de alto risco. O apoio da família é fundamental para a formação dos vínculos mãe/bebê e pai/bebê. O bebê fica na posição canguru por cerca de quinze minutos após as mamadas.

A equipe do Projeto Coala é formada por uma pediatra neonatologista e por uma enfermeira, que atuam junto com a equipe da ESF. Com a alta programada, a equipe da ESF verifica as condições domiciliares para receber o bebê, e, na inexistência de apoio familiar, a equipe do Trevo de Quatro Folhas indica uma Mãe Social para ajudar a família nos cuidados com o bebê. O acompanhamento das condições de saúde do bebê é feito diariamente pelo ACS, inclusive nos fins de semana, e semanalmente pela enfermeira do Coala e pela equipe da ESF. A neonatologista visita o bebê na chegada ao domicílio, quando faz todas as orientações iniciais, visita a mãe e o bebê sempre que necessário e está presente no momento da alta. Nas visitas domiciliares (VD), além de garantir a continuidade no domicílio dos cuidados hospitalares, é avaliado o ganho de peso do RN e são feitas as orientações sobre os cuidados com o bebê, principalmente em relação à amamentação, controle da temperatura, curativo umbilical e identificação dos sinais de alerta para problemas, reduzindo a necessidade de internações do bebê. A enfermeira do Coala avalia as condições de vitalidade do RN e reforça as orientações já dadas sobre os cuidados com o bebê. O Projeto Coala realiza o acompanhamento do RN junto com a equipe da ESF, que conhece a realidade socioeconômica em que vive a família, buscando adaptar os cuidados de que o RN prematuro e/ou de baixo peso necessita. Outro ponto importante do Coala é que o bebê não precisa sair de casa. A pesagem do bebê, as consultas de puericultura, o teste do pezinho e as vacinas são feitas no domicílio, reduzindo, assim, as chances de infecção. No método canguru os bebês vão até o hospital fazer o acompanhamento depois da alta, o que aumenta o risco de infecções. Os equipamentos utilizados pelo Projeto são balança portátil, que fica na casa do bebê até a estabilização do ganho de peso, além de termômetro e glicosímetro, que são utilizados pela enfermeira e estão disponíveis no CSF. As VD são diárias até o bebê atingir 2.300 g. O bebê é mantido na posição canguru e tem alta quando atinge o peso de 2.500 g e quarenta semanas de idade gestacional corrigida.

Resultados

Em seis anos de funcionamento o Coala atendeu 410 famílias, sendo 408 com RN prematuros (95,8%) e 18 com RN nascidos a termo e com restrição de crescimento intrauterino (4,2%). O peso de alta hospitalar variou entre 1.120 g e 1.992 g. A permanência no Coala variou de 14 a 93 dias. Nesse período ocorreram quatro óbitos no domicílio, que foram classificados como morte súbita, sendo o bebê encontrado em óbito durante o sono, apesar de todas as orientações preventivas.

Logo após a implantação do Coala observou-se redução importante da mortalidade infantil do município, principalmente entre os prematuros, apesar do aumento da incidência de prematuridade. Em 2013, ano de início do Coala, a TMI em Sobral era de 16,9%, sendo reduzida para 13,3% em 2014 e para 8,4% em 2015. A proporção de nascidos vivos prematuros em 2013 era de 9,8% e a proporção de óbitos entre os nascidos vivos prematuros nesse mesmo ano era de 12,8%. Um ano depois, o número de nascidos vivos prematuros subiu para 13,1%, um aumento de 33,7%, e a proporção de óbitos nessa população caiu para 6,2%, ou seja, apresentou uma queda de 51,6%.

Esses dados comprovam que essa tecnologia leve, de baixo custo, teve grande impacto na sobrevida dos bebês prematuros e/ou de baixo peso. Dois pontos foram fundamentais para esse resultado: o apoio à família para fortalecer o vínculo mãe/pai/filho e as visitas domiciliares da equipe de saúde para orientação dos cuidados necessários ao bebê.

Casa Acolhedora de Sobral: Cuidando da Mãe e do Bebê

A Casa Acolhedora de Sobral (CAS) foi criada em 2015, com o objetivo de oferecer apoio às gestantes e mães usuárias de crack para a redução e/ou o abandono do uso do crack e outras drogas pelas mulheres, o fortalecimento do vínculo mãe/bebê e o oferecimento de melhores condições para o desenvolvimento cognitivo e emocional das crianças. A CAS não faz parte da Estratégia Trevo de Quatro Folhas, mas trabalha em conjunto com a equipe do Trevo, uma vez que lida também com gestantes, mães e crianças. Um dos graves problemas no município é o contingente de crianças em situação de extrema vulnerabilidade, decorrente do uso do crack por suas mães (Sobral, 2019a). Na maioria dos casos, a gravidez é indesejada e sem parceiro fixo. É comum a família rejeitar a mulher grávida, que passa, muitas vezes, a viver em situação de rua. Essas gestantes têm maior tendência a rejeitar o filho durante a gestação e/ou no pós-parto. Situações de abandono, negligência e violência contra esses bebês e crianças são frequentes. Há relatos de mães que venderam seus filhos, expondo o bebê a situações graves de risco letal (Sobral, 2019a).

Os efeitos do crack usado pela gestante sobre o bebê

Ainda são necessários mais estudos para identificar o real comprometimento no desenvolvimento e crescimento de bebês e crianças decorrentes dos efeitos do uso do crack pelas gestantes. São descritos abortamentos, baixo peso ao nascer, prematuridade e algumas alterações neurológicas (Camargo, & Martin, 2014). É possível pensar, entretanto, que os piores efeitos advêm das dificuldades que as mães usuárias de crack têm para cuidar dos seus filhos. Muitos bebês viveram seus primeiros anos de vida em contato direto com mães em situação de dependência química. Alguns desses bebês são colocados em abrigos pelo Conselho Tutelar, vivenciando experiências muito traumáticas de rompimento do vínculo mãe/filho, com graves repercussões para o desenvolvimento emocional. A proposta da CAS parte da hipótese de que o fortalecimento do vínculo mãe/bebê e a realização de atividades educativas que promovam o desenvolvimento infantil podem superar os possíveis efeitos do crack sobre o bebê durante a gestação.

As atividades desenvolvidas na CAS dirigem-se prioritariamente à proteção e promoção dos direitos da criança, focando em ações junto às mães para conscientizá-las da importância do vínculo mãe/bebê e do direito da criança de permanecer junto à mãe, recebendo todos os cuidados necessários para seu pleno desenvolvimento. A partir da relação mãe/bebê mais fortalecida é possível evitar que a criança sofra violências, abandono e negligências que coloquem em risco sua vida. Alcançar o pleno desenvolvimento infantil é um direito da criança que está firmado no Estatuto da Criança e do Adolescente. A realidade tem mostrado, entretanto, que esse direito ainda não é garantido para a grande maioria das crianças pobres.

A Casa Acolhedora de Sobral prioriza o fortalecimento do vínculo mãe/bebê, oferecendo condições para que as mulheres possam exercer a maternidade e garantir a vivência familiar com seus filhos. O trabalho é direcionado a incentivar o vínculo com o bebê ainda no útero, para que após o nascimento essa relação esteja mais fortalecida, favorecendo o acolhimento do bebê e o vínculo/apego. O atendimento à gestante atua na perspectiva da redução de danos, considerando que um dia a menos que a gestante consiga ficar sem o crack é fundamental para a saúde do bebê. As ações desenvolvidas procuram aumentar a aceitação das mulheres a participar das atividades oferecidas pela CAS, antes e após o parto, priorizando a adesão ao atendimento do pré-natal e a descoberta de novas alternativas de vida. Em todas as atividades, considera-se que a família tem papel fundamental na construção do plano de vida dessas mulheres e de seus filhos. Encontros mensais são realizados com os familiares, envolvendo principalmente o pai, quando possível, para que ele também possa exercer a função paterna. Nesses encontros, abre-se espaço para a escuta e a troca de vivências familiares que possibilitem encontrar novas formas de relacionamentos e fortalecimento dos vínculos. A CAS desenvolve atividades educativas e de boa convivência, propiciando ações articuladas e sustentáveis para a superação da extrema pobreza por meio da geração de trabalho e renda. O objetivo é criar condições para o desenvolvimento econômico e sociocultural sustentável das famílias, para que essas mulheres possam alcançar o completo abandono do uso de drogas. Um dos fundamentos da proposta é modificar a realidade de vida dessas mulheres, para que possam deixar o consumo de drogas. Um ponto forte deste trabalho é o fato de que as mulheres continuam vivendo nas suas casas, convivendo com as situações que as levaram a consumir o crack, e podendo resistir a partir de novas formas de relacionamento familiar. Elas frequentam a CAS diariamente, durante um turno do dia. Mães e filhos ficam em contato permanente, e quando há atividades específicas para as mães, as cuidadoras assumem os cuidados das crianças. Participam de momentos de educação em saúde, oficinas de trabalho e momentos de livre convívio entre elas. Desde o início, foram realizadas oficinas de culinária, costura, enfeites de Natal, pintura em tecido, bijuterias, entre outras. O produto dessas oficinas é vendido pelas mulheres, com distribuição do lucro entre elas. Para as mulheres que não frequentam a CAS ou para aquelas que são faltosas, visitas domiciliares são feitas para avaliar a situação de cada uma. Outro ponto importante são as atividades recreativas e educativas para os bebês e crianças junto com suas mães, visando ao fortalecimento do vínculo mãe/bebê e ao desenvolvimento infantil.

A inclusão na CAS ocorre a partir da identificação e encaminhamento das gestantes e mães pelos CSF. É realizada visita domiciliar com abordagem familiar para análise dos riscos clínicos e vulnerabilidades sociais e definição das ações e cuidados que serão necessários para cada mulher e para a família. A maioria do público atendido vive em situação de grande pobreza, residindo em áreas de risco e vulnerabilidade social. Nem sempre as mulheres que chegam para atendimento na CAS estão cumprindo as condicionalidades previstas pelos programas sociais no que se refere à frequência à escola das crianças e adolescentes. Da mesma forma, não preenchem todos os critérios da saúde e da assistência social. Em muitas famílias, as crianças não têm o calendário vacinal atualizado e as gestantes não fazem as consultas e exames do pré-natal adequadamente. Prioriza-se atualizar a situação das condicionalidades da saúde, da educação e da assistência social para que possam ter acesso aos programas sociais. Ênfase especial é dada aos cuidados de saúde com as crianças e às gestantes e aos métodos de anticoncepção. A possibilidade de acompanhar e orientar as mães nos cuidados com os bebês e as crianças propicia melhores condições para o desenvolvimento desses bebês e crianças.

A equipe da CAS é constituída de uma coordenadora, um psicólogo, uma assistente social, duas cuidadoras e uma cozinheira. A intersetorialidade é construída nas relações com os serviços da Rede de Atenção à Saúde por meio dos Centros de Saúde da Família; da Residência em Saúde da Família; da Residência em Saúde Mental; do Centro de Referência de Infectologia de Sobral (Cris) e da Rede de Saúde Mental de Sobral. Participam, também, os serviços que compõem a Rede Socioassistencial do município representada pelos Centros de Referência de Assistência Social (Cras), que atendem as famílias que se encontram em situação de vulnerabilidade social e situação de extrema pobreza, e pelos Centros de Referência Especializado de Assistência Social (Creas), nos casos de violação dos direitos das mães, crianças e seus familiares (exploração sexual, violência contra a mulher e a criança). Nos casos que envolvem as crianças há a participação do Conselho Tutelar. A Delegacia da Mulher é acionada quando constatado crime contra a mulher. De acordo com as necessidades, participam também outros serviços e secretarias existentes no município. A Casa Acolhedora de Sobral é ainda um espaço para a formação e desenvolvimento profissional junto com as instituições de ensino superior de Sobral. Desde o início de 2017, todas as crianças que frequentam a CAS estão matriculadas em creches, pré-escolas e escolas municipais.

Resultados

Muitos resultados positivos puderam ser observados, apesar do pouco tempo de funcionamento da CAS. Entre março de 2015 e julho de 2018, foram acompanhadas 86 mulheres, sendo 19 gestantes e 67 mães com seus filhos. É possível afirmar que 21 mulheres estavam há mais de um ano sem usar a droga e cinco estavam trabalhando fora da CAS. O mais significativo foi a mudança na relação das mães com seus filhos. Uma das mães pôde recuperar o seu filho, que havia sido colocado em um abrigo pelo Conselho Tutelar. A convivência no dia a dia; o fortalecimento do vínculo mãe/bebê, com repercussões no desenvolvimento da criança; a melhoria do autocuidado e do cuidado com os filhos são importantes resultados alcançados. Os cursos de oficina produtiva permitiram que algumas mulheres pudessem recuperar habilidades que tinham na cozinha ou na costura antes de serem usuárias. Uma das mulheres frequentava pouco a Casa porque tinha muitos fregueses para os salgados e doces que fazia e vendia. É muito gratificante ver a transformação do aspecto físico dessas mulheres, que adquiriram novos hábitos de autocuidado e de cuidado com os filhos.

Em 2018 houve interrupção das atividades da CAS por problemas de financiamento, e a reabertura só foi possível em 2019. Em 2020, devido à pandemia, o funcionamento da CAS ficou bastante prejudicado pelas medidas de isolamento social, com suspensão temporária de várias atividades. Esse é um trabalho que precisa de acompanhamento contínuo e próximo das mulheres, pelos riscos de recaídas e abandono de seguimento. Atualmente a Casa Acolhedora de Sobral atende 35 mulheres, sendo 2 gestantes, e 39 crianças de 0 a 6 anos. Muitos outros filhos das mães que frequentam a CAS, maiores de 6 anos e mesmo adolescentes, costumam vir junto com as mães e participam das oficinas educativas ou de trabalho.

A evolução da mortalidade infantil em Sobral

A implantação do Programa Saúde da Família, em 1996, e a criação da Residência em Saúde da Família, em 1999, foram marcos importantes para a melhora da qualidade da atenção à saúde em Sobral, principalmente no que se refere à realização do pré-natal (Barreto *et al.*, 1999a). A Caderneta da Mãe e da Criança foi pensada para melhorar o nível de informação da mãe sobre os cuidados necessários durante a gravidez e os primeiros anos de vida do bebê (Barreto *et al.*, 1999b). Essas medidas, junto com a investigação e o monitoramento permanente dos óbitos maternos, fetais e infantis, a partir da implantação do Comitê Municipal de Prevenção da Mortalidade Materna, Perinatal e Infantil, em 2002, tiveram grande impacto na redução da mortalidade materna e infantil em Sobral. No Gráfico 1, sobre o número de óbitos infantis e a taxa de mortalidade infantil (por mil nascidos vivos) em Sobral (CE), entre 1996-2019, pode-se acompanhar os possíveis efeitos sobre a redução da mortalidade infantil de cada uma das intervenções e projetos implantados em Sobral.

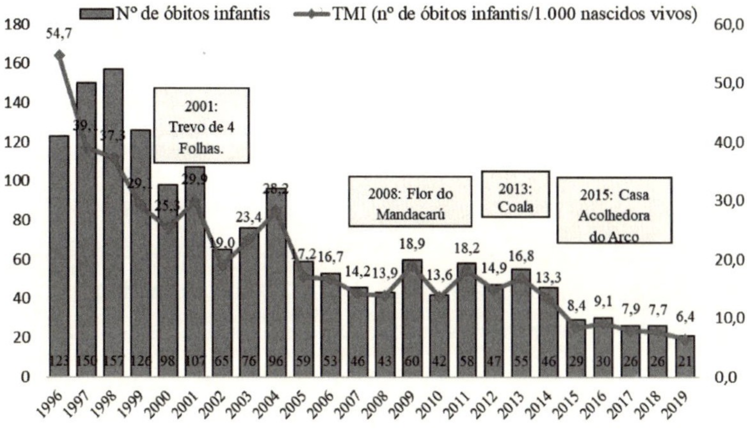

Gráfico 1. Número de óbitos infantis e taxa de mortalidade infantil (por mil nascidos vivos) em Sobral (CE), entre 1996-2019. Fonte: Departamento de Informática do Sistema Único de Saúde do Brasil (Datasus). Estatística Vitais. Sistema de Informação de Nascidos Vivos (Sinasc) e Sistema de Informação de Mortalidade (SIM).

Comentários finais

Pensar em políticas públicas para o bebê implica identificar como a sociedade apoia a mulher na maternidade, no parto e no período de amamentação e, ainda, como possibilita a participação do pai junto à mãe e o bebê. São vários aspectos que suscitam muitas perguntas. Quais as condições da família para garantir a sobrevida e o desenvolvimento do bebê? Como a mulher consegue conciliar o trabalho, a vida pessoal, as tarefas domésticas e a atenção à família? Como o pai pode participar do cuidado ao bebê? Em todos os projetos que compõem a Estratégia Trevo de Quatro Folhas e a Casa Acolhedora de Sobral, a questão central é o apoio à família, focando no cuidado, seja durante a gestação, no parto ou após o nascimento.

Apoio significa estar próximo e acompanhar as mulheres e os homens, principalmente quando adolescentes, ajudando-os a se tornarem mais competentes no cuidado com a mulher na gestação e com o bebê. É preciso ver esse apoio sob dois aspectos: o apoio à mulher e a vigilância dos determinantes de riscos e agravos à saúde do bebê.

A mulher necessita de maiores cuidados por estar grávida, ter de realizar muitas consultas, exames e, principalmente, quando há indicação de repouso, além de todos os seus afazeres do dia a dia. A expectativa em relação ao parto – "Como será esta criança, como vou dar conta dos cuidados?" – faz parte de uma situação que gera muita insegurança e ansiedade. O apoio familiar é fundamental nesse período, principalmente o apoio do pai. Após o nascimento, os pais estão conhecendo o bebê e aprendendo suas necessidades. O bebê está se adaptando a essa nova vida e exige bastante da mãe. O pai, em geral, ainda não tem os conhecimentos necessários sobre os cuidados com o bebê. Além disso, a família enfrenta mudanças na rotina familiar com a chegada de um novo membro, e o apoio é fundamental para que a mãe e o pai possam criar vínculo/apego com o bebê desde o nascimento.

O segundo aspecto diz respeito à vigilância dos determinantes de riscos e agravos à saúde do bebê. A VD é a extensão do cuidado hospitalar após a alta do bebê. Na literatura, há evidências de que as VD feitas por agentes comunitários de saúde podem ser um meio efetivo de cuidado pós-natal nos locais com altas taxas de mortalidade, contribuindo para a redução da mortalidade neonatal (Amare *et al.*, 2018; Målqvist, Pun, & KC, 2017). Esses cuidados são fundamentais quando o bebê é prematuro.

A VD realizada precocemente ajuda a família a se organizar nos cuidados com o bebê e estabelece o contato necessário com a unidade de saúde, para o acompanhamento tanto da mulher no puerpério como do bebê no primeiro ano de vida. A identificação de sinais de alerta é fundamental para a detecção de problemas e para o adequado encaminhamento do bebê aos serviços de saúde, com impacto positivo na sobrevivência dos recém-nascidos (Målqvist, Pun, & KC, 2017). A OMS recomenda a visita domiciliar como estratégia para prevenção da morbimortalidade infantil, preconizando que seja realizada na primeira semana de vida (WHO, 2013). No Brasil, o Ministério da Saúde orienta que essa visita seja feita pela enfermeira da ESF, na primeira semana de vida ou após a alta hospitalar quando o bebê ficou internado além da alta da mãe (Brasil, 2012). No Coala, a vigilância das condições vitais dos prematuros e dos RN de baixo peso nas VD, que têm início no dia que o bebê chega em casa, é uma segurança para a mãe e para o serviço de saúde responsável pela assistência àquela família.

Nos países onde a mortalidade neonatal permanece muito elevada, as VD no período pós-neonatal são consideradas como uma estratégia eficiente para prover os cuidados pós-parto e para reduzir a mortalidade neonatal (Oliveira *et al.*, 2020). Awindaogo, Smith e Litt (2016) mostraram que as VD apresentam melhores resultados nas famílias com RN prematuros e para mães com pouca experiência com RN. Nos vários estudos sobre a visita domiciliar aos recém-nascidos, pode-se observar diferentes propostas quanto à frequência e à diversidade dos agentes que realizam as visitas, destacando-se principalmente as visitas feitas por agentes comunitários de saúde, voluntários treinados e enfermeiras (Oliveira *et al.*, 2020).

No nosso meio, há uma ideia de que a visita domiciliar é uma prática necessária apenas para as famílias socialmente mais desfavorecidas. Fica a pergunta: qual a formação que os pais têm para cuidar de seus filhos? Os exemplos de visitas domiciliares na Alemanha, feitas pelas enfermeiras obstetras, e na França, pelas *sage-femmes*, mostram a importância do acompanhamento das condições de saúde do bebê e das informações e orientações sobre o adequado cuidado do bebê para todas as mulheres, independentemente da classe social. As orientações habitualmente fornecidas no momento da alta hospitalar não garantem o cuidado de que o bebê necessita. Muitas vezes o profissional de saúde desconhece as condições de vida da família, o que torna muitas orientações sem efeito. Além disso, é no acompanhamento próximo à família que se pode identificar de que tipo de ajuda as mães e os pais necessitam. Na Itália, a Associazione Nazionale per l'Educazione Prenatale é uma associação sem fins lucrativos que tem como objetivo conscientizar os futuros pais sobre a importância do pré-natal e das informações relativas à concepção, ao pré-natal e aos cuidados com o bebê. Essa associação forma o tutor pré-natal, um cuidador que atua na gestação, acompanha o parto e apoia no pós-parto com orientações para o cuidado com a mãe e o bebê. Essas orientações, além das questões de saúde e nutrição, abordam o estresse materno e a construção da parentalidade em um momento de modificações na estrutura familiar (ANEP, 2021).

Em Madri, o Instituto Madrileño de Formación y Estudios Familiares (IMFEF) vem colaborando desde 1994 para o desenvolvimento de espaços de informação, formação e reflexão dirigidos a pais e mães, o que normalmente se denomina Escuelas de Padres, nos 21 distritos municipais, com o objetivo de ajudar as famílias com crianças para que possam desenvolver adequadamente suas funções cuidadoras, educativas e socializadoras (Poza, Lobo, & Poza, 2000). A Escola de Pais do Brasil (EPB) é uma entidade de trabalho voluntário, gratuito, sem fins lucrativos, que tem propostas na mesma linha dessas escolas citadas e tem sedes em vários estados brasileiros (EPB, 2021).

No Brasil, é possível dizer que a assistência ao pré-natal melhorou bastante, principalmente a partir dos incentivos da Rede Cegonha, um programa do governo federal lançado em 2011, com as recomendações e orientações sobre o pré-natal; parto e nascimento; puerpério e atenção integral à saúde da criança; e sistema logístico (transporte sanitário e regulação) (Brasil, 2021d). Em relação à atenção pós-natal, principalmente no apoio às mães e ao bebê, o sistema ainda é bastante insuficiente e muitas vezes restrito à visita da enfermeira da ESF, que, como já mencionado, deve ocorrer na primeira semana de vida. Existem muitos indicadores para avaliação do pré-natal, como trimestre de início do pré-natal e o número de consultas de pré-natal, entre outros, ao passo que, em relação ao acompanhamento do puerpério, praticamente não há registro de indicadores que possam avaliar a efetividade das medidas de acompanhamento das mulheres nesse período.

São necessárias, ainda, para todo o país, políticas públicas que realmente garantam as condições para que as mães, junto com os pais, possam cuidar da maternidade e dos bebês, visando ao pleno desenvolvimento das crianças brasileiras.

Para concluir, um texto de Eliane Brum publicado na revista *El País*, em 3 de agosto de 2021, exemplifica muito bem como as políticas públicas brasileiras não dão o apoio de que as mulheres em condições precárias de vida necessitam para cuidar da gestação e de seus bebês. Em vez de garantir essas condições, por meio de políticas de apoio à maternidade e ao bebê, retiram os bebês das mães, principalmente quando são mulheres pobres e pretas.

> *Um dia antes de Rebeca Andrade ganhar a primeira medalha de prata olímpica da ginástica artística brasileira nasceu Suzi, uma menina também preta. Ela foi arrancada dos seios de sua mãe preta logo que saiu do útero, no Hospital Universitário, em Florianópolis, porque o Conselho Tutelar decidiu que Andrielle Amanda dos Santos não tem condições de criá-la. Andrielle tem apenas um ano a menos que Rebeca, chegou a viver na rua e usar drogas, perdeu uma filha ainda bebê e perdeu a tutela de duas outras. Segundo reportagem do portal Catarinas, ela foi humilhada durante o parto e impedida de seguir amamentando Suzi, que seguirá para uma instituição. Quando tentou vê-la, disseram que as visitas estavam proibidas. Também os avós paternos foram impedidos de registrar o bebê. "Na senzala, levavam as nossas crianças. Daí, os nossos seios, cheios de leite, foram romantizados, e vejam só, nos chamaram de mães de leite, de mães pretas, apesar das nossas crianças ancestrais terem sido vendidas, sequestradas", escreveu em suas redes sociais a professora e intelectual Jeruse Romão. A retirada da filha dos braços da mãe é considerada por movimentos sociais que*

> *apoiam Andrielle como um sequestro pelo Estado baseado em racismo institucional. Suzi e Andrielle estavam apartadas, a filha preta amputada da mãe preta como nos tempos da senzala. Em vez de políticas públicas para amparar a mãe em dificuldades, sequestro institucional. (Brum, 2021)*

Referências

Addati, L., Cassirer, N., & Gilchrist, K. (2014). *Maternity and paternity at work: law and practice across the world*. Geneva: International Labour Office (ILO).

Alemanha. (2009). Regulation on maternity protection for female civil servants and parental leave for federal officials (maternity protection and parental leave regulation). *Bundesgesetzblatt Teil I*, vol. 8, pp. 320-325.

Amare, Y. *et al.* (2018). Early postnatal home visits: a qualitative study of barriers and facilitators to achieving high coverage. *BMC Public Health, 18*(1), 1-8.

Andrade, L. O. M., & Martins Junior, T. (1999). Saúde da família: construindo um novo modelo. A experiência de Sobral. *SANARE – Revista de Políticas Públicas, 1*(1), 7-17.

Andrade, L. O. M. *et al.* (2004). Projeto Trevo de Quatro Folhas: apoiando a mãe, incentivando a vida. *Divulg. Saúde Debate*, 30, 77-83.

Associazione Nazionale per l'Educazione Prenatale Itália (ANEP). (2021). Disponível em: http://www.anep.org/.

Awindaogo, F., Smith, V., & Litt, J. (2016). Predictors of caregiver satisfaction with visiting nurse home visits after NICU discharge. *Journal of Perinatology*, *36*(4), 325-328.

Barreto, I. C. H. C. *et al.* (1999a). Residência em saúde da família: desafio na qualificação dos profissionais na atenção primária. *SANARE - Revista de Políticas Públicas*, *1*(1), 18-26.

Barreto, I. C. H. C *et al.* (1999b). Caderneta de Saúde da Mãe e da Criança de Sobral: utilização e opinião das gestantes usuárias. *SANARE - Revista de Políticas Públicas*, *1*(1), 27-31.

Brasil. (1967). Decreto-lei n. 229, de 28 de fevereiro de 1967. Consolidação das Leis do Trabalho (CLT). Brasília (DF).

Brasil. (1986). Ministério do Trabalho. Portaria 3.296/1986. Auxílio creche. Brasília (DF).

Brasil. (1988). Constituição Federal. Brasília (DF).

Brasil. (2008a). Decreto n. 6.690, de 11 de dezembro de 2008. Institui o programa de prorrogação da licença à gestante e à adotante, estabelece os critérios de adesão ao programa e dá outras providências. Brasília (DF).

Brasil. (2008b). Lei n. 11.770, de 9 de setembro de 2008. Cria o Programa Empresa Cidadã, destinado à prorrogação da licença-maternidade mediante concessão de incentivo fiscal, e altera a Lei n. 8.212, de 24 de julho de 1991. Brasília (DF).

Brasil. Ministério da Saúde. Secretaria de Atenção à Saúde. Departamento de Atenção Básica. (2012). *Saúde da Criança: crescimento e desenvolvimento*. Brasília (DF): Ministério da Saúde. (Cadernos de Atenção Básica).

Brasil. (2017). Lei n. 13.467, de 13 de julho de 2017. Altera a Consolidação das Leis do Trabalho (CLT), aprovada pelo Decreto-lei n. 5.452, de 1º de maio de 1943, e as Leis n. 6.019, de 3 de janeiro de 1974, 8.036, de 11 de maio de 1990, e 8.212, de 24 de julho de 1991, a fim de adequar a legislação às novas relações de trabalho (acrescentados os §§1° e 2° no art. 396 da CLT). Brasília (DF).

Brasil. Departamento de Informática do Sistema Único de Saúde (DATASUS). (2021a). Cadastro do Estabelecimentos de Saúde (CNES): Recursos Físicos - Hospitalar - Leitos de Neonatologia - Ceará.

Brasil. Departamento de Informática do Sistema Único de Saúde do Brasil (DATASUS). (2021b). Estatística Vitais. Dados de Nascidos Vivos e de Mortalidade.

Brasil. Ministério da Economia. (2021c). Empresa Cidadã. Brasília (DF).

Brasil. Secretaria de Atenção Primária à Saúde. (2021d). Rede Cegonha. Brasília (DF). Disponível em: https://aps.saude.gov.br/ape/cegonha.

Brum, E. (2021, 3 ago.). Rebeca aterrissa nas tripas de Borba Gato. *El País*.

Camargo, P. O., & Martin, M. F. D. (2014). Os efeitos do crack na gestação e nos bebês nascidos de mães usuárias: uma revisão bibliográfica. *Cadernos Brasileiros de Terapia Ocupacional - UFSCar*, *22*(1SE), 173-181.

Castaño, J. (2002). Plasticidad neuronal y bases científicas de la neurohabilitación. *Rev. Neurol.*, *34*, 130-135.

Escola de Pais do Brasil (EPB). (2021). Disponível em: https://escoladepais.org.br/.

Espanha. (2007, 23 mar.). Ley Orgánica 3/2007, de 22 de marzo, para la igualdad efectiva de mujeres y hombres. *Boletín Oficial del Estado*, Madrid (España), n. 71.

Espanha. (2021). Nacimiento y cuidado de menor. Madrid. Disponível em: seg-social.es/wps/portal/wss/internet/Trabajadores/PrestacionesPensionesTrabajadores/6b96a085-4dc0-47af-b-2cb-97e00716791e/nacimiento#Nacimiento.

França. (2021). Congé de paternité et d'accueil de l'enfant d'un salarié du secteur privé. Disponível em: https://www.service-public.fr/particuliers/vosdroits/F3156. Acesso em: 10 set. 2021.

Futema, F. (2021, 5 ago.). Pais (e empresas) contam por que ampliar a licença-paternidade é bom para todo mundo. *UOL*. Disponível em: http://6minutos.uol.com.br/carreira/pais-ee-empresas-contam-por-que-ampliar-a-licenca-paternidade-e-bom-para-toda-a-familia.

Goodman, D. C. *et al.* (2002). The relation between the availability of neonatal intensive care and neonatal mortality. *New England Journal of Medicine, 346*(20), 1538-1544.

Gromada, A., & Richardson, D. (2021). *Where do rich countries stand on childcare?* Florence: Unicef Office of Research – Innocenti.

Hernández-Muela, S., Mulas, F., & Mattos, L. (2004). Plasticidad neuronal funcional. *Rev. Neurol.*, *38*(1), 58-68.

IBGE. (2021). *Cidades. Estimativa da população*. Rio de Janeiro: IBGE.

Lafaurie, L. (2019). Sage-Femme: définition, rôle, formation pour le devenir. *Le Journal des Femmes*. Disponível em: https://sante.journaldesfemmes.fr/fiches-sante-du-quotidien/2570435-sage-femme-definition-devenir-formation/.

L'Assurance Maladie. (2021). *La durée du congé maternité d'une salariée*. França. Disponível em: https://www.ameli.fr/paris/assure/droits-demarches/famille/duree-du-conge-maternite/conge-maternite-salariee. Acesso em: 10 set. 2021.

Målqvist, M., Pun, A., & KC, A. (2017). Essential newborn care after home delivery in Nepal. *Scandinavian Journal of Public Health*, *45*(2), 202-207.

Merhy, E., & Franco, T. (2003). Por uma composição técnica do trabalho centrada nas tecnologias leves e no campo relacional. *Saúde em Debate*, ano 27, n. 65.

Noruega. Norwegian Labour and Welfare Administration (NAV). (2021). Foreldrepenger, engangsstønad og svangerskapspenger. Disponível em: https://familie.nav.no/. Acesso em: 10 set. 2021.

Oliveira, G. C. P. *et al.* (2020). A visita domiciliar ao recém-nascido. *Revista de Enfermagem UFPE On-line*, 14.

Poza, V. F., Lobo, R. F., & Poza, M. L. F. (2000). Escuela de padres. Madrid. Disponível em: https://orientacionandujar.files.wordpress.com/2009/05/escuela-de-padres.pdf.

Silva, A. C. (2007). *Saúde da família, saúde da criança: a resposta de Sobral.* São Paulo: Hucitec.

Sobral (CE). (2000). Portaria n. 103, de 20 de junho de 2000. Institui o Programa e o Comitê de Prevenção à Mortalidade Materna e Infantil no âmbito do município. *Impresso Oficial do Município*, ano III, n. 34, p. 6.

Sobral (CE). (2006). Lei n. 668, de 27 de março de 2006. Prorroga, no âmbito do Município de Sobral, o prazo de licença-maternidade das servidoras públicas municipais. *Impresso Oficial do Município*, ano VIII, n. 176, p. 2.

Sobral (CE). (2010). Lei n. 1041, de 24 de novembro de 2010. Dispõe sobre a instituição da Estratégia Trevo de Quatro Folhas, Política Pública de Apoio às Gestantes, Mães e Incentivo à Vida no Município de Sobral CE, e dá outras providências. *Impresso Oficial do Município*, ano XIII, n. 290, p. 1.

Sobral (CE). Prefeitura Municipal de Sobral. Comitê de Prevenção à Mortalidade Materna e Infantil de Sobral. (2013a). *Resultados das análises dos óbitos infantis de Sobral no ano de 2013.*

Sobral (CE). (2013b). Lei n. 1250, de 27 de junho de 2013. Prorroga, no âmbito no Município de Sobral, o prazo de licença-maternidade das servidoras públicas municipais. *Impresso Oficial do Município*, ano XVI, n. 460, p.1.

Sobral (CE). Prefeitura Municipal. (2019a). *Relatórios da Casa Acolhedora de Sobral de 2015 a 2019.*

Sobral (CE). Prefeitura Municipal. Trevo de Quatro Folhas. (2019b). *Relatório de Gestão da Estratégia Trevo Quatro Folhas: 2013 a 2018.*

Sobral (CE). Prefeitura Municipal. Flor do Mandacaru. (2020). *Relatório dos atendimentos do Flor do Mandacaru no ano de 2019.*

Suécia. Swedish Social Insurance System. (2021). Parents. Disponível em: https://www.forsakringskassan.se/english/parents.

United Nations. Regional Information Centre for Western Europe. (2021, 18 jun.). Unicef/Childcare: Iceland, Norway and Sweden on top. Disponível em: https://unric.org/en/unicef-child-care-iceland-norway-and-sweden-rank-highest/.

WHO. (2000). Collaborative Study Team on the Role of Breastfeeding on the Prevention of Infant Mortality. Effect of breastfeeding on infant and child mortality due to infectious diseases in less developed countries: a pooled analysis. *Lancet*, *355*(9202), 451-455.

WHO. (2013). *WHO recommendations on postnatal care of the mother and newborn.* Geneva: World Health Organization.

Mas para onde foi o pai?

Christine Davoudian

Tradução de Antônio Romane

Introdução: novas figuras da paternidade

Se é como diz o psicanalista B. Golse, lembrando o velho provérbio africano, que se necessita de toda uma aldeia para fazer um bebê, isso vale também para fazer um pai e uma mãe. Se "tornar-se pai" se inscreve numa história individual, intergeracional, uma história de casal, *isso também se desenvolve sempre numa cena social e coletiva*. A condição para que um homem possa exercer sua função paterna passa pelo reconhecimento de seu papel não apenas pela mãe (em alguns casos, ele terá de se haver sem isso), mas também pela sociedade, que deve admitir o duplo laço de filiação. A dimensão jurídica é então essencial tanto quanto a dimensão institucional. É evidente que a figura do pai vai se inscrever numa cultura, em determinadas normas sociais que vão, elas próprias, evoluir com o tempo.

As sociedades latino-americanas ainda sofrem para sair de um modelo patriarcal autoritário, apesar dos inúmeros movimentos feministas, que apostam no campo político, reivindicando um lugar igualitário no corpo social e no seio da família. Movimentos que exigem ainda descriminalização do aborto e a repressão ao feminicídio. Movimentos de mulheres, mas também de mães, denunciando a violência da qual são vítimas seus filhos, e reclamando os corpos dos desaparecidos. É claro que na América Latina as mulheres estão fazendo história e não querem ser tratadas como minoria. Evidentemente, é preciso considerar as realidades sociológicas e antropológicas próprias de cada país para pensar a questão da paternidade. Como sou francesa, só poderia abordar essa questão a partir da minha realidade histórica, sociológica e política, mas que, espero, terá uma ressonância pertinente às suas realidades e contextos.

As sociedades ocidentais graças aos movimentos feministas dos anos 1970 foram atravessadas por mutações essenciais que conduziram ao reposicionamento dos papéis e lugares das mulheres na sociedade e na esfera privada, com incidências sobre os modelos da parentalidade. A partir dos anos 1980, nos países ocidentais, como na França, surge a noção de "novos pais". O modelo do pai amoroso, afetuoso e presente para as crianças progressivamente se impôs como o papel legítimo do pai na família. Assistimos ao desaparecimento do pai autoritário, "distante" do modelo patriarcal tradicional em proveito do "pai da ternura". Esse modelo difundiu-se progressivamente em todas as camadas sociais e de culturas diferentes.

O modelo contemporâneo ocidental da "boa" paternidade se funda então sobre o compartilhamento mais igualitário dos papéis parentais, transportado por um conjunto de gestos e palavras que atestam o investimento do pai no cuidado e na educação da criança. A paternidade é redefinida como uma relação intersubjetiva, caracterizada por uma forma particular de trocas entre o pai e a criança, uma "intimidade" nova. Todavia, ainda restam traços mais ou menos conscientes, tanto nos indivíduos como na sociedade, de um modelo patriarcal que não se desfaz facilmente. Um modelo que conserva para o homem uma preponderância na esfera social e econômica (mesmo que as mulheres trabalhem) e deixa para as mulheres uma preponderância (prerrogativa?) na esfera doméstica, do cuidado e educação dos filhos. Esse modelo está incorporado, de forma mais ou menos consciente, pelas instituições, inclusive por aquelas da primeira infância. Na França, se os pais organizam suas tarefas e papéis parentais de forma diferente, observa-se que as instituições apresentam um certo atraso e uma dificuldade em considerar as novas figuras da paternidade. Isso também é verdade no meio profissional da primeira infância, em que muitas vezes todos os caminhos levam à mãe, que, com isso, não sai necessariamente ganhando.

Das instituições da primeira infância e das práticas "matricentradas"

Comecemos pelas denominações, ainda vigentes, das instituições que recebem crianças e famílias: proteção materno-infantil, unidades mãe-bebê, maternidades, casas maternais, lares maternais. Isso diz muito sobre o lugar dos pais. Nós viemos de uma cultura profissional muito antiga que colocou o acolhimento da mãe e do filho no centro de nossas preocupações e dispositivos. A herança psicanalítica winnicottiana enfatizou o laço mãe-bebê na constituição do sujeito. Também a formação e a prática da observação do bebê, segundo Esther Bick, são focadas na relação mãe-filho. Não se trata de questionar a importância dessas teorizações e sua contribuição essencial à clínica do bebê, mas podemos constatar que esse foco matricentrado nos conduziu muitas vezes a esquecer o pai. O mesmo aconteceu em relação à gravidez, cuja vivência psíquica foi amplamente teorizada pelo lado da mãe, notadamente com os trabalhos pioneiros de Monique Bydlowski, assim como o conceito de "maternalidade" introduzido por Racamier, em seus trabalhos sobre a psicose pós-parto. Da mesma forma, o acompanhamento da gravidez segue sendo muitas vezes um assunto de mulheres entre mulheres. O único homem presente é o obstetra, que, mediante a medicalização do acompanhamento da gravidez, se impõe em certos casos como "todo-poderoso" e dominante (apropriando-se do útero da mulher?). Se um lugar é oferecido ao cônjuge no momento do parto ou no pele a pele com seu bebê, isso não quer dizer que sejam consideradas nem sua vivência psíquica nem suas emoções nessa aventura incerta de "tornar-se pai". Raros são os espaços de escuta individuais ou grupais propostos aos futuros pais ou no pós-parto. Assim, é possível que nós não identifiquemos uma *depressividade* ou depressão perinatal paternal. Aliás, podemos até ter essa intenção, mas saberemos reconhecê-la? Existem poucos trabalhos e pouca formação específica sobre esse assunto. Pode ser que essa depressão se esconda num vazio, em sua "ausência", seu silêncio, sua retirada diante da televisão e todas as queixas relatadas pelas (futuras) mães. É preciso homenagear o psicanalista Sylvain Missonnier, pioneiro do grupo de palavras de pais na maternidade, por seus escritos e sua atenção à vivência dos pais. Ele não os esqueceu quando, na majestade e onipotência de futuras mães, certas mulheres grávidas podem elas próprias colocá-los de lado. Muitas vezes é preciso insistir para requisitarem sua presença. Nem sempre é fácil ser pai quando não se decidiu por ter um filho e quando se está diante de um fato consumado. Isso pode provocar violência e constituir-se num ponto de sofrimento nem sempre "dizível" porque não "audível" pelos profissionais.

Também podemos nos questionar legitimamente se, no fundo, temos tanto assim a receber dos pais. Com efeito, no setor médico psicossocial frequentemente encontramos um desconhecimento e uma desconsideração pelos pais que às vezes beiram a negligência. No entanto, as equipes reclamam porque nunca veem os pais: "ele não está aqui", "nós nunca o vimos", "quando aparece ele não diz nada" etc., e logo concluem que ele está ausente também da criança. Mas, se dispusermos de um tempo para olhar mais de perto, descobrimos que esse pai pretensamente ausente dá a mamadeira, cuida da criança na ausência da mãe, leva o filho ao jogo de futebol, joga *video game* com ele, entre outras atividades. *Não presente para nós, mas não forçosamente ausente de seu filho.* Ademais, se é chamado, ele em geral comparece. É preciso mostrar um verdadeiro desejo de encontrá-lo e propor horários compatíveis com sua atividade. Podemos, assim, legitimamente nos perguntar: finalmente, nós que nos queixamos de não ter o pai, nós nos importamos tanto assim? A psicanalista Simone Korff Sausse vai mais longe em seu questionamento: "No fundo, nós estamos mesmo convencidos de que temos necessidade do pai?". Passávamos muito bem sem ele até então e talvez estivéssemos mais tranquilas num universo de mulheres, de mãe e de bebês? Quando o pai chega, muitas vezes ele pode nos perturbar. Pode fazer exigências, aparecer munido de um dossiê colhido na internet sobre os sintomas da doença de seu filho. Ele pode se colocar entre nós e sua mulher. Isso nunca deixa de nos irritar. Aborrecimento e desconforto podem impregnar as trocas. E ainda desconfiança: não estaria ele buscando retomar o poder que lhe escapa nesse mundo das mulheres? Trata-se, aqui, de uma suspeição que deveria ser questionada em sua dimensão ideológica, mas também em termos de nossas próprias representações. Enfim, se um pai se apresenta com seu bebê, ficaremos felizes, mas talvez, mesmo assim, tenhamos uma certa dificuldade em lidar com esse novo pai afetivo. Nós podemos acolhê-lo com uma certa condescendência, qualificando-o de "pai coruja", "paizão", ou então como um pai substituto ou pai acessório: "você pode dizer à mãe que a criança etc.". Reflexos antigos introjetados que ainda se impõem a nós.

A paternidade estragada pelo social

Nem sempre é fácil assumir-se como pai diante do corpo social e dos profissionais quando se está desempregado ou em grave exclusão. As representações dos papéis do pai como provedor material ou do sustento da família continuam muito vivas. Eis aí, talvez, uma das razões possíveis para os pais não se apresentarem a nós. Será necessária nossa firme convicção para reafirmar sua legitimidade, qualquer que seja sua situação socioeconômica. Vergonha e culpa ameaçam, então, esses pais, que podem, numa depressão, se autoexcluir da relação com seus filhos. Ademais, não estamos ilesos de representações negativas no que concerne às populações precarizadas das periferias, em que os pais são muitas vezes desacreditados como "ignorantes", "incompetentes" ou, pior, perigosos para seus filhos. Se a figura maternal pode sair menos atingida e até mesmo beneficiar-se de uma certa forma de heroicização, sobretudo se ela está na situação de criar sozinha seus filhos, o homem, o pai, não escapa da marca de "marginal" e perigoso, sobretudo se ele se dedicar a uma atividade mais ou menos legal. Em caso de conflito, ele corre o risco de se ver desacreditado no discurso das mães, bem como junto às crianças e aos profissionais. Os discursos midiáticos políticos podem também participar na construção de um modelo psicopatológico que acentua a incapacidade do pai em assegurar sua função paterna (ausente, não envolvido, demissionário, mau exemplo etc.) ou, pior, o empurram para o lado da periculosidade (maus-tratos, abusos). Aqui, não se trata de subestimar tais realidades, mas de questionar o que pode ser considerado como uma norma para certas categorias sociais e, então, obstaculizar o encontro. Os homens e os pais de nossas periferias merecem que nós os encontremos, que nós lhes demos a palavra e restauremos seu lugar junto a seus filhos.

Pais separados

Risco de desaparecimento ou apagamento

Na França, 52% dos casais se divorciam ou se separam

Estudos evidenciam a fragilização dos laços paternos e o risco de desfiliação após a separação. As causas dessa desfiliação são multifatoriais. A persistência dos conflitos conjugais é um fator de bloqueio à instalação de uma coparentalidade serena. O risco de exclusão do pai pelas mães existe sobretudo se ele foi um marido "decepcionante" ou agressor. O distanciamento da casa familiar, a descontinuidade e a redução do tempo passado com o filho contribuem também para a fragilização do laço. Certos pais sofrem para se reencontrar e para compor com essa nova temporalidade. Assim, ser pai sem o outro parceiro pode se constituir numa dificuldade ou mesmo num obstáculo para alguns. Depois da separação, cada um dos pais deve aprender a ser pai ou mãe sem o outro. Isso vem também para balançar e questionar os lugares, os papéis, as funções e as práticas de cada um. Vai, portanto, forçar uma reelaboração. Ao que parece, isso é mais difícil para os pais. Como fazer, para alguns, se eles não estão acompanhados de uma nova parceira, uma irmã, uma mãe? Nem sempre é simples reinventar uma paternidade adaptada a essas novas realidades quando os modelos parentais herdados dos pais continuam a agir mais ou menos conscientemente. Alguns questionamentos são dolorosos, e as mudanças, difíceis. O pai tradicional *bread winner*, que assegura a parte material, pode encontrar dificuldades para investir na esfera educativa e nos cuidados. Uma dificuldade ainda maior caso ele se encontre em situação socioeconômica precária e não consiga assegurar o material. Alguns podem então ser tentados a deixar tudo por conta da mãe, ainda mais se a criança é muito pequena.

O laço pode distender-se com as relações que se enfraquecem com o tempo. Estatísticas demonstram esse risco de desfiliação (35% a 40% dos pais, com uma taxa duas vezes maior nos meios mais precários nos meios mais precários). O baixo número de pesquisas aprofundadas (e não apenas estatísticas) sobre a questão dá testemunho de um *certo silêncio sobre os pais, mas também do silêncio dos pais*. Todavia, alguns se encontram em associações para apoiar-se e buscar se fazer ouvir pelo corpo social e pelas instituições sobre seu sofrimento e reivindicações. Encontramos aí mais comumente pais das classes média e alta, com legitimidade social e ferramentas culturais e midiáticas. Outros, relegados à periferia, ao desemprego, "não tendo mais lugar no mundo", ficam isolados, se calam, se retiram e se desistem.

Separado e precarizado: a dupla pena

O pai pode receber seu filho quando tem seu próprio domicílio. Em alguns casos, ele pode se apoiar numa nova parceira ou em sua própria família (pais, irmãos) para continuar a receber e encontrar seu filho. Isso será tanto mais fácil com uma família e um corpo social que apoiam o pai em seu lugar e legitimidade. Mas existem situações em que o pai pode se encontrar isolado, deslocado de seu lugar de origem, longe de sua família (caso dos imigrantes) ou em ruptura familiar e, assim, perder pontos preciosos de apoio. Ele poderá, então, sentir-se psiquicamente destituído para receber seu filho, mais ainda quando se trata de um bebê ou de uma criança bem nova. Existem outros casos em que o pai se encontra numa grande precariedade material, sem alojamento próprio. Ele encontrará sua criança em espaços públicos (parque, lanchonete, *shopping center* etc.), mas poderá renunciar rapidamente a isso diante da inadequação desses lugares, que não constituem espaços íntimos.

Reencontrar um bebê

Certos pais podem renunciar a manter um laço com uma criança muito nova ou um bebê. Eles podem se sentir impotentes e incompetentes. Na França, psicanalistas, e educadores se sentiram comovidos com essas situações e criaram lugares que chamaram de *Points Rencontres* ["Pontos de encontro"], que existem há mais de trinta anos. Eles são essencialmente frequentados por pais que para ali vão para, com o apoio de profissionais, encontrar e socializar-se com esse ser estranho que é o seu bebê. De fato, é esse momento sensível de construção dos primeiros laços que está no cerne do dispositivo. Um lugar para garantir o tempo necessário, para tornar familiar um para o outro. Não se trata apenas de um encontro de corpos, ainda que importante (cheiro, voz etc.), mas de um apoio para construir o laço. A presença de profissionais em torno da criança e do pai contribui para legitimar o encontro, dando a ele sua garantia simbólica. Ela contribui para humanizar o bebê aos olhos de um pai por vezes bastante desconcertado em suas lágrimas, em sua raiva. Desde a concepção do projeto, foi essencial que a equipe de acolhida fosse mista. Em algumas culturas ainda marcadas por representações patriarcais e de gênero, pode ser operativo que seja um educador homem a mostrar a um pai como trocar uma fralda, sem que esse ato o transforme numa "mulher". O encontro e as trocas com outros pais (pares) é também um apoio.

Esses lugares são pouco numerosos e atualmente estão ameaçados de serem substituídos por lugares educativos (alguns sob controle judicial) para onde seriam enviados os "maus pais". Só podemos lamentar essa deriva educativa ou reeducativa que se infiltra em nossos lugares de acolhida. Uma inquietude que atravessa o mundo dos profissionais da pequena infância. Nós estamos, infelizmente, bem longe das Casas Verdes inventadas por uma certa Françoise Dolto.

Conclusão

O mundo com suas mutações continua sua marcha. Os modelos de parentalidade se diversificam, as legislações evoluem, e os pais mudam, apesar das diversas resistências. A evolução dos costumes, das legislações, das tecnologias, das concepções morais impõe revisitar alguns princípios que até aqui serviram de referência para nossas representações das funções e papéis parentais. Estes são, hoje em dia, extremamente sacudidos pela exigência democrática da igualdade homens/mulheres, mas também a igualdade das linhagens parentais, sobretudo nos casos de separação. Se houver jogo nos papéis, as teorias psicanalíticas podem também ser abaladas. Isso pode incomodar alguns que acreditam que os pais correm o risco de ser apenas "mães como as outras" e se preocupam com uma figura paterna que não mais assume sua função de autoridade, sem considerar que outro par parental pode assumi-la. Alguns postulados podem se encontrar malconduzidos quando o pai busca ser pai "de carne e osso" e não apenas ocupar uma função simbólica ou social. Nós encontramos, a meu ver, o que constitui *uma das contradições essenciais no discurso da paternidade contemporânea*: a rejeição da figura clássica do *pater familias* e a dificuldade de compor com esse novo pai afetivo bem presente junto de seu filho. O fim do modelo patriarcal (que ninguém lamenta) não deve engolir, em sua passagem, os pais. Estes têm inquietações diante das novas tecnologias que poderiam reduzi-los à condição de genitor (*uma simples semente*). Outros estão fragilizados pela perda do princípio de dignidade e de legitimidade que lhe conferia o trabalho. Mas, ao contrário, pode ser que a esfera íntima da paternidade se torne uma questão de porte para aqueles que perderam seu lugar no mundo social e que ela possa ser então superinvestida. Um negócio em que todos poderiam sair ganhando, as crianças, mas também as mães que reivindicam ocupar outros lugares na sociedade? Isso questiona nossas práticas profissionais e nossas representações e implica, ainda, rever nossos dispositivos de acolhida. Teremos de afirmar um princípio de legitimidade para esses pais separados e precarizados e apoiá-los na aprendizagem de uma paternidade mais afetiva e, portanto, menos penalizadora para os mais desfavorecidos. Acima de tudo, teremos que encontrá-los, ouvi-los e apoiá-los ou até mesmo devolver-lhes o lugar junto aos filhos, sob pena de *participarmos de um processo de despaternalização* que teria graves consequências para as crianças e adolescentes. De fato, como se construir e por meio de quais identificações quando o pai está ausente, descartado ou invalidado no discurso da mãe e no discurso institucional? Se não encontram modelos masculinos estruturantes em seu entorno, os meninos correm o risco de construir sua consciência masculina nas ruas junto ao grupo de pares, numa caricatura "virilista". Crianças sem pai ficam no questionamento desse "ausente" depois, mais tarde, na revolta, e depois vêm alertar as instituições. Estas irão em busca do pai... um tanto tardiamente. Tarde demais? Com efeito, como recriar o vínculo com um pai que não soube tecer sua paternidade desde o berço? Um processo de despaternalização que pode ter consequências intergeracionais e sociais, cujos efeitos ainda não foram totalmente compreendidos.

Referências

Bydlowski, M. (1991). La Transparence psychique de la grossesse. *Études Freudiennes*, n. 32.

Cardi, C. (2010). La Construction sexuée des risques familiaux. *Politiques sociales et familiales*, n. 101.

Clerget, J. (Coord.). (2018, mar.). *Revue Spirale. Les bébés et leurs papas*, n. 85.

Hurstel, F. (1996). *La Déchirure paternelle.* Paris: PUF.

Jamoulle, P. (2008). *Des hommes sur le fil. La construction de l'identité masculine en milieux précaires.* Paris: La Découverte/Poche.

Korff Sausse, S. (2009). *Éloge des pères.* Paris: Hachette.

Lollier Regnier, A. (2013, maio). Quand la séparation s'accompagne de la rupture du lien père enfant. *Population et société*, n. 500.

Martial, A. (2013). Paternité, maternité et coparentalité à l'aune des nouveaux contextes: la résidence aux pères et la résidence alternée. *Dialogue*, n. 201.

Missonnier, S. (2013). Des apprentis pères en groupe à la mater(pater)nité. *Spirale*, n. 66.

Naouri, A. (1985). *Une place pour le père.* Paris: Seuil.

Neyrand, G. (2010). *L'enfant, la mère et la question du père. Un bilan critique de l'évolution des avoirs sur la petite enfance.* Paris: PUF.

Neyrand, G., Poussin, G., & Wilpert, M. D. (2015). *Père, mère après séparation.* Toulouse: Érès.

Neyrand, G., & Rossi, P. (2014). *Monoparentalité précaire et femme sujet.* Toulouse: Érès.

Neyrand, G., Wilpert, M. D., & Tort, M. (2013). *Père, mère, des fonctions incertaines.* Toulouse: Érès.

Neyrand, G. (2012). Porter des bébés une disposition sexuée? *In*: R. Prieur (Dir.). *Des bébés bien portés.* Toulouse: Érès.

Orain, R. (2012). Paternités en solitaire: ruptures conjugales et logiques d'insertion sociale. *Ethnologie française*, *42*(1), 127-134.

Racamier, P. C. (1978). À propos des psychoses de la maternalité. *In* M. Soulé, M. (Dir.). *Mère mortifère, mère meurtrière, mère mortifiée* (pp. 41-50). Montrouge: ESF.

Contribuições de Elinor Goldschmied e Donald Winnicott para os cuidados e a educação de bebês

Paulo Sergio Fochi, Bianca Sordi Stock

Palavras iniciais

O pediatra e psicanalista inglês Donald Winnicott (1896-1971) e a pedagoga e educadora social inglesa Elinor Goldschmied (1910-2009) são duas vozes importantes para a construção de um olhar ampliado para o cuidado e a educação de bebês. Para o campo da psicanálise, Winnicott é o primeiro psicanalista que se dedica a observar e pensar sobre os bebês e seus cuidadores, com uma obra vasta e contemporânea. Ele teoriza sobre o papel do ambiente na vida psíquica dos e nos bebês que perdura no mundo interno dos adultos, refletindo acerca daquilo que facilita ou não os processos de integração dos indivíduos. Propõe uma abordagem original sobre a criatividade e o amadurecimento socioemocional, a partir de uma ética do cuidado (Loparic, 2013). Do mesmo modo, na construção da pedagogia da creche, Goldschmied oferece elementos fundantes para a construção do bem-estar global do bebê a partir de um ambiente facilitador da atividade lúdica. Para essa autora, aprender a observar um bebê e criar um ambiente que favoreça seu desenvolvimento é o principal papel do adulto, que deve ver todos os bebês como sujeitos individuais e com grande potencial para se desenvolver (Gallagher, 2003).

Esses dois expoentes também marcam os nossos processos de formação e, por isso, o esforço deste texto é mostrar algumas convergências que essas duas vozes podem nos dar para pensar a construção de uma pedagogia da creche. Optamos por tratar de três conceitos estruturantes: o papel do ambiente, o papel do brincar e o papel do adulto. Antes, porém, queremos compartilhar algumas marcas da história desses autores para contextualizar seu legado e evidenciar algumas das suas contribuições.

Fragmentos da vida dessas duas vozes

Winnicott e Goldschmied vivenciaram determinados eventos históricos que certamente constituem parte das escolhas que fizeram em suas jornadas profissionais. As marcas cruéis e devastadoras deixadas em milhares de crianças durante a Segunda Guerra Mundial, por exemplo, é uma delas. Tanto o psicanalista como a educadora inglesa dedicaram parte de sua carreira à atenção e ao apoio às crianças órfãs da guerra. Não apenas isso os aproxima; há um outro ponto que consideramos importante destacar: a vocação de ambos para traduzir o conhecimento científico e torná-lo acessível a todos.

Donald Woods Winnicott cresceu em uma próspera família britânica. Ao formar-se em medicina, ingressou no Paddington Green Hospital for Children, onde trabalhou por quarenta anos como pediatra e psicanalista de crianças e adultos. Foi a escuta das mães dos bebês que o motivou a procurar a formação em psicanálise, por compreender que muitas das enfermidades relatadas diziam respeito a processos socioemocionais e seus respectivos ambientes de cuidado. Winnicott se dedicou a formular suas ideias sobre os processos mais primitivos de integração psíquica dos indivíduos e formulou conceitos revolucionários para a psicanálise, como ambiente facilitador, mãe suficientemente boa, tendência antissocial e a criatividade como base para a saúde mental.

Durante a Segunda Guerra Mundial, desempenhou um papel fundamental junto às políticas públicas de atenção às crianças evacuadas de seus lares de origem, para que fossem alocadas longe de seus pais em lares supostamente mais seguros. Os comportamentos agressivos apresentados por algumas dessas crianças foram percebidos por Winnicott como sinais de esperança de que o ambiente fosse capaz de acolhê-las e sobreviver aos ataques. A partir das formulações que se seguiram a essa percepção, iniciou-se uma grande transformação no manejo do cuidado como recurso terapêutico – seja na clínica, nas escolas ou nas casas de assistência social. A qualidade dos vínculos, as bases para uma educação respeitosa desde o nascimento, a escuta dos cuidadores e o encorajamento das crianças em seus processos criativos foram grandes empreitadas da carreira de Winnicott.

Ele propunha uma relação mais próxima com mães, pais, professores, assistentes sociais e demais atores da vida das crianças, com ações como programas de rádios e consultas terapêuticas pontuais. Contudo, sempre deixava claro que o melhor que podíamos fazer por uma mãe de primeira viagem (ou por quem desempenha esta função para o bebê) é justamente não lhe atrapalhar. A espontaneidade carrega grande valor na obra desse autor. Nesse sentido, defendia o tempo e o ambiente necessários para o desenvolvimento das identificações cruzadas entre o bebê e seu cuidador. Esse seria o nascedouro da ética do cuidado, uma ética para a liberdade do ser e do viver (Loparic, 2013).

A história de Goldschmied é marcada por um forte interesse por crianças em situações de mais vulnerabilidade. Na sua trajetória, ela dedica um período longo do seu trabalho a orfanatos e ao campo da saúde mental. Como a formação inicial da Elinor começa no Fröebel Institut, seu olhar para o brincar das crianças sempre foi um aspecto central. Além disso, sua passagem pelo curso de saúde mental na London School of Economics deu-lhe subsídios para aprender a observar os bebês e compreender que o modo como eles brincam e se relacionam está diretamente associado com o seu estado de saúde emocional e mental.

Uma passagem importante da história de Goldschmied é quando fica responsável por um grupo de crianças imigrantes consideradas "selvagens". Ao observar a privação afetiva à qual aquelas crianças estavam sujeitas e a falta de atenção ao ritmo pessoal nas jornadas institucionais, a pedagoga passa a reorganizar o ambiente, oferecendo possibilidades diversas para atender às temporalidades individuais, dando especial atenção ao tipo de relação que se estabelecia entre os adultos e as crianças. Em pouco tempo, as crianças começam a se relacionar de forma diferenciada e se mostram mais tranquilas, conseguindo se concentrar melhor em suas atividades.

Outro momento marcante da história de Goldschmied é quando ela se muda para a Itália, no pós-guerra, e conhece o trabalho desenvolvido por Elda Scarzella em um centro para o acolhimento de mães e crianças vítimas da guerra. Elinor trabalhou muitos anos nesse local e lá se dedicou a pensar sobre o valor das atividades lúdicas e a importância do adulto para a construção da segurança emocional e afetiva para os bebês. Durante esse período, Elinor realizou alguns filmes educativos que serviram como importante material documental e de pesquisa para a compreensão da relação entre o comportamento das crianças e o modo como seu entorno está organizado.

Elinor atuou por muitos anos entre Inglaterra, Itália e Espanha na formação de professores e na disseminação de conceitos importantes para os profissionais que atuam com bebês. Como afirma uma das suas grandes companheiras de trabalho, Sonia Jackson (2009a), um dos méritos e conquistas de Goldschmied foi tornar conceitos abstratos e científicos acessíveis para aqueles que trabalham com bebês e crianças pequenas no dia a dia. Além disso, ela os via como pessoas cujas experiências e sentimentos são tão importantes quanto os dos adultos. O cesto dos tesouros e o jogo heurístico, a ideia do educador como uma pessoa-chave para o desenvolvimento dos bebês, o papel do ambiente como entorno satisfatório e as ilhas de intimidade são alguns dos conceitos que se podem destacar da obra de Goldschmied.

O papel do ambiente

A grande novidade que Winnicott traz para a psicanálise é a consideração dos fatores ambientais, desde antes do nascimento, para os processos de desenvolvimento integral do bebê e a continuidade pelo resto da vida do indivíduo (Smalisky, Ripesi, & Merle, 2017). Ao abordar os tempos e características das necessárias adaptações ambientais para facilitar os processos de integração entre psique e soma, ele afirma: "podemos dizer que o ambiente favorável torna possível o progresso continuado dos processos de maturação. Mas o ambiente não faz a criança. Na melhor das hipóteses possibilita à criança concretizar seu potencial" (Winnicott, 1983, p. 81). Nesse sentido, Winnicott é categórico ao afirmar que os pais (e posteriormente os professores) "não produzem um bebê como um artista produz um quadro ou ceramista um pote" (Winnicott, 1983, p. 81), isto é, o bebê ou a criança não são moldáveis. Na visão do autor, o bebê precisa ser visto como pessoa que pensa, deseja e troca afetos, mesmo antes de o próprio bebê se perceber como ser individuado da mãe.

O que cabe aos pais, professores e demais adultos que estão empenhados no cuidado e na educação dos bebês e crianças? Cabe prover um ambiente facilitador do amadurecimento socioemocional. Assim, os processos de maturação se referem à tendência inata do bebê para a integração do ser. O ambiente facilitador winnicottiano possui certas qualidades que atuam em prol de propiciar que o bebê possa exercer sua criatividade, imprimir pessoalidade em seus gestos e fazer suas contribuições originais ao mundo que o cerca.

Que qualidades seriam essas? Primeiramente, um ambiente que se adapta ativamente às necessidades do bebê e que, aos poucos, na medida em que este tenha recursos internos para criativamente lidar com as novidades e frustrações inerentes ao cotidiano, diminua essa adaptação. Um ambiente que sustente a continuação do ser, por meio da continuidade, da afetividade e da previsibilidade do cuidado. O cuidado envolve os manejos respeitosos com o corpo do bebê, a maneira como se apresentam os objetos do mundo externo e a sustentação, tanto com o corpo como pela linguagem, de modo que ele se sinta seguro e encorajado a investigar o mundo.

O ambiente facilitador inicia-se no colo da mãe, ou de quem desempenha essa função, de forma fusionada psiquicamente, e gradualmente vai ampliando as suas fronteiras (Winnicott, 2020). Exige um adulto capaz de amar e se deixar amar pelo bebê, um adulto que escute a si mesmo e ofereça uma estabilidade emocional suficientemente boa, para que o bebê possa confiar nesse cuidado. Quando o ambiente é intrusivo ou negligente, o bebê não consegue desfrutar da continuidade do ser, pois precisa reagir às falhas ambientais, o que gera sofrimento importante e sintomas que podem perdurar por toda a vida do indivíduo.

Goldschmied entende que o ambiente físico impacta profundamente as possibilidades que se criam para viver, aprender e brincar. Para a autora, "quaisquer que sejam as limitações de um prédio, sempre há algo que pode ser feito para torná-lo mais confortável e atrativo para os adultos e crianças que nele passam longas horas do dia" (Goldschmied, & Jackson, 2006, p. 33). Nesse sentido, a noção de ambiente para Elinor envolve não apenas as condições físicas da infraestrutura, mas também as pessoas que o compõem e a qualidade estética.

É por isso que a pedagoga inglesa irá destacar a ideia de uma dupla função para o ambiente: criar uma atmosfera caseira somada à praticidade de um ambiente escolar. Essa dupla função, como a autora chama, é o que constitui um ambiente satisfatório (Goldschmied, & Jackson, 2006), ou seja, uma aparência acolhedora e confortável, capaz de gerar segurança, vínculo e acolhimento, unido a uma estrutura que compreenda as múltiplas aprendizagens que os bebês e as crianças bem pequenas vivem no cotidiano de uma escola e, portanto, que deve ser estruturado para que tais aprendizagens aconteçam.

Um outro aspecto destacado por Goldschmied é a qualidade visual de um ambiente. Para a pedagoga, o excesso de cores, desenhos estereotipados e desorganização de um ambiente também impactam a formação dos bebês (Goldschmied, & Jackson, 2006). Nesse sentido, a autora irá chamar atenção ao direito à beleza, quer pelas cores e microclimas que se criam nos ambientes, quer pelas imagens e informações que se decidem fixar nas paredes. Ademais, é na estruturação estética desse ambiente que Elinor irá entender que a qualidade, diversidade e quantidade de materiais que se deixam à disposição dos bebês poderá favorecer a qualidade das atividades lúdicas, aspecto que em breve trataremos mais demoradamente neste texto.

O canto tranquilo ou a ilha de intimidade também são ideias que Elinor desenvolve quando discute a construção de um ambiente satisfatório. Para ela, a creche é um ambiente que precisa harmonizar a dimensão coletiva com a individual. Assim, a pedagoga chamará atenção para a necessidade da organização de espaços que possibilitem que as crianças que desejam ficar em um modo de suspensão da coletividade possam encontrar na própria organização do ambiente da creche esse canto tranquilo. Assim, precisa se configurar em um refúgio acolhedor e seguro, que permita intimidade e tranquilidade para as crianças (Fochi, & Focesi, 2018).

Nesse sentido, Winnicott e Goldschmied parecem concordar na dimensão de que os bebês são afetados pelas condições dos ambientes de que participam. O que está por trás disso é a premissa de que os bebês sentem, percebem e são sujeitos ativos da sua própria história, ou seja, são bebês pessoas e não bebês objetos. Além disso, os dois autores também parecem concordar que a escola precisa compreender o seu papel ambiental no desenvolvimento dos bebês e das crianças e refletir se seus ritmos, manejos, propostas e acolhimentos estão coerentes com as qualidades de um ambiente facilitador, suficientemente bom, e satisfatório. Quando a escola não compreende esse papel, pode vir a ser uma experiência traumática na vida dos bebês e crianças.

O papel do brincar

Segundo o Dicionário Etimológico,[1] "a palavra brincar vem do latim *vinculum*, que significa laço. É a mesma origem da palavra vincular. Ao mesmo tempo que quem brinca se diverte, na brincadeira também criamos vínculos". Essa ideia vai ao encontro

1 Disponível em: https://www.dicionarioetimologico.com.br/brincar/

daquilo que Winnicott entende sobre o brincar. Para o psicanalista, o brincar se constitui como a expressão da saúde mental da criança e as bases para a saúde mental do adulto. É pelo brincar que na infância se criam laços de afeto e intimidade com o mundo, pois, justamente, é a maneira mais genuína de espontaneidade e exercício do verdadeiro *self*: "é no brincar, e talvez apenas no brincar, que a criança ou o adulto fruem na sua liberdade de criação" (Winnicott, 1975, p. 79).

As crianças brincam por prazer, primeiramente. Brincar é a expressão criativa e repleta de significado para se conhecer o mundo e a si mesmo pela experiência. Winnicott dedicou grande parte de sua obra para refletir e defender o brincar, bem como propunha uma postura brincante do analista de crianças. Ele formula o original conceito de fenômenos transicionais, o qual contribui sobremaneira para a compreensão da complexidade do brincar.

Justamente o brincar acontece quando esse espaço potencial, presente nos fenômenos transicionais, é possível de existir e ser sustentado. A palavra transicional remete a essa zona intermediária da realidade, que não é nem absolutamente da realidade interna e nem da realidade externa do indivíduo, mas uma relação única e autêntica de intersubjetividade. Um vínculo com o outro e o mundo em que cabe ser monstro, princesa, sapo, astronauta, enfim, que proporciona o devir e por meio do qual podemos verdadeiramente conhecer o outro e a nós mesmos, em decorrência de uma experiência afetiva que só o brincar proporciona.

A primeira brincadeira do bebê é ser brincado pelo adulto. Isso se inicia no ventre: "olha como chuta, vai ser jogadora de futebol", "está dando tchauzinho pra gente na ecografia". Ao nascer, as interpretações e significados atribuídos pelos adultos sobre os gestos do bebê envolvem-no em uma sofisticada trama de afeto, linguagem e identificações tão necessárias para um ambiente suficientemente bom. Para os bebês, é fundamental que o adulto que o cuida possa desfrutar do mesmo prazer de brincar da criança ao cuidá-lo. O brincar de qualidade, que constrói vínculos seguros e proporciona fruição da continuidade do ser, é oposto à mecanização do cotidiano, infelizmente tão presente nas escolas.

Ao escrever para as mães dedicadas aos cuidados iniciais, porém igualmente válido para os profissionais da educação que atuam junto aos bebês, Winnicott (2020, p. 28) pontua:

> *Desfrute tudo isso para o seu próprio prazer, mas o prazer que você pode extrair do complicado negócio de cuidar de uma criança é vitalmente importante do ponto de vista do bebê. O bebê não quer tanto que lhe deem a alimentação correta na hora exata, como, sobretudo, ser alimentado por alguém que ama alimentar seu próprio bebê.*

Winnicott apresenta para a psicanálise a capacidade de brincar do bebê, até então uma novidade para o campo. Porém, essa capacidade de ser criativo e contribuir que o bebê possui, para a sua manutenção, depende de que os adultos percebam este bebê como pessoa e desfrutem do prazer de contemplar e sustentar suas investigações.

Já Goldschmied, tomada pelo longo período durante o qual observou crianças órfãs da guerra, entendeu que na qualidade da atividade lúdica está a manifestação da saúde emocional das crianças e a possibilidade de reestruturação interna de um sujeito. Foi aí que a pedagoga entendeu que toda instituição que se ocupa de crianças precisa se transformar em um ambiente legítimo para o brincar. Na perspectiva de Elinor, quando os bebês têm uma experiência lúdica agradável, também têm a oportunidade de tomar iniciativa, de se concentrar e de persistir em um objetivo estabelecido por ele próprio (Fochi, & Focesi, 2018; Goldschmied, & Jackson, 2006).

Brincar é uma necessidade dos bebês, tanto quanto comer, descansar e qualquer outra atividade vital, segundo Goldschmied (1979). Nos princípios do trabalho educativo de Elinor, criar uma ambiência que favoreça o brincar é um dos aspectos estruturantes para o trabalho educativo. Para a pedagoga, brincar é uma das atividades principais dos bebês em uma creche (Fochi, & Focesi, 2018).

É exatamente a partir dessas ideias que Elinor desenvolve as propostas do cesto dos tesouros e do jogo heurístico, duas modalidades de um brincar exploratório direcionadas aos bebês e crianças bem pequenas, em que o valor reside na possibilidade de descobrir os objetos a partir da tomada de posse destes.

Para Elinor (Mauri, Bombaci, & Goldschmied, 1954), o brincar exploratório de bebês com objetos do cotidiano não apenas responde ao intenso esforço e desejo que os bebês têm em descobrir o mundo a sua volta, como também atende a uma visão globalizada de desenvolvimento em que todos os sentidos são acionados na investigação e descoberta dos objetos. Tomar posse de algo, percebê-lo e compreender como a própria ação altera ou extrai possibilidades das coisas é um processo de ricas aprendizagens.

Evidencia-se que para os dois autores o brincar é tomado como experiência fundamental na vida dos bebês. É interessante salientar o esforço de ambos em conceitualizar os processos, decorrências e importância do brincar livre, para que este possa ser valorizado com a devida seriedade no âmbito escolar.

O papel do adulto

Para Goldschmied (1979), o papel do adulto é indiscutivelmente o mais importante na vida de um bebê, já que é ele que recebe e apresenta a criança ao mundo. Além disso, conforme Elfer, Goldschmied e Selleck (2003, p. 22), "os adultos ajudam a criança a controlar a montanha russa emocional que a vida pode reservar a ela", por isso, precisam compreender profundamente o papel que desempenham.

No entanto, a principal formulação da autora a esse respeito é exatamente direcionada aos adultos que se ocupam profissionalmente dos bebês, como é o caso dos profissionais da educação em creches. Foi essa autora que deu início a discussões importantes sobre a formulação do conceito de um vínculo profissional necessário a ser construído entre adultos e crianças em situações de vida coletiva, traduzido a partir do conceito da abordagem da pessoa-chave (*persona chiave)* (Elfer, Goldschmied, & Selleck, 2003).

A partir da observação de Elinor e seus companheiros de trabalho sobre o desafio que representa para os bebês irem construindo uma ideia sobre o "cenário" de que estão participando e sobre "os atores" que o compõem (Elfer, Goldschmied, & Selleck, 2003), a abordagem da pessoa-chave aparece como alternativa para estruturação de um ambiente saudável em que outros adultos participem dos cuidados e da educação dos bebês.

Essa ideia nasce da compreensão de que em instituições é comum que diversos adultos passem pelo bebê ao longo da jornada educativa. No entanto, para favorecer a construção da intimidade, é fundamental se atentar para a criação das condições de estabilidade e permanência dos mesmos adultos com pequenos grupos de crianças.

Nesse sentido, é fundamental a continuidade com um adulto em especial, sobretudo nas situações que exigem mais intimidade (como é o caso das trocas, alimentação e sono). Será essa continuidade que possibilitará a participação e colaboração gradativa da criança nas situações do cotidiano, já que irá aprender a ler os diálogos corporais e emocionais com os adultos mais próximos.

Um último destaque sobre esse aspecto é que, para Elfer, Goldschmied e Selleck (2003), nos estudos a respeito da abordagem da pessoa-chave, é fundamental acordar com as famílias sobre a escolha dessa abordagem de trabalho, já que um dos aspectos observados por Elinor e seus companheiros é que, muitas vezes, pais e mães sentem-se substituídos pelo adulto da creche que ocupará esse papel. Para que isso não ocorra, os autores alertam para a necessidade de construir com as famílias a confiança e a abertura para dialogar sobre o processo, já que o objetivo dele é que o bebê se sinta seguro e vinculado ao ambiente (espaço e pessoas) da creche.

Quando aborda o papel do ambiente, Winnicott está se referindo ao papel do adulto-ambiente. O adulto que possibilita a provisão ambiental. Para que a criança tenha um bom início das suas relações vinculares, o que significa ter amparo para os seus processos de integração do eu, necessita de adultos que se interessem por ela e em se adaptar às suas necessidades (Winnicott, 2000).

Ao acolherem os bebês, os adultos da escola precisam estar conscientes de sua especial tarefa de dar continuidade aos cuidados parentais. A continuidade do cuidado suficientemente bom, a partir de uma relação de intimidade com um adulto referência, permite que o bebê seja conhecido, percebido, sentido pelo outro, e isso é fundamental para experiências de personalização satisfatórias (Winnicott, 2000). É preciso criar condições para que o adulto de referência na escola se identifique com o bebê, o que significa reflexões sobre as rotinas, tempos, quantidade de crianças para cada adulto, posturas e manejos.

Winnicott é claro ao afirmar que a escola é um apoio e não um substituto do lar para a criança (Winnicott, 2020). Do ponto de vista do autor, a escola possui especialmente a função de ampliar o círculo relacional da criança e o repertório cultural. Nesse sentido, o adulto de referência para o bebê deve oferecer experiências que promovam a sensação de confiança no espaço para que o bebê possa explorar, descobrir, regredir quando necessário, sentindo-se amparado. Para tanto, na escola "continua a necessidade de um tipo pessoal de relações, sendo cada criança conhecida pelo nome, vestida e tratada segundo o que essa criança é e sente que é" (Winnicott, 2020, p. 219).

Os bebês e crianças necessitam de adultos que se escutem, percebam-se integrados e, por isso, disponíveis para a relação afetuosa com o outro. "Na escola maternal não há lugar para tudo o quanto seja impessoal ou mecânico, visto que para a criança, isso significa hostilidade ou (ainda pior) indiferença" (Winnicott, 2020, p. 220). Winnicott ressalta que as relações sinceras e cordiais que o adulto na escola apresentar com a criança servirão para suscitar um sentimento de confiança nos pais e tranquilidade na criança. Dessa forma, poderá inclusive auxiliar para que o professor apoie os pais no exercício da parentalidade, na medida em que compartilham com outro adulto a observação em relação ao desenvolvimento da criança.

A entrada de outro adulto, fora do círculo familiar, na vida do bebê pode oportunizar que ele vivencie relações novas e reedite situações familiares, com um efeito integrador e inclusive terapêutico. Isso, desde que de maneira delicada, dedicada, personalizada e com adultos que tenham clareza de seu papel complementar e não substitutivo ao papel dos pais.

Winnicott dá grande valor à formação dos professores para receberem os bebês e crianças, a fim de que possam oferecer seus conhecimentos acadêmicos a serviço das crianças e famílias, sem que estes percam a sensibilidade para conhecer cada criança em sua singularidade (Winnicott, 2020). Destaca, especialmente, a formação necessária para a compreensão da relevância do brincar para a resolução de problemas que fazem parte do desenvolvimento e a escuta ativa para os significados das brincadeiras.

Podemos afirmar que Goldschmied e Winnicott destacam o papel do adulto na escola como alguém que reúne em si algumas características: inteireza do ser; disponibilidade para se vincular com o bebê; compreensão do valor central da brincadeira no desenvolvimento da criança; competência para oferecer um ambiente de confiança; apresentação do mundo e de novas relações na medida em que seja confortável para o bebê; consciência de seu papel como alguém que está em parceria com a família, não a substitui, mas oferece continuidade dos cuidados e um saber específico, profundo, acadêmico e sensível em relação à vida dos bebês e crianças.

Palavras finais

Na medida em que fomos compartilhando sobre as contribuições de Winnicott e Goldschmied e mostrando os pontos de encontro dessas duas vozes, fomos percebendo a riqueza que suas ideias têm para a construção de uma pedagogia da creche.

É importante dizer que os estudos relacionados às especificidades dos bebês em contextos de vida coletiva podem ser considerados recentes. Embora nos últimos anos tenha havido um significativo aumento nas pesquisas e publicações, ainda é necessário produzir diálogos interdisciplinares a respeito desse assunto.

Estreitar as pontes entre pedagogia e os campos da saúde, psicologia, psicanálise, arte e tantos outros, só ajuda os profissionais que se ocupam do trabalho com bebês a melhor atender a complexa sutileza que é ser um professor de bebês (Fochi, 2015).

Referências

Elfer, P., Goldschmied, E., & Selleck, D. (2003). *Persone chiave al nido: costruire rapporti di qualitá*. Reggio Emilia: Edicioni Junior.

Fochi, P. S. (2015). A complexa sutileza da ação pedagógica com bebês. *In* C. C. Pereira (Org.). *Atravessamentos: ensino-aprendizagem de arte, formação do professor e educação infantil* (pp. 47-54). Belo Horizonte: Escola de Belas Artes da UFMG.

Fochi, P., & Focesi, L. V. (2018). As contribuições de Elinor Goldschmied para a construção da prática pedagógica com bebês e crianças bem pequenas. *In* P. Fochi (Org.). *O brincar heurístico na creche: percursos pedagógicos no Observatório da Cultura Infantil (OBECI)* (pp. 41-58). Porto Alegre: Paulo Fochi Estudos Pedagógicos.

Gallagher, J. (2003, 22 dez.). Play that can give your children a head start. Good fortune – why being charitable can help you enjoy a longer life. *Daily Post*.

Goldschmied, E. (1979, dez.). I bambini non possono aspettare. Entrevista concedida a Ferruccio Cremaschi. Milano, *Zerosei*, n. 4/5.

Goldschmied, E., & Jackson, S. (2006). *Educar de 0 a 3 anos: o atendimento em creche*. Porto Alegre: Artmed.

Jackson, S. (2009a, 1º maio). Elinor Goldschmied: pioneer of treasure baskets, heuristic play and the key person system. *The Therapeutic Care Journal*. Disponível em: https://thetcj.org/early-years/elinor-goldschmied-pioneer-of-treasure-baskets-heuristic-play-and-the-key-person-system. Acesso em: 4 abr. 2021.

Jackson, S. (2009b, 12 jun.). *Elinor Goldschmied: Pioneering expert in the care of babies and young children. The Guardian*. Disponível em: https://www.theguardian.com/society/2009/jun/12/obituary-elinor-goldschmied. Acesso em: 4 abr. 2021.

Loparic, Z. (2013). *Winnicott e a ética do cuidado*. São Paulo: DWW Editorial.

Mauri, G., Bombaci, V., & Goldschmied, E. (1954). *Lasciatemi almeno giocare*. Villaggio della Madre e del Fanciullo di Milano, Centro di Cinematografia Sociale di Trieste. son, P&B (24 min).

Smalinsky, E., Ripesi, D., & Merle, E. (2017). *Descobrindo Winnicott e o brincar*. Terra de Areira: Triângulo.

Winnicott, D. W. (1975). *O brincar e a realidade*. Rio de Janeiro: Imago.

Winnicott, D. W. (1983). *O ambiente e os processos de maturação: estudos sobre a teoria do desenvolvimento emocional*. Porto Alegre: Artmed.

Winnicott, D. W. (2000). *Da pediatria à psicanálise: obras escolhidas*. Rio de Janeiro: Imago.

Winnicott, D. W. (2020). *Os bebês e suas mães*. São Paulo: Ubu.

Arte contemporânea, bebês e crianças bem pequenas: que conversa é essa?

Maria Paula V. Zurawski

Em 2018, este trabalho apresentado no Encontro da ABEBÊ se chamou "Arte contemporânea e as crianças pequenas – quem tem medo do quê", porque, na época, estavam muito candentes as discussões e reações que algumas exposições de arte realizadas no ano anterior vinham recebendo de grupos conservadores, que atacavam, por exemplo, o contato de crianças muito pequenas com a nudez, como na performance "La Bête", de Wagner Schwartz, inspirada na obra de Lygia Clark e apresentada no Museu de Arte Moderna de São Paulo (MAM), em 2017.

Mas o que teria a ver a situação vivida nessas exposições com os bebês e seu possível contato com a arte contemporânea? A ideia de que a arte contemporânea dialoga especialmente com as crianças bem pequenas e seus saberes foi bastante explorada pela Profa. Denise Nalini em sua tese de doutorado, na qual ela contextualiza algumas das características da arte contemporânea, como a seleção dos materiais, a partir do percurso poético de quem cria. Para a pesquisadora, é esse olhar para a liberdade de uso dos materiais e para o percurso do artista que permite uma compreensão e uma ressignificação dos fazeres dos bebês e das crianças bem pequenas em relação às artes, considerando especialmente ambientes em que essas crianças convivem coletivamente, todos os dias, como nas creches e escolas.

Para compreender essa relação, foco do trabalho e da pesquisa de Denise Nalini, é importante recorrer à ideia de Poética como uma forma de se expressar e conhecer o mundo. Como disciplina teórica, a Poética refere-se tradicionalmente ao estudo das obras literárias, particularmente as narrativas, que visa esclarecer suas características gerais, a sua literalidade, criando conceitos que possam ser generalizados para o entendimento da construção de outras obras. Porém, por *poética* pode-se também entender um ato poético em si, estendendo sua acepção literária e ampliando-a para outros campos expressivos, considerando a ideia de que determinados elementos podem ser ressignificados em quaisquer outros objetos ou entendimentos, reposicionando valores estéticos já atribuídos e criando sentidos novos. Esse processo está intimamente ligado ao imaginário, em que a atribuição de significados é uma constante.

Alguns estudiosos da infância consideram que a criança possui e se expressa por uma poética própria, explorando, pesquisando e deixando marcas. Vemos o reconhecimento de uma poética da criança

> *na experiência educativa das escolas de educação infantil da região da Emilia Romagna, na Itália, conhecidas no mundo todo, e especialmente nas proposições de Loris Malaguzzi, um de seus criadores, que afirmam uma ideia de criança plena de potencialidades de criação e invenção. Seu poema "As cem linguagens", largamente conhecido, traduz esta "ideia de criança"*

> *tão característica da abordagem reggiana. (Zurawski, 2018, p. 26)*

A ideia de uma poética própria da criança pequena também está presente na concepção de vida imaginária que, conforme Gaston Bachelard, a criança manifesta nos diferentes domínios da vida e da expressão. Acerca do imaginário de Bachelard, Piorski observa que "o tempo da criança é o agora – uma peculiaridade que traz uma forma própria de conhecer as coisas, uma forma íntima, presencial, vivencial". Essa ideia de um tempo próprio também dialoga com o fazer da arte contemporânea: "brincar, dançar, compor, pintar estão, na criança, desvinculados da obsessão pela produção, pela aquisição e pelo acúmulo" (Piorski, 2021[1]), sendo que a participação e os processos no agora possuem mais importância do que a finalização e o produto.

Nalini (2015) endossa essa ideia ao afirmar que

> *é pertinente nomear de poética uma determinada forma de expressar, comunicar, mover, explorar, brincar e criar da criança pequena. Podemos dizer que o termo, poética, será utilizado no sentido grego, relacionado ao substantivo poieô (fazer, produzir) realizar uma ação. Chamaremos de poética, as produções movimentos, gestos, jogos corporais e brincadeiras das crianças, que se constroem em rede. A criança se conhece, percebe seus gostos, preferências, medos e desejos e simultaneamente aprende sobre os outros, os objetos e estabelece relações, inserida num mundo com diferentes contextos.*

---

1 Piorski, G. *A criança, a vida imaginária e o brincar* [Curso on-line modalidade EAD (Turma 02)]. Vincular Consultoria em Educação e Saúde da Infância. 10 fev. a 09 jun. 2021.

> *É o contato com o entorno que lhe possibilita explorar os objetos, testar, levar á boca, sentir, puxar, jogar e posteriormente perguntar experimentando o mundo ao seu redor. Essas primeiras experiências deixam marcas profundas, para o bem e para o mal, pois essa interação entre os saberes iniciais das crianças pequenas, as experiências que os adultos e o mundo lhes oferecem, se constituem em primeiras impressões, memórias, sobre o mundo. Visões inaugurais, que permitem inusitadas narrativas e divergentes formas de se comunicar, assim as crianças pequenas têm autoria, iniciativa, são fortes e capazes e em suas ações cotidianas. (p. 63)*

Assim, a arte contemporânea, com sua potência, apresenta temas coincidentes às experimentações das crianças pequenas, tornando possível estabelecer uma relação entre poéticas: a do artista e a da criança. Compreender essa relação torna-se especialmente importante nos contextos em que bebês e crianças bem pequenas convivem, ajudando, inclusive, a qualificar os ambientes de creches e pré-escolas no que diz respeito à organização espacial das instituições, ao equilíbrio da utilização de espaços internos e externos, à coleta e disponibilização de materiais e ao respeito ao tempo de exploração das crianças. Conhecer as transformações propostas pela arte contemporânea pode modificar o olhar do adulto educador que atua nesses contextos:

> *O que de mais notável ocorreu nessas transformações é a mudança, em primeiro lugar, do próprio conceito de arte; em segundo lugar, a mudança da figura do artista, e com isso, da imagem da criação artística; e, em terceiro lugar, do modo da arte se apresentar socialmente e culturalmente. (Favaretto, 1999)*

A arte pode fazer parte, desde cedo, da vida das crianças respondendo às proposições que, a partir dos anos 1960, a situam mais como um *campo de jogo*, que abriga diferentes experimentações e diferentes linguagens, e no qual o corpo, o movimento e os gestos também se apresentam, rompendo com a tradição romântica que compreende a arte como necessariamente produtora de "obras-primas", em que as ideias de beleza, harmonia, perfeição, acabamento e unicidade são centrais. Os percursos e a ludicidade dos processos de criação – comuns aos artistas e às crianças – tornam-se mais importantes do que a "obra" como produto final.

Em termos de organização de ambientes coletivos, como os das creches, conhecer essas considerações sobre arte significa poder olhar para os ambientes como locais em que as crianças podem atuar como participantes e exercer plenamente os seis direitos de aprendizagem e desenvolvimentos propostos pela Base Nacional Comum Curricular para a Educação Infantil (Brasil, 2018): *conviver*, *participar*, *explorar*, *expressar*, *conhecer-se* e *brincar*. A tônica da arte contemporânea permite sair da forma tradicional de pensar arte nas escolas, ampliando as possibilidades de participação e interação das crianças.

Algumas experiências

Nalini (2015) reconhece especialmente alguns artistas brasileiros na possibilidade de transformação do olhar de educadoras e educadores e na inspiração de propostas para a exploração e a criação de bebês e crianças bem pequenas em creches e escolas. Entre eles estão Hélio Oiticica e Lygia Clark, representantes desse "modo de pensar e fazer arte": como propositores. Suas instalações e seus objetos demonstram a profundidade da interação e da participação do outro na obra para que ela exista, para que ela aconteça. Essa marca conecta e coloca as crianças pequenas como propositores e produtores de arte e permite aprofundar as percepções e sensações, ampliando de modo significativo esse contato das crianças e da arte.

Entre os anos 2014 e 2018, Nalini coordenou o projeto "Conexões: arte contemporânea e a poética das crianças de 0 a 3 anos", um percurso de formação de educadores de creches para aprofundar as relações entre a arte contemporânea e crianças. No Encontro da ABEBÊ, foram compartilhadas algumas imagens presentes na documentação deste projeto em que bebês e crianças bem pequenas interagem em instalações e ambientes criados por suas educadoras e educadores. São propostas criadas a partir da compreensão das experiências proporcionadas pela visão da arte como campo lúdico e de experimentações, que implica as crianças como participantes e propositoras. Nas imagens compartilhadas, é evidente a relação entre a arte e o estar-no-mundo das crianças, sua agência e sua experiência. Podemos vê-las manipulando diferentes materiais organizados e apresentados de modos esteticamente convidativos, como tecidos, gravetos, recipientes plásticos e metálicos entre outros, de modo curioso e investigativo; locomovendo-se em labirintos de caixas de papelão ou cortina elaboradas com tiras de tecidos, papéis translúcidos e contas sonoras; criando composições diversas, fazendo intervenções no espaço.

Outro aspecto importante revelado pelas imagens e considerações sobre o trabalho realizado no projeto Conexões é que a presença da arte contemporânea nos contextos que envolvem crianças pequenas extrapola uma ideia reducionista de *releitura* de obras de arte. Saber que a arte é jogo, articulação e integração de diferentes sentidos possibilita repensar espaços, uso de objetos, intervenções e criação de instalações mais próximas do modo de pensar das crianças pequenas. Assim, fala-se não de *releitura*, mas vai-se além na busca de experiências que, vividas pelas crianças, levam a produções autorais. Na ideia de participação proposta pela arte contemporânea, essa busca é tanto dos professores quanto das crianças e se materializa na relação entre esses sujeitos – por isso, mais que releituras, as propostas desenvolvidas são *conexões*, pontos de partida.

Figuras 1-3. CEI Jardim Shangrilá – Núcleo III, São Paulo (SP).

Outro artista que dialoga com as formas de estar no mundo e de perceber-se das crianças pequenas é Arthur Bispo do Rosário. Em 2002, professoras de uma creche na zona sul de São Paulo, apropriadas do profundo significado do *manto da apresentação*, foram capazes de ressignificar a ideia presente na criação do artista e recriar um *manto* coletivo, em que, além dos nomes das crianças, bordados pelas próprias professoras, elas costuravam pequenos objetos trazidos de casa – bichinhos de tecido, brinquedos e objetos do cotidiano conhecidos das crianças. Brincar com o manto, reconhecer e tocar os objetos pessoais, percebê-los ressignificados junto a objetos dos outros bebês, ajudou as crianças a construírem uma experiência grupal e atravessar a separação das famílias no início do ano letivo.

No início deste texto, citamos a tensão vivida, em 2017-2018, entre alguns artistas e grupos conservadores, que buscavam censurar o contato de crianças com exposições e *performances*, como em

"La Bête", de Wagner Schwartz, inspirada na obra de Lygia Clark e apresentada no Museu de Arte Moderna de São Paulo (MAM).

"Bicho", de Lygia Clark, tem como característica ser constituída por placas móveis de alumínio que modificam sua forma conforme manipuladas. Em "La Bête", Schwartz agrega o trabalho da dobradura da Lygia Clark em seu próprio corpo, apresentando-se num espaço aberto, na posição dos *bichos* de Lygia, para ser manipulado pelo público, da mesma forma. O corpo, nu, tem destaque na *performance*, exposto em seu valor máximo. Schwartz decidiu fazer a performance em 2005, ao deparar, em Paris, com uma das figuras geométricas de Lygia Clark presa numa caixa. Como conta numa entrevista ao jornal *El País*, ele queria libertar o "bicho" criado pela artista, para que a obra voltasse a ser o que é.

Figura 4. Obra da série Bichos. Lygia Clark, 1960.

Nesse ponto, é possível também fazer um paralelo com a própria disponibilidade do corpo do bebê e da criança pequena, que será tocado, manipulado, descoberto por aqueles que dele cuidam e com quem interagem, em seu cotidiano. Em "La Bête", inclusive, o espaço performático em que Schwartz se coloca é bastante semelhante aos espaços em que os bebês convivem, em creches e pré-escolas. O "cenário" em que a *performance* ocorreu também é bastante parecido com o espaço cênico de diferentes apresentações de teatro observadas por Zurawski (2018) em sua pesquisa sobre teatro para bebês, nas quais o(s) *performer(s)* ou ator(es) apresentam-se num espaço central, em torno do qual o público (formado por adultos e crianças) se organiza e com quem, eventualmente – especialmente no caso das crianças bem pequenas –, pode interagir de forma bastante concreta, entrando no espaço cênico, comunicando-se e até mesmo tocando nos artistas.

Figura 5. Espetáculo How High the Sky, The Polyglot Theatre, 2012, Melbourne, Austrália. Fonte: https://www.polyglot.org.au/how-high-the-sky/.

Considerações finais

Em setembro de 2017, no Brasil, Schwartz descobriu o que acontece quando um corpo ousa sair da caixa num país tomado pelo ódio e por fundamentalismos, num país de linchadores. Essa interação, que abre e coloca em posição central o modo de fazer das crianças, foi demonizada em 2017, a partir de um recorte que retirou do contexto a riqueza desse fazer e o trabalho exaustivo de pesquisa do artista que articula um campo fundamental para aqueles que trabalham com as crianças de 0 a 3 anos: o corpo. Em 2018, ao organizar o material para a mesa do Encontro da ABEBÊ, Denise Nalini apontava para o fato de que o tipo de reação que a *performance* gerou, e o recorte no qual foi enquadrada, não foram inocentes, pois encontraram eco nos baixos índices de acesso e frequência da população brasileira a exposições, museus e espaços culturais. A arte, sua provocação, sua potência para desestabilizar, fazer pensar e implicar o corpo, tradicionalmente apartado da experiência e da convivência social, traz medo e evidencia a ignorância acerca deste papel revolucionário, mas ao mesmo tempo tão próximo do "estar no mundo" dos bebês e das crianças pequenas. A violência da reação a uma *performance* em que o público observa e pode tocar – se quiser – um corpo que se apresenta vulnerável para ser manipulado e modelado é simbólico da inculcação do medo e da ignorância do papel da arte para todo ser humano, e um desconhecimento completo de quão importante ela é para as crianças pequenas.

Simbolicamente, o confronto determinado por esse desconhecimento e por essa história recortada é o da manutenção das crianças numa condição de inviabilidade e de impossibilidade de validação do seu modo de aprender: pelas percepções, sensações, interação e pelo brincar. Nessa história, a arte contemporânea que mais conversa com as crianças pequenas passa a ser inscrita como nociva, retirando a discussão dos valores estéticos e éticos. Para as crianças, a experiência inaugural de modificar a posição do corpo do artista, percebê-lo maleável, tocá-lo, apoderar-se dele por um instante num recorte estético, é o mesmo ato que os bebês perpetram entre si, nos espaços de convivência organizados nas creches – se houver abertura e compreensão desses processos.

Para as crianças, o foco de suas ocupações é compreender as materialidades e como esse corpo se conecta com as matérias: o corpo "vai na frente" – chega antes. Diante da delicadeza e da imensidão de significados que uma criança pode descobrir numa situação como a da *performance* de Wagner Schwartz, decide-se que elas devem ser tutoradas e que não teriam condições de se relacionar com as produções do seu tempo.

O mais grave é acentuar, com isso, os famosos modelos apregoados pela indústria de consumo como tipicamente infantis, que empobrecem as experiências das crianças, nas quais os adultos pré-definem e decidem o que é "infantil", o que é "destinado às crianças". Definir esse repertório de antemão desconsidera as crianças como sujeitos, desconsidera seus interesses, escolhas e formas de conhecer o mundo.

A arte contemporânea implica participação: aprender é ter uma experiência, dada pela participação de corpo inteiro. A arte é jogo, é experimentação, é campo de experiência que articula diferentes sentidos, em propostas que integrem as diferentes linguagens em busca do que é humano. Por isso ela tem lugar nas creches e pode alimentar a ludicidade e a experiência simbólica dos bebês e das crianças bem pequenas, na relação com aquelas e aqueles com quem interagem.

Referências

Brasil. Ministério da Educação. (2018). *Base Nacional Comum Curricular – Educação Infantil*. Brasília.

Favaretto, C. (1999, jul.). *É isso Arte?* [Vídeo]. Instituto Cultural Itaú. Disponível em: https://www.youtube.com/watch?v=-XG-71wqwUI&t=14s. Acesso em: 28 jun. 2021.

Malaguzzi, L. (1999). Histórias ideias e filosofia básica. *In* C. Edwards, L. Gandini, & G. Forman. *As cem linguagens da criança*. Porto Alegre: Artes Médicas.

Nalini, D. (2015). *Construindo campos de experiências: creche, arte contemporânea e a poética das crianças de 0 a 3 anos*. [Tese de Doutorado em Educação, Faculdade de Educação, Universidade de São Paulo]. Disponível em: doi:10.11606/T.48.2015.tde-16122015-092949. Acesso em: 28 jun. 2021.

Nalini, D. (2015). (Coord.). *Conexões: a poética das crianças de 0 a 3 anos e a arte contemporânea*. São Paulo: Instituto Avisa Lá – Formação Continuada de Educadores. 75 p. Disponível em: https://avisala.org.br/wp-content/uploads/2017/09/Livro-Conex%C3%B5es_Livro.pdf.

Piorski, G. (n.d.). *A criança, a vida imaginária e o brincar*. Curso on-line. Disponível na plataforma Vincular – Consultoria em Educação e Saúde da Infância em: https://vincularcursos.myeidools.com. Acesso em: 28 jun. 2021.

Zurawski, M. P. V. (2018). *Tramas e dramas no teatro para bebês: entre significações e sentidos*. [Tese de Doutorado em Educação, Faculdade de Educação, Universidade de São Paulo]. Disponível em: doi:10.11606/T.48.2019.tde-12122018-134858. Acesso em: 28 jun. 2021.

Parte 3

Atualizações da clínica da primeira infância: riscos, intervenções e patologização

Formas de expressão corporal do sofrimento psíquico nas crianças psicóticas e autistas e cuidados pelas mediações terapêuticas

Anne Brun

Tradução de Antônio Romane

Com esta comunicação, gostaria de homenagear Víctor Guerra (2021), que muito trabalhou com os ecos entre a arte e a clínica, com a maneira pelas quais os grandes criadores nos ajudam a compreender nossos pacientes. Este capítulo colocará em ressonância a clínica das crianças psicóticas e autistas nas mediações terapêuticas (BRUN, 1999), com uma abordagem psicanalítica de obras de arte que nos levará de volta às origens do processo criador. Veremos como o processo criador, tanto na arte como na clínica das mediações terapêuticas, muitas vezes se enraíza na reatualização de traumas corporais arcaicos e busca figurar essas vivências traumáticas impensáveis.

As mediações terapêuticas são dispositivos de cuidado articulados em torno de um meio sensorial como a pintura, a música, a modelagem, a colagem. Meu propósito será o de interrogar a especificidade da simbolização com um meio maleável em torno do qual se organizam os dispositivos de mediação terapêutica. Esse meio maleável é sempre, como o conceitualizou Marion Milner (1955/1979), tanto o objeto mediador, a matéria, e ao mesmo tempo o terapeuta apresentando o meio em sua materialidade. As mediações terapêuticas artísticas exploradas no campo do cuidado constituem uma área essencial da interação entre arte e clínica. A função do meio é a de permitir a transferência de experiências primitivas sobre o objeto mediador e, assim, se constata que essa transferência sobre o meio reatualiza experiências arcaicas muitas vezes catastróficas, experiências que concernem os estados do corpo e as sensações, experiências muitas vezes vividas pelo bebê antes da chegada da linguagem verbal. Eu proponho, então, mostrar que o trabalho da matéria e das formas permite gerar processos de figuração de traumas pessoais arcaicos, que estão na origem do processo terapêutico.

Como nossa prática clínica das mediações terapêuticas pode ser aclarada pelo campo da arte? Fiquei impressionada pelas analogias entre a pintura de crianças e aquela de um grande escritor e pintor francês, Henri Michaux, morto em 1984. Vamos colocar em perspectiva a pintura dos rostos em Michaux e em crianças psicóticas com rostos desfigurados, apagados, com os órgãos dos sentidos atacados. Nós nos perguntaremos, primeiro, sobre a dificuldade das crianças psicóticas em pintar rostos, que remete muitas vezes a uma emergência difícil da forma, a qual desaparece tão logo aparece.

Victor, criança de 7 anos, dá a impressão, no hospital dia, de ser surdo e cego, ainda que inteligente. Também dá a impressão de viver como fantasma, tanto está ausente do mundo e fechado à comunicação.

Para apresentar Victor, vemos na Figura 1 à direita uma cabeça vermelha desenhada com caneta de feltro pelo menino no dia de sua entrada no hospital dia, antes que o ateliê de pintura começasse. Primeiro, ele desenha um rosto, depois ele se empenha em cobri-lo de vermelho e de alguma maneira o cobre. A semelhança é espantosa com a cabeça em negro de Michaux à esquerda.

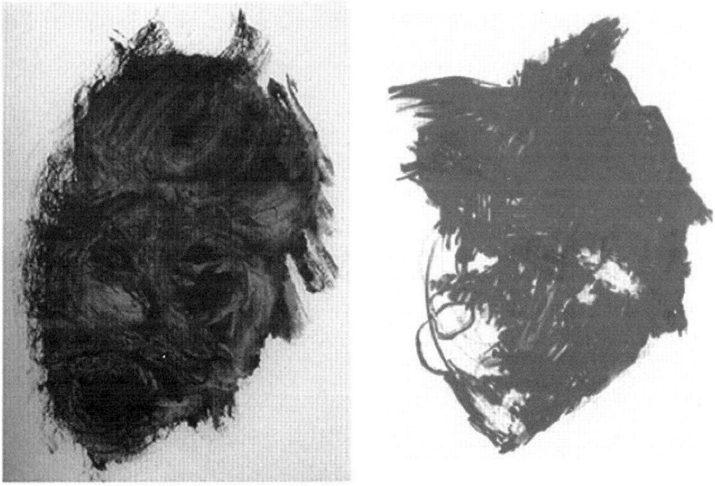

Figura 1. Henri Michaux e Victor.

Victor é o mais velho de dois irmãos, mas o primeiro filho dos pais morreu aos 4 anos de idade, pouco antes do nascimento de Jean, e esse luto impossível nunca até então havia sido contado à criança; portanto, um rosto em vermelho portador do Outro, morto, em negativo, rosto condenado a reencarnar um outro, sem poder ele próprio lhe fazer frente.

Victor em seus primeiros tempos no ateliê de pintura empregava toda sua energia a esvaziar sua folha: ele passa incansavelmente um rolo embebido em água sobre sua folha branca, que se enrolava ou se despedaçava. Depois ele diluía com água os vestígios da pintura que tinha feito em sua folha, até que a figura fosse completamente apagada, e a folha muitas vezes perfurada.

A cada semana eu supervisionava seu terapeuta, ele também pintor, que falava de sua imensa decepção com uma criança tão bem-dotada que não representava nada e para quem ele não sentia existir. Durante meses, seu terapeuta simplesmente acompanhava Victor em sua tarefa, passando a esponja e recuperando, numa bacia, a água que gotejava sobre a mesa, e colocando em palavras o que se passava com a pintura.

Essa dissolução ou essa liquefação ativa dos traços de pintura sobre a folha poderia ser interpretada como uma reatualização de terrores primitivos, como o terror do apagamento, de desaparecimento ou de dissolução, ou ainda de colapso, à imagem da sorte infligida à folha. Essa atividade pictórica implacável de apagamento durante meses pôs em cena uma experiência de morte psíquica contra a qual a criança luta infligindo o vazio à folha. É um processo de reversão passiva/ativa que costuma ser a primeira forma de simbolização para uma criança psicótica. Isso permite um primeiro domínio sobre uma experiência agonística de apagamento ou fluxo, de liquefação, de experiências traumáticas de agonias primitivas.

Essa primeira fase foi fundamental para essa criança, que em seguida realizou trabalhos bastante variados em pintura, com um jogo de espessuras e um acesso progressivo à representação de personagens e cenas.

Esse rosto de Victor tende a apagar-se (Figura 2). Um olho e um nariz parecem entupidos de giz e um trapo que o menino tentara de antemão enfiar na boca de seu terapeuta. Boca obturada em um universo onde nada pode ser dito, boca fechada para a fala e a comunicação, talvez também a representação de um grito sufocado: os órgãos do sentido são atacados. O contorno da cabeça não está terminado, como se o conteúdo escapasse do contentor. Victor exprime, nessa pintura de rostos, vivências mortíferas próximas daquilo que Winnicott (1989) chama de *agonias primitivas*.

Figura 2. Foi nesse contexto que Victor pintou o seguinte rosto.

Essas agonias primitivas são experiências tão catastróficas que o sujeito, escreve ele, "se retira de sua subjetividade": o sujeito se retira, portanto, de si mesmo, ele se corta de sua experiência subjetiva para não mais provar essas experiências de sofrimento extremo, sem saída, sem representação e sem fim. As agonias primitivas são terrores da liquefação, da fragmentação, da aniquilação, da desintegração que aniquila o sujeito se ele as vivencia, pois o sujeito se retira de si para poder sobreviver – por isso Winnicott diz que essas experiências ainda não aconteceram, ainda não vividas, ainda não integradas na vida psíquica. Essas experiências traumáticas não integradas, que Bion chama de *terrores inominados*, também serão encontradas na linguagem do ato e do corpo.

Não é um processo que surge do recalque, mas uma forma de clivagem; é uma catástrofe identitária com uma verdadeira amputação do sujeito, que não consegue assumir o controle de sua experiência traumática. Qual é a natureza do trauma? A destruição das formas, os movimentos no contexto da pintura, a liquefação, o colapso, podem remeter a traumas corporais: é tanto o corpo da criança quanto a folha de pintura, numa indiferenciação, que vão se deformar, se destruir, se liquefazer, se romper em pedaços ou diluir-se. Mas essa diluição e esse apagamento também evocam a encenação de uma verdadeira morte psíquica. É um trauma paradoxal: o trauma do vazio.

Como pode essa experiência de vazio se referir a uma experiência corporal traumática? Poderia evocar experiências de grande desinvestimento, ausência de investimento libidinal do corpo na atenção básica, experiências que, paradoxalmente, poderiam ser qualificadas como "vivências não corpóreas". Em última análise, o meio sensorial mobiliza uma memória perceptiva evocada por Freud, composta de traços perceptivos de experiências arcaicas. O fio condutor entre uma obra de arte e a clínica da mediação artística na psicose infantil diz respeito, portanto, à questão dos processos de simbolização a partir da reatualização de sensações alucinadas. O encontro com o meio maleável irá ativar sensações alucinadas na criança psicótica, isto é, experiências de ordem psicocorporal, que se atualizarão a partir das sensações proporcionadas pela materialidade do meio. É a sensorialidade do mediador que ativa o processo alucinatório e, ao mesmo tempo, são os traços perceptivos das experiências traumáticas primárias que a criança poderá materializar na sua manipulação do mediador.

As sensações alucinadas em conexão com a memória perceptual de experiências traumáticas arcaicas não atualizam a experiência traumática de forma idêntica, pois, no encontro com o meio maleável, o trauma parece ser transposto pelo processo criativo para a figuração. Em definitivo, o espaço das mediações terapêuticas permite de certa forma um retorno não traumático dos traumas.

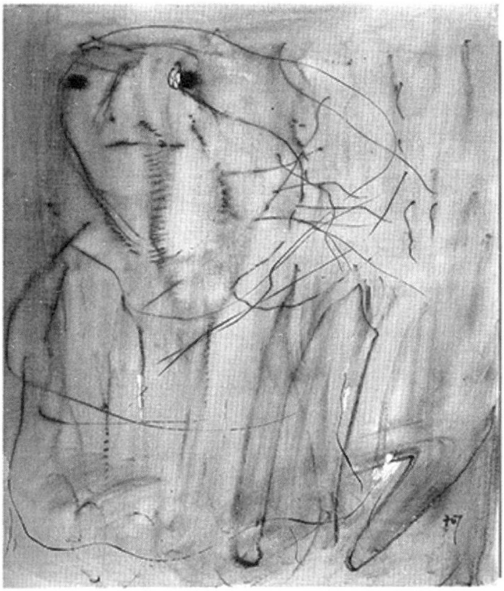

Figura 3. Este é um rosto pintado por Michaux, próximo do rosto pintado por Victor.

Michaux é habitado por uma verdadeira "febre de rostos", segundo seus próprios termos: assim que segura um lápis ou um pincel, vem-lhe uma sucessão de rostos no papel, um depois do outro, dez, quinze, vinte. Então, pergunta Michaux: "Todos esses rostos são eu? São de outros? De que fundo surgem eles?" (1950/1963, p. 87). Quando representa um rosto, Michaux diz que pinta "os traços de um duplo" (1950/1963, p. 93). Michaux gostava de dizer: "Nunca se está só dentro de sua pele".

Michaux se desespera particularmente por não poder fixar um retrato de homem que sempre lhe escapa, e uma parte de sua obra pictórica efetivamente se apresenta como uma tentativa de reter a figura humana que sempre se esquiva: "Enfim, essa raiva de não poder reter esse rosto, eu me jogo furioso sobre o papel e o massacro com rasuras até que dali saia uma figura desolada" (Michaux, 1950/1963, p. 93) No momento em que captamos o olhar, ele já escapa e tende a desaparecer. Michaux esclarece que, para chegar, às vezes, a uma "reconstituição dos traços" daquele duplo no papel, ele se suprime tanto, a ele e a sua própria vida, "que a vida do retrato é por consequência anulada e feita de pedra" (Michaux, 1950/1963, p. 90). Trata-se, portanto, de uma rasura dele próprio em sua pintura de rostos, e tudo se passa como se ele assistisse a uma espécie de petrificação do rosto sobre a folha de pintura.

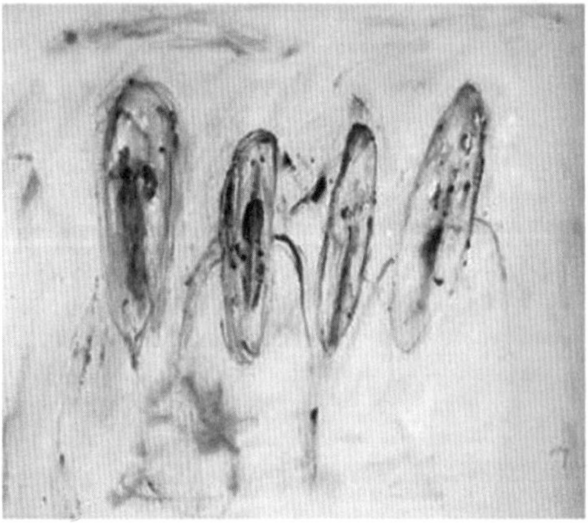

Figura 4: Ilustração - Henri Michaux, Sem título – 1939.

Sob o efeito dessa raiva por não poder fixar esses rostos no papel, Michaux se descreve tocado por um verdadeiro frenesi que o empurra a "desenhar um após outro dez, quinze, vinte rostos, uma multidão infinita de rostos" que tendem todos a se apagar, a se rasurar ou a se engolir, para dar lugar a um outro rosto.

No momento do aparecimento da figura humana, eu também constato na clínica de crianças psicóticas um movimento análogo ao da pintura de Michaux, com um apagamento dos primeiros rostos representados, que voltam para a indiferenciação do fundo, antes de reaparecer.

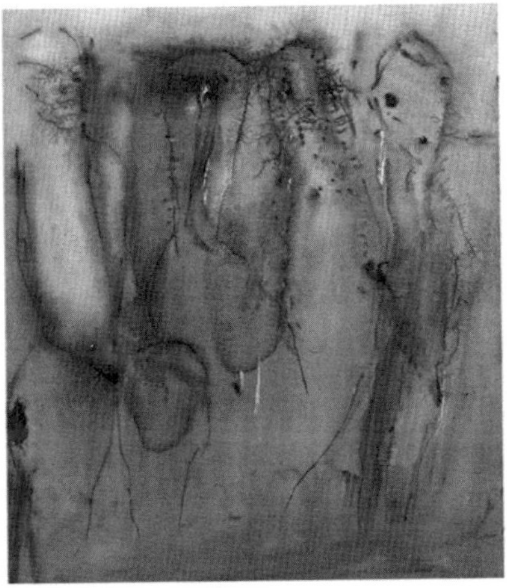

Figura 5

Quando Michaux se vê emergir na folha, ele não se vê verdadeiramente aparecer porque o rosto se dissolve e ele risca, rasura, apaga seu retrato; segundo suas próprias palavras, ele se anula e se petrifica. Experiência precoce, sem dúvida, de um rosto de mãe que se dissolve, de um olhar intangível e de um olhar que petrifica a criança. Essa impossível reconstituição do retrato e a dissolução dos rostos característica da pintura de Michaux referir-se-iam a uma experiência precoce do desaparecimento do rosto inatingível da mãe, a uma compreensão impossível de si mesmo no espelho do rosto da mãe, como Winnicott mostrou a propósito de Bacon (Winnicott, 1971/1975, p. 157). A vida do retrato não seria anulada e feita pedra, como escreve Michaux, à imagem de um rosto de mãe sentido como impassível, frio e inexpressivo?

Ouçamos novamente Michaux: "Todas essas cabeças", escreve ele, são "saídas das profundezas de uma infância que não teve a sua conta, e elas se fazem uma, uma única que grita de raiva e que é morna e gelada" (Michaux, 1972/1993, p. 40). O criador reatualiza então em sua obra pictórica vivências originárias mortíferas: em sua pintura de rostos, os órgãos do sentido são muitas vezes atacados, a boca aberta ecoa um grito mudo, grito abafado, grito de angústia e raiva de uma criança que não encontra eco. Basta olhar para a pintura de Michaux para supor, como fez Anzieu a propósito da pintura de Bacon em *Le Corps de l'œuvre* (*O corpo da obra*) (1981), um mundo de incomunicabilidade com a mãe com seus rostos terrificantes de vivências originárias catastróficas: bebê uivador e bebê congelado, petrificado, como se destruído pela ausência de um olhar que o animasse.

Nessa perspectiva, não se trataria apenas, para Michaux, de repetir de alguma forma em sua obra pictórica uma falha original a compreender no rosto inatingível da mãe: é o pintor, com efeito, ele próprio, que provoca o desaparecimento ou apagamento do rosto que ele está pintando, antes de fazer aparecer um outro rosto, numa sucessão infinita de aparecimentos e desaparecimentos. Essa criação incessante de rostos poderia constituir um retorno em toda potência, graças à criação, de uma impotência inicial. Rosto intocável, rosto dissolvido, rosto apagado, mas rosto indefinidamente recriado, que nunca cessa de renascer de suas cinzas. Michaux escreve a propósito de sua pintura: "Meu prazer é fazer vir, fazer aparecer, depois fazer desaparecer" (1972/1993, p. 21). Dito de outra forma, trata-se, para o artista, de tornar-se o mestre dos aparecimentos e desaparecimentos das formas, e de dominar nessa reversão passiva/ativa sua relação com um objeto que está se esvaindo. Aliás, uma obra poética de Michaux se intitula *Face à ce qui se dérobe* (*Diante do que se esquiva*, 1975).

Tudo se passa então como se o criado se dialetizasse com o destruído. Winnicott descreveu a importância no desenvolvimento da criança do paradoxo do destruído/criado, que remete à destrutividade originária: para poder criar, a criança deve poder destruir no fantasma seu objeto primário e constatar que ele sobrevive à destruição. Winnicott escreve: "Ei, objeto, eu destruí você. Eu amo você. Você conta pra mim por que você sobrevive à minha destruição de você. Já que eu amo você, eu destruo você o tempo todo em minha fantasia (inconsciente)" (Winnicott, 1971/1975, p. 125). Tudo se passa como se Michaux reatualizasse e elaborasse essa destrutividade originária em sua obra: atacando o rosto na folha, trata-se, para o pintor, de destruir indefinidamente seu objeto principal, que todavia sobrevive à destruição na obra. A ameaça de aniquilação do sujeito torna-se, assim, uma das forças motrizes do processo criador na obra de Michaux, em que a angústia do desaparecimento, de não existência, retorna em infinita ressurgência, em multiplicação de sua imagem.

Como uma obra de arte como aquela de Michaux permite esclarecer e enriquecer a prática clínica dos psicanalistas? Fiquei impressionada com o surgimento de rostos na clínica para crianças psicóticas, em que aparecem as mesmas desfigurações da pintura de Michaux, com ataques aos órgãos dos sentidos. O surgimento da autorrepresentação como parte de um trabalho de pintura terapêutica com crianças psicóticas, que ainda não têm acesso à possibilidade de figurar um homem, muitas vezes remete, como na obra de Michaux, a um difícil surgimento da forma fadada ao desaparecimento, ou a se distorcer em monstruosidade. No momento do aparecimento da figura humana, posso constatar também entre as crianças o mesmo movimento de apagamento dos primeiros rostos representados, que retornam à indiferenciação de fundo, antes de reaparecer. Essa alternância entre apagamento e reaparecimento do rosto permite à criança um verdadeiro poder de criar/destruir o rosto sobre a folha e de pôr em cena sua capacidade de fazê-lo desaparecer e reaparecer, portanto de dominar a separação do objeto.

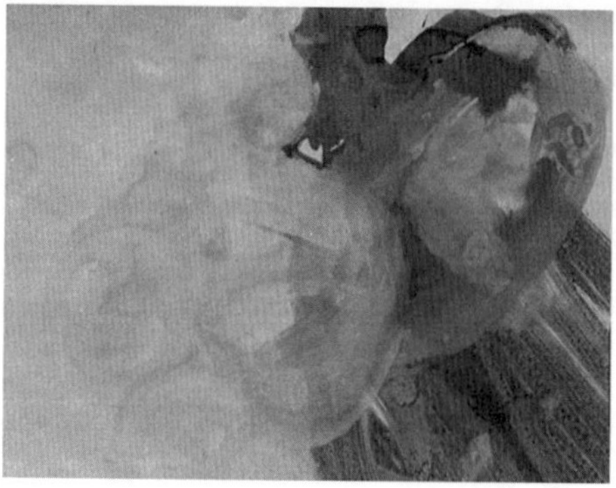

Figura 6. Voltemos às pinturas de homens por crianças psicóticas. Aqui, o primeiro rosto à direita, pintado por uma criança depois de um ano de sessões, é de um homem deitado.

Figura 7. E, aqui, a primeira emergência do homem sobre o mar, depois de seis meses de pintura, por uma outra criança.

Para essas crianças que sofrem de uma problemática psicótica, que se empenham em pintar e, depois, em apagar seus primeiros rostos, em fazê-los aparecer e desaparecer, esse prazer de pôr em cena sua nova capacidade de fazer aparecer e reaparecer o objeto mostra que a criança pode ter acesso ao destruído/encontrado/criado fundador do acesso à simbolização.

De maneira geral, o apagamento ou a perda do olhar muitas vezes caracteriza a figuração humana na arte contemporânea: muitos artistas representam rostos que de alguma forma foram esvaziados de seu olhar, aspirados pelo vazio, olhares presentes ausentes, em vias de desaparecimento ou tomados pelo desamparo. Costuma-se falar sobre essas novas estéticas como representação do irrepresentável, que passam pelo apagamento dos olhares, no contexto das catástrofes coletivas do século XX, especialmente do Holocausto. Mas poder-se-ia também comparar essas distorções do olhar, predominantes na representação dos artistas contemporâneos, com catástrofes psíquicas como as que encontramos numa clínica.

Nas situações extremas, as experiências de dessubjetivação se fazem acompanhar, de fato, da perda do olhar. É o que as clínicas de autismo evidenciam particularmente, quando os cuidadores não encontram o olhar de seus pacientes, mas têm a impressão de cair no vazio, num buraco sem fundo, sem volta possível para o olhar. Essa clínica do autismo foi comparada por Bettelheim (1960/1972) ao que chamou de "situações extremas" nos campos de concentração. Ele observa que alguns presidiários se comportavam como se tivessem parado de pensar e sofrer, e a partir daquele momento paravam de olhar. E acrescenta: "Quando deixavam de olhar ao redor deles, não tardavam a morrer". Trata-se de situações extremas de recurso ao que se poderia chamar, como Winnicott, de estratégia de sobrevivência, que consiste, paradoxalmente, a cortar-se de si mesmo, a não pensar em mais nada, não sentir mais nada, não mais ver para não ser aniquilado pelo que está dado a ver, o impensável, o irrepresentável: dito de outra forma, é preciso se matar para sobreviver.

Os artistas têm o recurso de transpor para a obra essa vivência de morte psíquica e de convocar o olhar do espectador para o coração de seus quadros que nos olham, como escreveu Merleau-Ponty (1964). Numa clínica, como no campo artístico, o ato criador se enraíza em parte na reatualização de sensações alucinadas que remetem a experiências primitivas indissociavelmente corporais e psíquicas, até então impensáveis e irrepresentáveis.

Consequentemente, pode-se adiantar que o processo criativo se revelaria sob a tentativa de figuração de traumas primários ainda não representados, "ainda não ocorridos" (Winnicott, 1989). Trata-se, enfim, tanto para o artista como para o paciente, de dar forma, pela mediação artística, ao infigurável na origem, ao ainda não acontecido, segundo uma expressão de Winnicott, no sentido daquilo que já aconteceu e ainda não foi experimentado ou representado. Assim, a experiência criativa consiste em buscar figurar, representar e simbolizar as experiências arcaicas de angústia que podem não ter sido apropriadas subjetivamente. O processo criativo (Brun, 2018) é, portanto, a criação de si mesmo e a apropriação das experiências de sofrimento tanto para o artista como para os pacientes: trata-se de poder finalmente nascer para si mesmo.

É um paradoxo: trata-se de fazer irromper o ainda não irrompido (Winnicott, 1989) das origens.

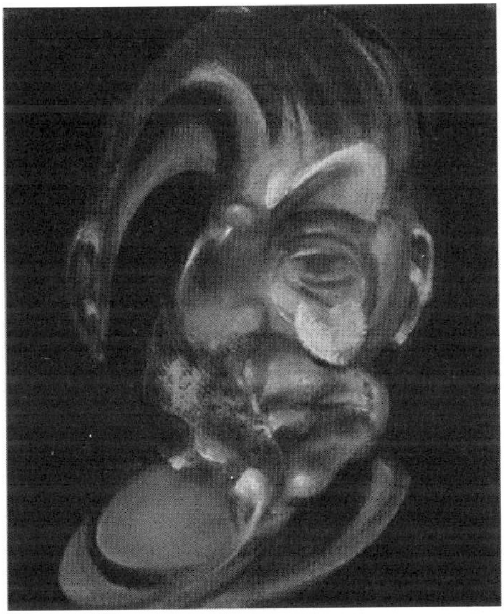

Figura 8. Francis Bacon, "Self Portrait", 1973.

Referências

Anzieu, D. (1981). *Le Corps de l'œuvre.* Paris: Gallimard.

Bettelheim, B. (1972). *Le Cœur conscient.* Paris: Robert Laffont. (Trabalho originalmente publicado em 1960)

Brun, A. (1999). *Henri Michaux ou le Corps halluciné.* Paris, Le Seuil, coll. "Les empêcheurs de penser en rond".

Brun, A. (2009). *Mediaciones terapeuticas y psicosis infantil.* Barcelona: Herder. 413 p.

Brun, A. (2018). *Aux origines du processus créateur.* Toulouse: Érès. (Collection Thema-psy).

Guerra, V. (2020). *Vida psíquica del bebé: la parentalidad y los processos de subjectivación.* Montevideo: APU.

Michaux, H. (1998). *Oeuvres complètes.* Paris: Gallimard. (3 tomes, La Pléiade)

Michaux, H. (1963). *Passages (1937-1963).* Paris: NRF Gallimard. (Trabalho originalmente publicado em 1950)

Michaux, H. (1993). *Emergences-Résurgences,* Genève: Skira. (Trabalho originalmente publicado em 1972)

Michaux, H. (1975). *Face à ce qui se dérobe.* Paris: Gallimard.

Merleau-Ponty, M. (1964). *Le Visible et l'invisible.* Paris: Gallimard.

Milner, M. (1979). Le Rôle de l'illusion dans la formation du symbole. *Revue française de psychanalyse,* n. 5-6. (Trabalho originalmente publicado em 1955)

Winnicott, D. W. (1975). *Jeu et réalité. L'Espace potentiel.* Paris: Gallimard. (Trabalho originalmente publicado em 1971)

Winnicott, D. W. (1989) *La Crainte de l'effondrement,* Paris: Gallimard, 2000.

"Sinto que meu filho se perde!": aumento alarmante de consultas de meninos pequenos com desvios de desenvolvimento psicomotor

Claudia Ravera

Tradução de Antônio Romane

> *Nascemos como que suspensos no universo, sem limites espaços temporais e sem ter alcançado uma conformação corporal, ser ingrávido, vivência de ser incorpórea. Essa é nossa mitologia das origens, e se nos referimos a ela é porque acreditamos que esta existência impessoal do ser, anterior à existência egoica, desempenha um papel fundamental no ato criativo.*
>
> Héctor Garbarino

A psicomotricidade é uma disciplina de origem francesa que, graças à riquíssima contribuição de Henri Wallon, Julián de Ajuriaguerra e Jean Bergès, entre outros, nos permitiu navegar entre o psi e o sensório-motor, do hospital de serviços de neurologia infantil a serviços de psiquiatria pediátrica, da prevenção-promoção da saúde à educação, dos bebês aos anciões. Quando acabamos *de receber*, procuramos continuar treinando com psicanalistas, principalmente buscando compreender o "psi" da psicomotricidade. A psicanalista Maren Ulriksen de Viñar nos dizia: "Continuem a trabalhar com esse frescor e espontaneidade e não se encham de teorias que vão atuar como teias de aranha e não vão deixar vocês se conectarem com a criança da maneira que vocês estão fazendo". Sem dúvida, ela se referia à importância da nossa formação corporal, à nossa visão global e integradora da criança, ao nosso encontro emocional e lúdico com as crianças, à nossa navegação no mundo sensorial de nossos pacientes e do nosso.

Em contrapartida, numa entrevista com algumas colegas, Bergès (1983) dizia: "o drama da psicomotricidade é que, para poder encontrar um lugar, ela precisa de conceitos. Por isso mesmo é preciso falar" (p. 36).

Eu me esforçarei para sair dessa contradição entre permanecer num mundo sensorial, por um lado, e construir conceitos, por outro, baseando-me em minha convicção como terapeuta acerca dos benefícios do tratamento psicomotor. Mas, antes de tudo, gostaria de dar conta do conceito de psicomotricidade que me habita e que é o resultado de longos anos de trabalho, especialmente com psicanalistas.

O que entendemos por psicomotricidade?

A definição mais clássica da psicomotricidade afirma que é uma disciplina que se ocupa do movimento em sua relação íntima com as funções psíquicas superiores, entendendo-se por estas a afetividade e a inteligência. Reconhecendo a influência que a psicanálise tem sobre mim e em meu fazer interdisciplinar como psicomotricista, eu diria, junto com várias companheiras de trabalho (Ponce de León et al., 1997), que a psicomotricidade clínica é uma

> *disciplina que proporciona, no quadro de uma perspectiva psicanalítica e inter-relacionada com outras disciplinas, uma excelente forma de vincular aquele elo faltante que é a qualidade emocional - expressa através do tônus muscular - com o acontecimento, para restaurá-lo, quando não o inscrever no mundo representacional.*

Bernard Golse (2013) nos lembra que Merleau-Ponty chegou a dizer que, se a psicanálise esquecesse o corpo, o corpo pagaria bem caro. Golse como psicanalista hierarquiza o estatuto do corpo do bebê no processo de estruturação psíquica. O corpo oferece potencialidades e é a relação com o outro que o vai estruturando progressivamente. "O bebê nos obriga a não nos esquecermos do corpo." Levando em consideração esse conceito, é inegável a importância da abordagem psicomotora em bebês numa perspectiva psicanalítica.

Cada vez mais crianças "perdidas"?

Há pouco tempo, uma mamãe desesperada me disse de seu filhinho de 14 meses, numa primeira consulta: "Sinto que o estou perdendo!", pois o bebê parecia flutuar num espaço sem bússola, sem buscar interagir com as pessoas e dissolvendo-se em sensações que o fascinavam a ponto de estar fora do espaço-tempo que compartilhávamos. Em contrapartida, eu precisava da presença constante de sua mãe nas consultas, aderindo-se em alguns momentos, de forma bidimensional, ao corpo da mãe sem um mínimo espaço de separação entre eles. Aderido ao corpo materno ou aderido a um estímulo sensorial, o filho estava sempre perdido. O espaço de separação entre ambos para interagirem face a face, olhar-se, sorrir-se, espelhar-se, se fazia impossível.

Segundo a Organização Mundial da Saúde (OMS), calcula-se que, em todo o mundo, uma de cada 270 pessoas tem transtorno de espectro autista (TEA). Estima-se que esta seja uma cifra média, já que a prevalência varia entre os distintos estudos.

Na América Latina, não existem estudos de prevalência, embora se estime que um em cem meninos teria um transtorno do espectro do autismo.

No Uruguai não contamos com dados epidemiológicos, mas estima-se aproximadamente entre seis e sete em cada mil pessoas, aproximadamente uma criança para cada 142.

Ninguém nega o incremento progressivo na prevalência do TEA em todo o mundo, mas há grande variabilidade nos números por diferentes razões, que vão desde a qualidade dos diagnósticos; o diagnóstico diferencial fino com outras patologias, como deficiência intelectual ou patologias sensoriais (surdez, principalmente); e a importância da cobertura de saúde, que às vezes leva ao sobrediagnóstico para poderem ser atendidas determinadas patologias, entre as quais pode encontrar-se o TEA.

A partir do nosso trabalho em psicomotricidade, podemos observar um marcado aumento de consultas de crianças pequenas com desvios de desenvolvimento. O mesmo se pode observar no material levado à supervisão por jovens psicomotricistas. Os números não são necessários quando a realidade bate na cara! Por sua vez, dos centros maternais e creches nos chega a preocupação com o aumento das dificuldades dos bebês e dos pais para compreender e conter a infância.

Detecção tardia de patologias graves

Na literatura em geral, assinala-se a detecção tardia dessas graves patologias precoces. No Uruguai, país pequeno, há muitos anos existe uma rede de cuidados chamada Centros de Atención a la Infancia y la Familia (Centros de Atenção à Infância e à Família). Ali existem os chamados Talleres de Estimulación Oportuna (Oficinas de Estimulação Oportuna), nos quais são atendidos semanalmente os bebês, sobretudo para populações vulneráveis do ponto de vista econômico e cultural. E embora a detecção em nosso país, por numerosos colegas, seja geralmente precoce e adequada, uma vez feito o encaminhamento em caso de sinais de alerta, nem sempre existem recursos para realizar os tratamentos necessários.

Sem dúvida, o diagnóstico de TEA para crianças inclui uma ampla gama com as mais variadas sintomatologias (autismo de Leo Kanner, psicose, funcionamentos desarmônicos, depressões, evitamentos relacionais, crianças transitando em luto etc.). O mais grave é que a maioria dos neuropediatras e muitos psiquiatras pediátricos consideram que se trata de um distúrbio de origem neurobiológica, um distúrbio do neurodesenvolvimento.

Com minha experiência ao longo de muitos anos como psicomotricista clínica, atrevo-me a afirmar que poderíamos agrupar essas crianças da seguinte maneira.

- Um grupo bem reduzido que apresentaria o verdadeiro autismo descrito por Leo Kanner, cujo prognóstico é severo.
- Outro grupo de crianças que melhoram com as abordagens terapêuticas, mas que manifestam um funcionamento desarmônico e peculiar. Requerem tratamento ao longo da infância e adolescência.

- Por último, um grupo de crianças que, tratadas precocemente e ao longo de quatro ou cinco anos, com todos os tratamentos necessários e sob a coordenação de uma boa equipe interdisciplinar, sai com vantagem.

Como saber a diferença? Na literatura revisada, não encontrei preditores específicos de TEA no primeiro ano de vida que me ajudem a diferenciar uma criança que padecerá de autismo de Leo Kanner, que está submersa num retraimento relacional ou que apresente uma patologia de origem neurológico-sensorial que não tenha sido ainda detectada.

O diagnóstico psicomotor precoce aporta dados de grande riqueza à equipe que podem ajudar a afinar nossa compreensão de cada caso. Mas será necessário, em nossa concepção de psicomotricidade clínica nesse tipo de crianças, partir de várias premissas, que passamos a detalhar.

Premissa 1 – Todo TEA expressa um desvio do desenvolvimento, mas nem todo desvio do desenvolvimento pressupõe TEA

Preferimos sempre falar de sintomas a etiquetar as crianças precocemente em categorias diagnósticas que muitas vezes podem ser lapidadas.

Entendemos o desenvolvimento não como uma linha de condutas que se sucedem em tempos predeterminados e em separado (motricidade, afetividade e inteligência), mas sim, como uma ampla faixa na qual, de forma singular e num ambiente humanizador, vão se sucedendo progressos e regressões, crise e estabilidade, na busca interminável de um equilíbrio sinérgico entre várias funções. Esse desenvolvimento não pode ser separado da integração psico-soma (Winnicott, 1962/1999), ou seja, do processo de construção psíquica.

O problema é que, no afã quantitativo, se simplificam aspectos multifatoriais, complexos e dinâmicos do desenvolvimento. Se pensarmos que o desenvolvimento é o que "se vê", não estaremos entendendo que isso é apenas a ponta do *iceberg* e que são mais os elementos subjacentes que os visíveis. Como separar desenvolvimento de vínculo, de cultura, de sociedade, de época, de ecossistema? A que mudanças nas formas de pensar o desenvolvimento de nossas crianças se deve a moda do termo neurodesenvolvimento, que recorta, de maneira quase cirúrgica, a riqueza complexa e global da infância?

Conceito de desvios do desenvolvimento

Não podemos, quando nos pedem um diagnóstico psicomotor, concluir "criança perdida", tampouco nos cabe como psicomotricistas fazer um diagnóstico psiquiátrico (transtorno do espectro autista, transtorno do desenvolvimento etc.). Preferimos falar de desvios do desenvolvimento, referindo-nos ao funcionamento de algumas crianças por fora da ampla faixa que supõe o desenvolvimento normal e que corremos o risco de que não voltem, de que se percam e nos percam. Crianças que apresentam comportamentos que não são "normais" em qualquer idade e às quais não é permitido assimilar a realidade, compreendê-la e transformá-la. Dentro dos sintomas mais frequentes, encontramos condutas de isolamento, estereotipias, rituais, aderências sensoriais. Nesse sentido, lembramos Robert Emde (1998), que sustenta que a estereotipia revela o patognomônico de um desenvolvimento alterado: fixações que não habilitam o surgimento da novidade, nem o exercício criativo tão necessário para a integração de novos conhecimentos, nem a interação social etc. Lembremos que, para esse autor, a variabilidade do desenvolvimento é sinal de saúde mental.

O termo "desvio do desenvolvimento" pode não refletir a complexidade do desenvolvimento, mas devemos aceitar que seja um termo que veio do âmbito médico e nos permite aproximar saberes.

Reiteramos que nosso trabalho gira em torno da detecção de sintomas. Portanto, o conceito de sintoma psicomotor deve estar bem especificado. Sobre isso, o Prof. Bergès (1997) nos ensina:

> *Ao sintoma psicomotor, diferentemente do sintoma motor, não interessa nem a estrutura do sistema nervoso correspondente, nem a função, mas o funcionamento diante das vistas do examinador. E, acima de tudo, faz sentido na fala que o descreve, principalmente na fala dos pais. O sintoma psicomotor existe na medida que acreditamos na existência de um inconsciente.*

Mais uma vez, voltamos à nossa concepção de uma psicomotricidade clínica em uma estrutura psicanalítica.

Voltando às "crianças perdidas", como já assinalamos, não é novidade para ninguém o aumento alarmante, em nível mundial, de crianças diagnosticadas com transtornos do espectro autista. Enquanto aguardamos pesquisas que demonstrem quantitativamente o que é evidente ao nosso redor, o tempo vai passando, e muitas crianças se perdem ou se prendem a diagnósticos bastante determinantes e a abordagens terapêuticas dirigidas ao exercício de funções.

Portanto, poder discriminar precocemente o significado dos sintomas acaba por ser fundamental: nem toda criança com desvios em seu desenvolvimento apresentará um TEA, mas sim, toda criança com TEA apresenta desvios em seu desenvolvimento. Por outro lado, todos sabemos que se deveria evitar o diagnóstico de TEA antes dos 3 anos de idade por parte dos médicos.

Premissa 2 – Se o desenvolvimento é uno, por que então falar em neurodesenvolvimento?

O transtorno do espectro autista é definido como um transtorno do neurodesenvolvimento que começa em idade precoce e cujos sintomas principais incluem déficits na comunicação social, interesses ou atividades restritas e repetitivas, anormalidades sensoriais.

Voltamos a fazer a pregunta: a que mudanças econômicas, sociais e culturais nas formas de pensar e sentir nossos filhos respondem à moda do termo *neurodesenvolvimento*, recortando com seu uso, de forma quase cirúrgica, a complexa riqueza, a dinâmica do processo que nos leva a construir nós mesmos como sujeitos? Os aportes das neurociências são inegáveis, mas muitas vezes despedaçam a concepção de sujeito, favorecem clivagens que não ajudam a compreender nem a multicausalidade nem a complexidade de todo o desenvolvimento. Uma das clivagens mais frequentes é a de voltar mais uma vez à eterna, simples e equivocada pergunta: o problema da criança é emocional ou é orgânico? Como dizia H. Wallon, não há nada mais orgânico do que a emoção, e é graças a ela que se integrarão psiquismo e organismo no encontro com os outros.

Para responder a problemas complexos se faz necessária uma leitura do paradigma da complexidade como Edgard Morin nos expõe. Uma abordagem interdisciplinar que compreenda tantas disciplinas como necessárias e sustente um mesmo olhar que será fundamental sobre a concepção do desenvolvimento e sua patologia.

Premissa 3 – As crianças com desvios de desenvolvimento apresentariam falhas na construção subjetiva

Essas falhas na construção subjetiva são observadas em sua forma ser/estar corporal, e na "relação com..." (consigo mesmo, com outros, com o entorno físico e humano etc.).

Víctor Guerra (2015/2020b) fala de formas de (des)subjetivação infantil nos tempos atuais e as denomina transtornos de subjetivação arcaica, caracterizados por:

- ausência de vários e importantes indicadores de intersubjetividade (segundo grade de Víctor Guerra);
- "evitamento relacional" e "graus" de indiferença objetal;
- escasso contato emocional (ausência de angústia de separação);
- angústias arcaicas;
- defesas primárias de tipo sensorial;
- busca de um objeto estimulador (sensações fortes, hipersensibilidade sensorial);
- bidimensionalidade e autorritmicidade (disritmia);
- busca de segurança e confirmação "identitária" na "continuidade sensorial bidimensional" (identificação adesiva);
- dificuldade de integração da impulsividade (caos no comportamento);
- "relativa ausência" de iniciativas lúdicas;
- precária organização da linguagem;
- ausência de curiosidade epistemofílica (tridimensionalidade);

- não acesso à capacidade para estar (jogar) sozinhas;
- não acesso ao terceiro.

Do ponto de vista psicomotor, podemos observar:

1. *Diálogo tônico* com importantes falhas. Pouca tolerância à proximidade do outro. Nos braços da mãe, se abandonam, se arqueiam, por momentos parecem querer colocar-se dentro do corpo materno. Predominam as distonias.
2. *Diálogo de olhares e sorrisos* muito pobre. Evitamento do contato olho a olho, aderência visual a fontes de luz, ou "delineamento" de linhas retas, fazendo um movimento peculiar dos olhos. Sorriso estereotipado, às vezes social. Expressividade facial pobre e fixa.
3. *Espaço*: parecem desorientados. Deambulam sem um objetivo claro como que se dispersando no espaço. Andam na ponta dos pés e borboleteando. Tendem a ir pelo espaço sobretudo para cima (subir escadas, espaldares etc.). Custa-lhes entrar em túneis, buracos etc. Confundem corpo e espaço, não existem dentro e fora. Uso indistinto de ambas as mãos.
4. Nas *posturas corporais* predominam as simétricas mais que as assimétricas e o funcionamento em bloco. Rigidez nos movimentos corporais ou desarme contra as paredes e o corpo materno.
5. "*Cuidados corporais*": inquietude, ansiedade, impulsividade. Batem na boca, rosto e/ou cabeça quando algo os extrapola. Nem todos têm uma boa noção do perigo, mas a maioria tem bom equilíbrio e reflexos. Medo de ruídos, estado de alerta auditivo, tapam os ouvidos.

6. *Linguagem*: não parecem compreender, mas surpreendem em alguns momentos. Não respondem ao nome. Escassa linguagem, ou, se existe, está alterado o uso da função da linguagem para comunicar. Gritos viscerais ou sussurros. Prosódia peculiar. Ecolalia.
7. *Objetos*: muito interesse pelo mundo dos objetos mais do que pelas pessoas. Uso sensorial com alguns. Atração por fazer girar coisas, ou por coisas que giram: carrinhos, rodas. Puxar, desmontar e dispersar. Exploração de orifícios.

Premissa 4 – Crianças com desvios no desenvolvimento se veriam prejudicadas com a exposição precoce e prolongada às telas

Há anos realizei a revisão de treze pacientes atendidos por mim durante um período de anos, desde antes dos 3 anos de idade, por apresentar desvios em seu desenvolvimento. Os elementos mais significativos que surgiram foram: o escasso apoio aos pais de parte de avós, tios etc., as longas jornadas de trabalho dos pais, a permanência das crianças durante muito tempo aos cuidados de empregadas e/ou centros maternais de baixa qualidade, somada ao excesso de horas diante das telas desde a mais tenra idade. Desenvolverei algumas ideias sobre esse ponto, mas obviamente não apenas sobre um aspecto na complexidade que supõe a compreensão de uma criança com desvios no desenvolvimento.

Onze das treze mães declararam haver colocado telas diante de seus filhos desde a etapa de bebês. As outras desconhecem as horas que as empregadas os punham diante do televisor. Três mães expressaram que ficavam entre sete e oito horas por dia com videozinhos do Baby Einstein a partir de bem pequenos e que eles "gostavam muito".

O problema não são as telas em si mesmas, mas o que os adultos referentes *não fazem* com as crianças enquanto estas ficam solitárias, pasmas, sem poder entender o que ouvem e veem, subjugadas pela luminosidade, as cores, as imagens, os sons, em mudança constante.

Em seu excelente livro sobre o perigo da televisão para os bebês, Serge Tisseron (2008) nos ensina que as telas oficiariam como a deusa Medusa, petrificando os inimigos com seu olhar. É por isso que ele fala da televisão como "TV Medusa". Em francês, o verbo *méduser* significa surpreender, causar estupor, deixar você aturdido.

O corpo, o tato, as experiências sensório-motoras são deixadas de lado em favor de uma aderência sensorial à tela em que predominam as sensações sobre as percepções e as representações, em que há uma fragmentação da continuidade, sentimentos de solidão e, em nível psicomotor, uma desorganização principalmente quando a tela é desligada.

Tisseron assinala que a quantidade de horas que um bebê passa diante das telas é diretamente proporcional à desaceleração de suas aquisições e que haveria sérios efeitos sobre a construção da imagem de si e de pertencimento a sua família, sobre as aquisições linguísticas e sobre os modelos internos que refletem sua relação com o mundo.

Ele assinala que a Academia Americana de Pediatria e a Sociedade de Pediatria Canadense não sugerem nenhum tipo de tecnologia até os 2 anos e, até os 12 anos, restringem seu uso, já que o desenvolvimento do cérebro se vê afetado em diferentes níveis (atencional, executivo, cognitivo, autocontrole, risco de obesidade, sono, controle de impulsos e a possibilidade de gerar vícios no futuro).

Segundo Guerra (2007), um dos problemas fundamentais nessa cultura da imagem é: como enfrentar a ausência, o vazio de estimulação exterior e como isso afetaria a vida psíquica?

Após apoiar a compreensão da criança com desvios de desenvolvimento nessas premissas, vamos nos concentrar em pensar os seguintes pontos da abordagem psicomotora:

- benefícios da abordagem psicomotora em crianças com desvios de desenvolvimento;
- tecnicidade do psicomotricista e no uso de técnicas. Importância dos envelopes sensoriais e rítmicos na busca da intersubjetividade;
- vinheta clínica na qual veremos a captação intuitiva corporal pelo psicomotricista de ansiedades arcaicas que expressam o sofrimento corporal da criança. Criação de estratégias para promover encontros emocionais, comunicação, interação face a face e imitação.

Benefícios do tratamento psicomotor de crianças com desvios de desenvolvimento

Uma abordagem psicomotora do que um sujeito "é e faz" no aqui e agora da sessão por meio de suas emoções expressas em seu tônus muscular, em seus movimentos, em seus deslocamentos, sua relação com o espaço, com o tempo, com os objetos, com o encontro com outro que o recebe sem exigir, resulta em um benefício inegável para a maioria das crianças. Tanto mais quando se trata de uma criança que não fala, que nos confronta com a violência do arcaico, segundo Víctor Guerra (2015/2020b), e o desafio de construir as mais variadas hipóteses para poder decifrar, em uma linguagem não verbal, a angústia que a invade.

Nós, psicomotristas, somos especialistas na busca da comunicação em níveis não verbais, independentemente da idade do paciente (um bebê, uma criança, um adolescente, um adulto ou uma pessoa idosa), e aqui está a especificidade do nosso trabalho com crianças com falhas em sua construção subjetiva, em que a comunicação é comprometida, acima de tudo, é claro, a linguagem em seu nível semântico-pragmático.

Não é melhor começar com esse tipo de abordagem e dar à criança a chance de progredir em vez de rotulá-la e afirmar que ela tem um distúrbio do neurodesenvolvimento, esquecendo os laços primários, a história de seus pais, da criança etc.?

Tecnicidade do psicomotricista e no uso de técnicas

Com a palavra *tecnicidade* queremos sublinhar a importância da formação do profissional em psicomotricidade acima da aplicação de técnicas que buscam exercer funções de forma fragmentada, esquecendo o caráter espontâneo de um verdadeiro encontro intersubjetivo. Em contrapartida, o uso de técnicas que não partem da natureza espontânea da criança, em nome da "estimulação e criação de engramas cerebrais", a congela no lugar de quem não pode, de quem não sabe, do "falhou".

Em psicomotricidade trabalhamos, sem lugar para dúvidas, a integração sensorial, mas não fazendo sentir o corpo com coletes, ou vestimentas que comprimem o corpo para senti-lo, e sim por meio da pressão com as almofadas em uma situação de jogo face a face, arrastando no chão, em redes, balançando etc., sempre buscando o surgimento do espontâneo na criança para poder criar a partir dele uma atenção, uma ritmicidade e uma narrativa de forma conjunta.

Voltando para a importância da formação permanente do psicomotricista para que possa criar sua própria tecnicidade, consideramos que o ótimo seria que, ao longo de sua vida como estudante e como profissional, o psicomotricista vivencie um trabalho de formação pessoal por via corporal que permitirá a ele hierarquizar, compreender a "linguagem universal da intersubjetividade" (Houzel, 2004). Em instâncias grupais, buscar-se-á despertar a sensorialidade, a motricidade, as expressões tônico-emocionais, a ludicidade e a interludicidade. Além desse trabalho corporal, o psicomotricista deverá realizar uma psicanálise pessoal, uma formação teórica contínua, trabalhar na interdisciplina e supervisionar seus pacientes.

Importância dos envelopes sensoriais, rítmicos e narrativos como forma de subsumir angústias arcaicas

Um dos objetivos centrais que nos propomos no projeto terapêutico com esse tipo de paciente é trabalhar buscando criar, de forma rítmica, envelopes sensoriais e narrativos, em um encontro intersubjetivo. O que nos leva a pensar que esse é o nosso objetivo principal?

Há muitos anos, a psicanalista francesa G. Haag (1990), que trabalhou bem próxima aos psicomotricistas, disse:

> *o que imagino nas histórias dos psicomotricistas é que eles desenvolvem toda uma arte por meio do conhecimento e da intuição do corpo e do estado mental de uma criança em um dado momento, da dosagem de*

> *suas proposições e da escolha do modo de expressão que eles vão promover em um determinado momento.*

E completa:

> *Acredito também que devam conhecer cada vez melhor a natureza das angústias corporais que podem bloquear as crianças para poder verbalizá-la: isso não é uma interpretação psicanalítica, mas o registro da interpretação ambiental "não se agarre assim, eu não vou deixar você cair".*

No caso das crianças com as quais estamos lidando hoje, é indiscutível seguir as sugestões de G. Haag sobre nosso conhecimento da angústia corporal primária de que falaram Winnicott, Tustin, Bion, G. Haag e tantos outros psicanalistas.

Em 1975, Winnicott falou sobre como o recém-nascido está sempre à beira de uma angústia inconcebível, da qual não temos ideia. Angústias de cair para sempre, de se desfazer, de não ter relação com o corpo, de não ter orientação no espaço. Ele as descreveu como impensáveis porque sua representação não é possível.

Tustin (1995) falou de terrores primitivos referindo-se às angústias do recém-nascido ao mudar do meio líquido para o aéreo: angústias de inundação, de queda na água, de torvelinho, de erupção. Bion chamou-os de terrores sem nomes.

As crianças com desvios de desenvolvimento muitas vezes nos transmitem estar invadidas por esse tipo de angústia, e um dos aspectos que mais nos custa descobrir nelas é o prazer sensório -motor. Por que será? Certamente, a falta de um sentimento de unidade corporal ao serem permanentemente perseguidas por essas angústias, somada a um mundo perigoso que não conseguem compreender, não lhes permite o acesso ao prazer.

Uma das angústias primárias que mais vemos na sala de psicomotricidade, pelo fato de que trabalhamos a partir do movimento e, portanto, da dialética equilíbrio-desequilíbrio, é a angústia de cair infinitamente.

O reflexo de Moro, que todos os bebês recém-nascidos a termo apresentam, mostra claramente a necessidade dos mamíferos de se agarrarem à pelagem materna para não cair. É difícil para nós, como adultos, imaginar o que significa para um recém-nascido adaptar-se não apenas a respirar o ar, mas também à força da gravidade que não existia no útero.

O bebê se aferra desde recém-nascido ao corpo do outro, sobretudo nos momentos ansiógenos, como o banho. No caso das crianças autistas, esse agarramento sensorial (*agrippements sensoriels*) se realizaria com os focos luminosos, com os giros, com os sons, com a vertigem labiríntica, e não com o corpo do outro.

Já Margaret Mahler (1977) teve o brilhantismo de falar do funcionamento orquestrado de vários reflexos com o termo *Anklammerung*, referindo-se ao equipamento reflexo do recém-nascido, especificamente aos reflexos de agarrar. Esses reflexos formariam uma figura organizada, uma espécie de estrela de cinco pontas: boca (reflexo de sucção), mãos (reflexo de preensão palmar), pés (reflexo de preensão palmar) que, ao se deparar com a queda, responderiam com o reflexo de Moro (dariam uma orientação para a frente–para trás e de cima para baixo).

Mas, obviamente, essa resposta de agarramento por parte do recém-nascido não basta para construir a complexidade que supõe a noção de um corpo unificado e próprio. As contribuições de Geneviève Haag (1985) a esse respeito são muito ricas. Ela defende que os laços sensoriais que ocorrem na interpenetração dos olhares entre o bebê e sua mãe, junto com a interpenetração da boca e do mamilo, e com o suporte físico materno nas costas do bebê, somados ao aperto materno e ao envelope sonoro, permitem em seu conjunto que o bebê vá construindo um nível inicial de organização do seu eu corporal, de suas primeiras "peles psíquicas".

Se, por sua vez, pensarmos na interação tônico-emocional que ocorre nesse encontro mãe-bebê, não podemos deixar de considerar o conceito de diálogo tônico elaborado por Julián de Ajuriaguerra (1979) a partir das ricas contribuições de H. Wallon em que ressalta a função de troca por meio da qual a criança dá e recebe, estabelecendo um diálogo tônico, uma comunhão afetiva que tem o corpo como instrumento de medida dos afetos.

O mesmo de Ajuriaguerra apontou há muitos anos que em pacientes autistas havia falhas significativas no diálogo tônico. Em seu livro *Atravesando las puertas del autismo* (1986), Temple Grandin, diagnosticada como autista ainda pequena, nos relata sua necessidade de ser abraçada, não por braços humanos, mas por uma máquina, a ponto de criar em sua adolescência uma "máquina de abraços". Isso me faz lembrar uma pequena paciente que tive: quando a mãe a vinha buscar, ela queria "upa, mas sem os braços".

Por tudo isso é que o nosso trabalho com essas crianças se centrará em favorecer a integração de diferentes sensorialidades simultâneas (balanço, olhares, canções, pressão suave), por meio de envelopes, buscando a emergência do espontâneo por parte da criança para estabelecer um diálogo "por turnos" e, se possível, aceder a processos de simbolização.

Vinheta clínica

Observaremos o trabalho em sala de psicomotricidade com um menino na idade de 2 anos e 7 meses, depois de quase um ano de tratamento psicomotor, que chamaremos de Martín.

Martín é filho único e foi levado para consulta com a psicomotricista com a idade de 20 meses. Seus pais se mostram preocupados porque estiveram numa reunião com amigos na qual uma conhecida comentou que seu filho tinha sido diagnosticado como autista. Ao lhes relatar os sintomas, a mãe de Martín se deu conta de que seu filho apresentava os mesmos sintomas.

Nas primeiras sessões nos encontramos diante de uma criança apática, com uma morfologia peculiar na forma de sua frente e cabeça, com falhas importantes de comunicação visual, gestual e vocal, condutas estereotipadas (maneirismos, bater de asas, viagens espaciais em linha reta repetitiva, pular na ponta dos pés etc.), interesses focados em objetos giratórios, sem linguagem, com gritos agudos esporádicos.

Por meio de entrevistas com os pais e de observações de Martín, de visitas domiciliares e ao centro maternal, fomos formando uma equipe interdisciplinar. A eleição dos membros da equipe não foi feita ao acaso, pelo contrário. Cada um foi pensado e eleito: psiquiatra infantil, neuropediatra, fonoaudiólogo, psicomotricista e psicoterapeuta. A cada semana Martín tinha sete sessões de terapia entre as diferentes disciplinas. A equipe funcionava adequadamente com reuniões periódicas e várias trocas espontâneas entre os profissionais.

A seguir, vamos nos concentrar na tecnicalidade das habilidades psicomotristas em uma sessão específica de tratamento psicomotor.

Pressões e alongamentos suaves executados de forma rítmica em seu corpo, acompanhadas por envelopes sonoros e narrativos

Martín vem correndo, saltitante, e se joga de cabeça para baixo num colchonete, com os braços rígidos e escondidos dos dois lados do corpo, como se estivesse fechado sobre si mesmo. Enquanto narra de forma cantada o que está acontecendo, uma psicomotrista pressiona seu corpo com as mãos, dos pés para cima: "Aqui estão os pés de Martín, aqui estão elas, as pernas de Martín, aqui estão eles, os braços de Martín" e a canção termina dizendo "Aqui está Martín todo juntinho". Aos poucos, Martín vai se soltando e tirando os braços que estavam escondidos sob o corpo. Agora, continuamos pressionando e girando para cima e para baixo, ao ritmo da música, os braços em cruz. Ele começa a sorrir, a procurar com os olhos a psicomotora quando ela faz intervalos silenciosos. Fazemos essas rupturas tônicas expressamente, para que a criança sinta e distinga que não somos uma continuidade do seu corpo, da sua voz, das suas sensações. Somos um outro, diferente, que está com ele, partilhando esta linguagem universal do encontro humano. Toda essa sequência narrada dura apenas 43 segundos, porque Martín de repente a considera acabada e sai.

Deslizamentos de cabeça para baixo e balança na posição sentada em um "barco veleiro"

A psicomotrista coloca quatro rolos cilíndricos grandes e firmes no chão em frente ao espelho da sala. Em cima dos rolos, coloca um colchão largo e comprido. Dessa forma, pode mover o colchão, que gira nas "rodas" para a frente e para trás. Martín está interessado na dita construção e quer subir. A psicomotricista o toma pelos braços e, na posição de cabeça baixa, desliza-o do começo do colchão até o centro. Faz isso lentamente, buscando o despertar sensorial agora na zona dianteira de seu corpo. O menino se senta paralelo ao espelho com suas perninhas estiradas. A psicomotrista canta para ele uma canção popular: "Papai tem um veleiro, que navega em alto mar, do porto saiu primeiro, oh quando papai vai voltaaar". Balança Martín ao ritmo da canção, com silêncios, rupturas tônicas que chamam a atenção da criança, que pede com o olhar que ela continue com a ação. Em vários momentos, Martín parece querer entender como é que se produz o movimento do colchão e olha para baixo, procurando a explicação. Então, ele se abaixa e ele próprio quer fazer girar o colchão. Não nos esqueçamos de que uma de suas estereotipias é fazer girar objetos. Essa sequência toda dura três minutos e meio.

Criando um espaço de separação e união: primeiras interações face a face e imitação gestual

Martín sai correndo saltitante, faz repetidas viagens espaciais retas pelo meio e ao longo da sala. A psicomotrista, sentada num prisma, o acompanha com um sorriso sem se mover.

Em determinado momento, Martín corre até a psicomotricista e sobe em seus joelhos. A princípio, ela o recebe tal qual ele se coloca, de joelhos sobre joelhos, posição bastante incômoda, mas ainda não pretende acomodá-lo.

Ela começa a fazer gestos com seu rosto para despertar o interesse de Martín para a imitação. Põe a língua para fora e para dentro sob a atenção de Martín. Faz bolhinhas de saliva em volta dos lábios, levanta suavemente a voz e "coleta" na palma da mão. Martín começa a imitar e mostra a língua continuamente. Depois de alguns segundos brincando assim, algo acontece... a criança se arqueia, se afasta, para finalmente aderir e ficar presa em um abraço com a psicomotricista. Esta continua cantarolando, balançando-o para a frente e para trás, e logo fazendo círculos para a direita e para a esquerda. Enquanto isso, e sem ser percebido por ela, Martín põe a língua para fora e para dentro, enquanto sorri: continua imitando o que viveu. Enquanto isso, sem que possa ser percebido por ela, parece que Martín foi habitado pelo gesto da psicomotrista, cocriado de forma conjunta, e é depois que emite a primeira palavra de toda a sessão: "pa-pa".

Então se põe de pé sobre os joelhos da psicomotrista, olha-se no espelho de frente e diz "cai-cai", enquanto simula cair. A partir disso começa um desencontro entre ele e ela. Parece que tudo o que o menino faz agora é evitá-la.

Desenho de espirais no quadro branco

No final da sessão, Martín se senta frente a um quadro branco e pega uma caneta de feltro. A psicomotrista faz o mesmo. O menino esboça um movimento circular concêntrico como uma espiral. A psicomotricista faz outro e canta uma canção sobre um caracolzinho tão pequeno, tão pequenininho que já não se pode vê-lo. Martín se emociona, segura a carinha e faz que chora. A psicomotricista o abraça e ele se deixa abraçar enternecido.

Leitura da vinheta

No começo, a psicomotricista "segue" Martín em sua busca da horizontalidade e da dobra sobre o próprio corpo, no colchonete. Por meio de pressões, olhares, canções que narram o que vai vivenciando, Martín vai se abrindo lentamente para a comunicação por sorrisos, breves gargalhadas, abrindo os braços em cruz e oferecendo-os para que continuem sendo pressionados em outra posição.

Diríamos que foi trabalhada a comodalidade perceptiva, reunindo percepções de diferentes canais sensoriais. A esse respeito, Golse (*apud* Zabala, 2008) afirma que não há acesso à intersubjetividade sem comodalidade perceptual. E que esta não é possível sem a voz da mãe, sem o rosto da mãe e sem o abraço que ela oferece. São eles os organizadores dessa comodalidade perceptiva, que falham ou faltam quando nos deparamos com as depressões maternas ou quando observamos a experiência do "*still face*". Também a partir de outras teorias poderíamos dizer que trabalhamos a integridade sensorial de Martín ao longo de toda a sessão.

Após alguns minutos de desconexão entre os dois, começa a sequência do "barco a vela", na qual, em frente ao espelho, ao balançar e deslizar, continua a integração dos diferentes canais sensoriais, de forma ordenada e significativa. Agora, a distância entre o corpo da criança e o da psicomotrista é boa o suficiente para poderem olhar um para o outro, seja pelo espelho ou diretamente, face a face. Poderíamos conversar longamente sobre os benefícios de ter um grande espelho na sala de psicomotricidade.

A seguir, Martín parece necessitar se isolar e assim regressar às suas viagens estereotipadas pelo espaço. A psicomotricista não o procura, permanece sentada num ponto da sala, olhando para ele, sorrindo, esperando respeitosamente que ele "regresse".

Ele volta e se ajoelha sobre os joelhos da psicomotrista, de frente, face a face. Dado o conhecimento que já tem da criança, ela sabe que, para manter um diálogo tônico, assim como a troca de olhares e a permanência por perto, ela tem que ser muito cuidadosa e cautelosa e não fingir acomodá-lo. A distância entre rosto e rosto é maior do que normalmente estabelecemos na comunicação com outras crianças. Os braços da psicomotrista são esticados ao máximo para sustentá-lo pela cintura. A sensação que ela tem é de que, com uma ligeira mudança na postura, ou na distância entre ela e a criança, todo "esse milagre se estragaria", e Martín poderia sair correndo novamente.

Sabendo da importância da imitação, a psicomotricista passa a brincar com os gestos da boca e da língua, além dos sons da garganta e da voz, que Martín observa absorto e atento. Fazer com que uma criança com desvio de desenvolvimento dialogue gestualmente, imitando um gesto, um som ou uma palavra, é um dos momentos mais fascinantes do nosso trabalho porque significa que alcançamos um bom equilíbrio para nos encontrarmos com o paciente.

A esse respeito, Temple Grandin e Margaret Scariano (1986) nos dizem algo muito sábio que deve ser considerado sobretudo por nós que trabalhamos buscando uma proximidade corporal. Refere-se a um ponto de equilíbrio entre ensinar uma criança autista a desfrutar do contato ou provocar nela o medo de ser engolida.

Quanto à imitação, Iacoboni (2009) nos diz que existem informes científicos desde a década de 1950 que constatam falhas na imitação de crianças com autismo. Ele acrescenta que:

> *vários laboratórios estão explorando a hipótese de que uma disfunção do sistema de neurônios-espelho é responsável por causar autismo, e alguns cientistas já estão estudando as consequências terapêuticas. Uma das estratégias mais óbvias sugeridas pela hipótese do neurônio-espelho é o uso de mimetismo no tratamento. Na verdade, já existem relatórios científicos que mostram que os tratamentos baseados na imitação de crianças com autismo produziram resultados positivos.*

A imitação é uma ponte primária para a intersubjetividade, pois, quando uma criança imita, ela está ciente de que há duas coisas fazendo a mesma coisa "ao mesmo tempo" ou "em turnos".

Por meio da imitação, damos forma e ritmo às impressões sensoriais, segundo Anne Brun (2009), favorecendo a passagem do "registro da especularidade para uma reflexividade possível" (p. 381).

Por último, reconhecemos que, apesar das inúmeras investigações realizadas, muito pouco se sabe realmente sobre as possíveis causas dessas doenças graves e precoces. Como terapeutas, devemos ter convicções e esperança! Esperança de que essa criança melhore e se sinta melhor! É por isso que vamos tentar "modificar o modificável"..., embora não saibamos realmente onde encontrar essa sutil diferença entre o modificável e o imutável.

Referências

Bergès, J. (1985). *In* E. Altiere, & C. de León. Encuentro con J. Bergès. *Revista de la Asociación Uruguaya de Psicomotricidad*, ano 1, n. 1, p. 31-63.

Bergès, J. (1997). *El infante hiperquinético*. Conferência proferida em Buenos Aires, Asociación Argentina de Psicomotricidad.

Brun, A. (2009) *Mediaciones terapéuticas y psicosis infantil* (p. 381). Barcelona: Editorial Herder.

De Ajuriaguerra, J. (1979) *Manual de psiquiatría infantil* (4 ed.). Barcelona: Toray-Masson.

Emde, R. (1998). *Yendo hacia adelante: Las influencias integradoras de los procesos afectivos en el desarrollo y en el Psicoanálisis.*

Congreso Psicoanalítico Internacional, 41, Santiago de Chile. *Psicoanálisis ApdeBA*, *20*(3), 674-720.

Garbarino, H. (1993) *La teoría del ser en la clínica*. Montevideo: Roca Viva.

Golse, B. (2013). *Cuerpo y desarrollo. Simbolización en presencia y en ausencia. La metáfora de la araña*. Conferência. Argentina, APA.

Grandin, T., & Scariano, M. (1986). *Atravesando las puertas del autismo*. Buenos Aires: Paidós.

Guerra, V. (2007). *Cultura de la imagen y subjetividad*. AUDEPP – Asociación Uruguaya de Psicoterapia Psicoanalítica.

Guerra, V. (2009). Indicadores de Intersubjetividad 0-2 años en el desarrollo de la autonomía del bebe. *In* S. Mara. *Primera infancia: la etapa educativa de mayor relevancia*. Montevideo: MEC.

Guerra, V. (2020a). El complejo de lo arcaico y la estética de la subjetivación. *In Vida psíquica del bebé. La parentalidad y los procesos de subjetivación*. Montevideo: Asociación Psicoanalítica del Uruguay (APU): Instituto Universitario de Postgrado en Psicoanálisis (IUPP). (Biblioteca Uruguaya de Psicoanalisis, v. 12) (Trabalho originalmente publicado em 2013)

Guerra, V. (2020b) Formas de (des)subjetivacion infantil en los tiempos de aceleración: los trastornos de subjetivacion arcaica. *In Vida psíquica del bebé. La parentalidad y los procesos de subjetivación*. Montevideo: Asociación Psicoanalítica del Uruguay (APU): Instituto Universitario de Postgrado en Psicoanálisis (IUPP). (Biblioteca Uruguaya de Psicoanalisis, v. 12) (Trabalho originalmente publicado em 2015)

Guerra, V. (2020c) *Vida psíquica del bebé. La parentalidad y los procesos de subjetivación*. Montevideo: Asociación Psicoanalítica del Uruguay (APU): Instituto Universitario de Postgrado en Psicoanálisis (IUPP). (Biblioteca Uruguaya de Psicoanalisis, v. 12)

Haag, G. (1990). *Les troubles de l'image du corps dans les psychoses infantiles.* Jornadas Anuais de Terapia Psicomotora, 19., Snup, Paris.

Haag, G. (1985) La mère et le bébé dans les deux moitiés du corps. *Neuropsychiatrie de l'Enfance, 33*(2-3), 107-114.

Houzel, D. (2004). In Victor Guerra. *Vidapsiquica del bebé. La parentalidad y los procesos de subjetivacion.* Biblioteca Uruguaya de Psicoanalisis. APUU. IUPP. 2020. Volumen 12.

Iacoboni, M. (2009). *Las neuronas espejo. Empatía, neuropolítica, autismo, imitación o de como entendemos a los otros*. Madrid: Katz.

Mahler, M. (1977). *El nacimiento psicológico del infante humano.* Buenos Aires: Marymar.

Morin, E. (1999). *La cabeza bien puesta. Repensar la reforma, reformar el pensamiento*. Buenos Aires: Nueva Visión.

Ponce de León, E. *et al.* (1997). *La psicomotricidad en el abordaje interdisciplinario de los trastornos del desarrollo del niño.* Congreso Regional de Estimulación Temprana, Carrera de Psicomotricidad da Escuela de Tecnología Médica de la Facultad de Medicina Montevideo/Asociación Uruguaya de Psicomotricidad. Trabalho inédito.

Ravera, C. (2019, mar.). El desarrollo reducido al neurodesarrollo. *Infancia Latinoamericana*, Rosa Sensat, n. 24. Disponível em: https://www.rosasensat.org/es/revista/lati-24/. Acesso em: 21 fev. 2022.

Ravera, C. (2014, 8 maio). "Por favor Claudia, entrá en el espejo! Abordaje psicomotor en niños pequeños con Trastornos del Espectro Autista". Jornada de Actualización en Desarrollo e Intervención Temprana. Casal Catalá, Instituto Universitario CEDIIAP. CIFOP.

Ravera, C. (2002, 15 mar.). "Yo no sabo vivir". Terapia psicomotor en niños con trastornos generalizados del desarrollo. Simposio de la Cuenca del Río Uruguay sobre Espectro Autista y Trastornos de Conducta Asociados, 1. Concepción del Uruguay, Argentina. Disponível em: http://www.fepal.org/images/congreso2002/ravera_c.pdf. Acesso em: 21 fev. 2022.

Tisseron, S. (2008). *Les dangers de la télé pour les bébés*. Bruxelles: Yapaka.be. (Collection Temps d'arret)

Tustin, F. (1995) Ser o no ser: un estudio acerca del autismo. *Psicoanálisis APdeBA*, *17*(3). (Winnicott Studies, n. 3)

WHO. (2021, 1º jun.). *Trastornos del spectro autista*. Disponível em: https://www.who.int/es/news-room/fact-sheets/detail/autism-spectrum-disorders. Acesso em: 21 fev. 2022.

Winnicott, D. (1999). La integración del yo en el desarrollo del niño. *In Los procesos de maduración y el ambiente facilitador* (pp. 78-80). Buenos Aires: Paidós. (Trabalho originalmente publicado em 1962)

Winnicott, D. (1975). *El proceso de maduración en el niño*. Barcelona: Laia.

Zabala, A. (2008) El autismo a la luz de la intersubjetividad. Una comprensión de sus indicadores precoces. *Revista de APPIA*, (17), 112-128.

Grupo terapêutico interativo com pais e crianças pequenas do Lugar de Vida: uma proposta de resgate do saber e do prazer parental

Maria Eugênia Pesaro, Cristina Keiko I. Merletti, Marina Belém Lavrador

Lugar de Vida e da Educação Terapêutica

Há mais de trinta anos, o Lugar de Vida – Centro de Educação Terapêutica desenvolve um trabalho de referência no tratamento e no acompanhamento escolar de crianças e adolescentes com sofrimento psíquico, incluindo os chamados transtornos do espectro autista (TEA). O trabalho desenvolvido nessa instituição se fundamenta na educação terapêutica, um conjunto de práticas interdisciplinares de tratamento, com ênfase nas práticas educacionais, visando à retomada do desenvolvimento global de crianças e adolescentes ou de sua estruturação psíquica interrompida (Kupfer, 2000).

Inicialmente proposta como ferramenta para o trabalho com as crianças com *entraves estruturais na constituição psíquica* denominação proposta em substituição à denominação TEA e que designa as crianças em risco de evolução em direção às psicopatologias graves da infância, como as psicoses infantis e o autismo (Kupfer, Patto, & Voltolini, 2017, p. 9), a educação terapêutica foi ampliada como estratégia de trabalho que visa sustentar o advento do sujeito, e propõe-se, assim, que seja utilizada também com os bebês e com as crianças pequenas.

A noção de sujeito do inconsciente, instituída pela psicanálise, é uma das bases fundamentais que apoiam a educação terapêutica. Partimos da concepção de que o desenvolvimento global da criança não depende só de determinantes orgânicas ou dos cuidados dispensados às necessidades do corpo orgânico, mas está relacionado a um processo de constituição subjetiva, que ocorre a partir de trocas afetivas e simbólicas estabelecidas entre o bebê e seus cuidadores (Pesaro *et al.*, 2012). Kupfer (2010) destaca que a noção de sujeito do inconsciente, formulada por Lacan, refere-se a uma função, a um lugar, diferente do eu, mas que revela algo de um desejo desconhecido por esse eu. Por isso, é pela via da linguagem que tal sujeito se constitui. O sujeito é, em última instância, efeito de discursos sociais e históricos (que, na teoria lacaniana, são chamados de Outro), articulados à pulsão, a um real de corpo.

A concepção de educação na qual se apoia a educação terapêutica está alinhada a tal noção de sujeito do inconsciente. Educar, nesse referencial, é transmitir marcas simbólicas ao bebê ou à criança, de modo que o sujeito possa advir. Nas diversas modalidades ancoradas na educação terapêutica, é realizada uma "imersão em banhos de discurso, banhos de linguagem" (Kupfer, Pinto, & Voltolini, 2010). Pretende-se que as crianças que se encontram fora do pacto simbólico, que apresentam "modos de gozo não socializados" (Kupfer, 2010), possam, a partir de tal transmissão simbólica, aprender "um pouco mais sobre os modos instituídos de gozo" (Kupfer, 2010), podendo habitar a linguagem e construir um enlaçamento possível com os outros, de modo que se retome a estruturação do sujeito do inconsciente, ou se sustente o mínimo de sujeito que elas possam ter constituído (Kupfer, 2010).

A modalidade de tratamento em grupos terapêuticos heterogêneos é uma das marcas diferenciais da educação terapêutica promovida no Lugar de Vida. Reflete, por sua vez, outra aposta fundamental do trabalho na instituição: de que o encontro entre as crianças tem efeitos subjetivantes. Ou seja, para as crianças, as relações entre pares ganham especial importância, na medida em que podem vir a contribuir para a constituição dos sujeitos ali envolvidos.

Esse trabalho de definição do sujeito a partir da diferença em relação ao seu par, a seu pequeno outro semelhante, é sustentado pela função do semelhante. A importância da função do semelhante na constituição do sujeito foi apontada por Lacan no texto "A família" (Lacan, 1938/2003). Para ele, as crianças entre 6 meses e 2 anos deixam transparecer um interesse dirigido ao semelhante no qual é possível localizar o reconhecimento de um rival e, portanto, de um outro como objeto. Além disso, o semelhante é essencial para definir uma imagem própria, para definir um valor narcísico para esta imagem e para ter acesso a um conhecimento sobre si. É este semelhante em sua pequena diferença que permite ao sujeito saber mais sobre si mesmo, pelo que ele mostra de estranho familiar: o irmão, o colega, este que está em uma relação no mesmo plano, convoca o sujeito a encontrar sua posição, enquanto diferente da dele, para aí sim compor uma fraternidade com ele – não ameaçadora do narcisismo. Assim, a união torna-se possível pela diferença, pela alteridade que aí comparece e permite a cada qual ocupar um lugar próprio (Kupfer, Bernardino, & Silva, 2020, pp. 183-184).

Os grupos de educação terapêutica do Lugar de Vida procuram acolher crianças com diferentes impasses relativos ao desenvolvimento e à subjetivação. Nessa direção, Kupfer, Pinto e Voltolini (2010) se remetem à noção de formação discursiva, no sentido introduzido por Foucault, definindo-a como um conjunto complexo de relações que funcionam como regra: "ela prescreve o que deve ser correlacionado, numa matriz discursiva, para que esta se refira a tal ou qual objeto, para que empregue tal ou qual enunciação, para que utilize tal e qual conceito, para que organize tal ou qual estratégia" (Kupfer, Pinto, & Voltolini, 2010, p. 101).

A conceituação lacaniana acerca dos quatro discursos especifica como discurso e sujeito são indissociáveis. Em grupos heterogêneos de crianças, é possível apostar que o encontro entre elas, a partir de "provocações" geradas por adultos coordenadores, possa abrir espaço para a circulação a partir de posições discursivas diferentes das que se encontram encerradas em outros contextos sociais, proporcionando assim efeitos terapêuticos, na direção de "sacudir o sujeito" (Kupfer, Pinto, & Voltolini, 2010, p. 105) e mesmo de produzir uma alteração em sua posição subjetiva. Trabalha-se, portanto, a partir da hipótese de que a diversidade é terapêutica.

Atualmente, as crianças com entraves estruturais na sua constituição subjetiva têm chegado para atendimento no Lugar de Vida mais cedo, muitas vezes na primeira infância – certamente como efeito das políticas de atenção à primeira infância, mas também da atuação de psicanalistas que convocam um olhar para a importância da detecção e da intervenção precoce frente a possíveis entraves psíquicos nos bebês e nas crianças pequenas. Destaca-se a iniciativa da pesquisa dos indicadores clínicos de risco para o desenvolvimento infantil (IRDI) (Kupfer *et al.*, 2009; Kupfer *et al.*, 2012), que mostrou ser um bom roteiro de leitura da constituição psíquica de bebês. Nessa direção, há ainda a validação recente do instrumento Acompanhamento Psicanalítico de Crianças em Escolas, Grupos e Instituições (Apegi), cujos eixos e indicadores orientam, no acompanhamento da criança, que ela pode encontrar obstáculos para se constituir como sujeito, suficientes para tornar necessária uma intervenção, mas deixando em aberto o alcance desses obstáculos e a possibilidade de a criança poder retomar o curso de sua estruturação com o tratamento proposto (Kupfer, Bernardino, & Pesaro, 2018; Kupfer, Bernardino, & Silva, 2020).

Nesse contexto, têm sido realizados, nos últimos anos, no Lugar de Vida, grupos terapêuticos heterogêneos de crianças na primeira infância, que certamente nos confrontam com questões bastante particulares dessa faixa etária.

Grupos heterogêneos interativos com pais e crianças pequenas

A realização de grupos heterogêneos de educação terapêutica com crianças pequenas (entre 2 e 5 anos) nos últimos anos proporcionou que encontrássemos uma série de situações clínicas relacionadas a especificidades dessa faixa etária que nos levaram a formular um novo dispositivo institucional, ainda baseado nos princípios que norteiam os grupos terapêuticos na instituição, mas levando em conta tais especificidades da primeira infância e o lugar dos pais e cuidadores nessa etapa da vida (Pesaro *et al.*, 2012).

Atualmente, esse dispositivo institucional é nomeado Grupo Interativo com Pais e Crianças Pequenas. Na primeira configuração desse dispositivo (Pesaro *et al.*, 2012) ficou claro que era importante, clinicamente, o trabalho com as bordas dos grupos de pais e de crianças, num movimento de báscula entre a presença e a ausência dos pais das crianças tratadas. Assim, se nos outros grupos terapêuticos do Lugar de Vida era clara a separação física, espacial e, às vezes, temporal do grupo de pais e do grupo de crianças, buscando-se provocar ou iniciar a separação entre mães/filhos, partindo-se do pressuposto de que muitas crianças tratadas na instituição encontram-se numa posição adesiva em relação às suas mães, assim como elas encontram-se em posição invasiva e obturadora em relação ao desejo dos filhos, no caso do grupo de pais de crianças pequenas encontrávamos outra situação, quase oposta.

Não nos parecia tratar-se de mães excessivas, mas em sua maioria de mães esvaziadas ou fragilizadas em suas funções de maternagem. Diante dessas questões, supomos que a direção de trabalho com o grupo de pais localizava-se na operação do tempo da alienação, do jogo especular e da instauração desejante entre pais/bebê/criança, mais do que em direção à operação da separação e como estratégia clínica. As bordas dos grupos, então, se alargaram: ora as crianças adentravam o grupo de pais, ora o grupo de pais juntava-se ao grupo das crianças. Cabia às analistas coordenadoras do grupo de crianças e à analista coordenadora do grupo de pais a promoção de um espaço transicional de jogos, de falas e de construção de linguagem entre os pais e suas crianças por meio desse movimento de encontros. Por exemplo, se uma das crianças pequenas se dirigia insistentemente para a porta da sala, mostrando querer sair, a coordenadora incluía as outras crianças, convidando-as para um jogo de quem chega primeiro na sala dos "papais".

A partir das sintomatologias apresentadas pelas crianças e das dificuldades maternas em ofertar significados e sentidos às produções de seus filhos, propusemos a alternância entre o funcionamento do grupo de pais e do grupo de crianças, as entradas das mães no grupo das crianças e os encontros das crianças com as mães como estratégias que proporcionassem espaços transicionais, considerando que o fundamental era propiciar o transitivismo materno que, segundo Bergès e Balbo (2002), é constituinte do sujeito e do Outro do bebê. Alia-se a essa concepção a noção winnicottiana de que não existe um bebê sem uma mãe.

Atualmente, o grupo se organiza a cada mês da seguinte maneira: os dois primeiros encontros do mês ocorrem apenas com as crianças pequenas e as terapeutas; no terceiro encontro do mês, os pais são convidados a participar junto com as crianças e as terapeutas; no quarto encontro mensal, ocorre o grupo com as crianças pequenas e as terapeutas em uma sala; em outra, concomitantemente, os pais são convidados a participar de um grupo de escuta, coordenado por outra psicóloga da instituição. Essa nova configuração possibilita colocar em operação diversas operações: a função do semelhante nos dois encontros dos grupos com as crianças; e mudanças na posição discursiva dos pais, que visam promover efeitos nas funções parentais, especialmente a narcização dos pais e, ainda, situações de brincar e de prazer compartilhados entre crianças e pais, essenciais para a emergência do desejo e da demanda na primeira infância.

Especificidades do trabalho com pais na clínica da primeira infância de crianças com entraves psíquicos

O sujeito, noção-chave da psicanálise, deve ser compreendido como o sujeito do inconsciente, aquele que só existe no campo da linguagem. O ser humano chega ao mundo e se insere na ordem humana que o espera, que não apenas precede sua chegada como também terá criado as condições de possibilidade de sua inserção nessa ordem. Lacan chama de ordem simbólica, ou lugar do Outro, essa dimensão que é operante antes de qualquer interação do bebê com o meio ambiente, e que é específica da espécie humana. Esse conceito do Outro em Lacan refere-se a uma ordem radicalmente exterior e anterior ao sujeito, da qual ele depende mesmo que pretenda dominá-la. O Outro, em seu limite, confunde-se com a ordem da linguagem.

O sujeito do inconsciente resulta do funcionamento e da incidência de discursos sociais e históricos sobre a carne do *infans*. Os discursos produzem marcas ou inscrições psíquicas, organizadas a partir da referência à Lei do Pai. Essas inscrições psíquicas presidirão uma longa e indefinida série de novas inscrições, desdobrando-se no tempo, em conexão com a primeira. Tais marcas manifestam-se vez por outra nas fraturas dos enunciados. O sujeito é a emergência dessas marcas no discurso do Eu. Assim, para a psicanálise, o sujeito do inconsciente se constitui na e pela linguagem.

Todo bebê (*infans*) já nasce inserido na linguagem, mas será preciso um percurso para que se constitua como sujeito. Essa condição inicial não garante que ele venha a se constituir como sujeito. Um bebê será sempre, portanto, um ser de linguagem. Mas o modo como o sujeito se apropria dessa linguagem implica uma escolha.

A possibilidade do advento do sujeito está relacionada a duas operações. A primeira é aquela que captura a criança na língua, o que possibilita que ela venha a falar. A segunda é aquela que, imprimindo-se sobre a primeira, possibilita à criança falar de si, designar-se como Eu.

Podemos acompanhar esse "banho de linguagem" sobre o bebê por meio das primeiras relações entre a mãe (ou seu substituto, aquele que exerce a função materna) e seu bebê. As manifestações do bebê, logo no início de sua vida, são legíveis para a mãe e não somente observáveis: a mãe supõe algo sobre essa manifestação do bebê e oferece uma resposta, uma ação. Essa leitura materna vai marcando o corpo do bebê e vai transcrevendo o mundo sobre esse corpo. Assim, introduzindo palavras, dando sentidos e significados, a mãe (o Outro Primordial) vai marcando e modelando o organismo do bebê, de forma a transformá-lo num corpo cujas partes agora têm nomes, funções e representam algo.

Nesse caminho, a mãe vai marcando o corpo da criança. As marcas são resultado dos cortes que ela realiza entre o corpo do bebê e os objetos dos quais as partes desse corpo extraem sua satisfação. No lugar desse objeto o outro oferece um significante que, sob a forma de um ritmo, um intervalo, uma fonação, introduz nessa brecha uma representação de objeto perdido. Entretanto, o Outro do bebê também precisa ser capaz de oferecer-lhe, como contrapartida aos cortes que ele mesmo introduziu, pontos de referência para a criança, pontos de referência de filiação.

Essa primeira transmissão de marcas simbólicas é, então, um ato educativo fundante exercido pelos pais (ou pelos outros primordiais do bebê), considerando a concepção de educação com a qual trabalhamos na educação terapêutica, fundamentada também por Lajonquière (1999): "educar é transmitir marcas simbólicas – inventar metáforas – que possibilitem à cria *sapiens* usufruir de um lugar no mundo a partir do qual possa se lançar às empresas impossíveis do desejo" (p. 145).

Vale ressaltar que, para aquele que exerce a função materna, também é necessária uma identificação narcísica com a criança e com o lugar daquele que tem um saber sobre ela. Nesse contexto, as respostas do bebê ou da criança às intervenções maternas e à sua demanda são fundamentais para sustentar a posição de narcisismo necessária dos pais em relação aos filhos.

No caso das crianças que chegam para tratamento no Lugar de Vida, muitas vezes há algo que parece não operar nesse "diálogo" entre pais e criança. Muitas vezes, recebemos pais que se encontram bastante fragilizados ou paralisados em suas funções e em seu saber, diante de um filho que não responde ou que se fecha frente às suas interpelações. Não recebendo, nas reações da criança, a imagem de que são bons pais, esses cuidadores vivem também eles um colapso narcísico frente àquele filho (Kupfer, & Lajonquière, 2015), o que dificulta o investimento libidinal próprio da função materna. Dessa forma, um primeiro trabalho necessário é o de buscar a recuperação narcísica dos pais, na direção de vê-los sustentar um poder educativo que lhes é próprio frente a seus filhos (Kupfer, & Lajonquière, 2015).

Realiza-se, então, um trabalho de "narcização" desses pais, de modo a reestabelecer uma relação entre eles e os filhos capaz de permitir a construção do narcisismo da criança e a sustentação de uma suposição de sujeito, possibilitando a retomada do "diálogo" necessário à estruturação subjetiva. Ela é trabalhada na escuta dos pais nos grupos de pais e nos efeitos resultantes dos encontros decorrentes da entrada dos pais no espaço do grupo terapêutico de crianças pequenas.

Duas vinhetas clínica do grupo interativo dos pais com as crianças ilustram o que uma criança pode fazer pelo pai de outra criança.

Na primeira vinheta, Rafael, pai de Fernando, uma criança de 4 anos com traços autísticos importantes - como a frágil construção das zonas erógenas, que aparecia no seu constante movimento de levar tudo à boca e numa movimentação corporal quase sem parada pela sala –, manifestava certa mecanicidade nos cuidados corporais com seu filho, tirando os objetos de sua mão ou de sua boca sem lhe dirigir palavras ou olhares. As intervenções das coordenadoras do grupo que visavam reconhecer traços de um sujeito em Fernando, tomando sua movimentação como um esboço de brincadeira ou sua manipulação de um objeto como uma escolha ou um interesse, não eram sustentadas por Rafael, que só conseguia corrigir o filho, porque se incomodava muito com os modos de Fernando de se aproximar dos brinquedos e objetos. Entretanto, ao encontrar no grupo a criança Larissa, uma menininha de 3 anos de idade que apresentava um importante atraso no desenvolvimento neuropsicomotor e que não andava, as coordenadoras se surpreendem quando Rafael toma um olhar de Larissa como uma demonstração de interesse da menina pelo piano, dando, então, uma significação para esse olhar que a mãe da menina não fora capaz de reconhecer. Rafael então a pegou no colo, muito enternecido, sentando com ela ao instrumento e ajudando-a a tocar, de maneira afetiva e falando em "papaiês".

Interessante foi que esse endereçamento diferente do pai em direção a outra criança parece ter chamado a atenção de Fernando, que se deslocou do outro lado da sala para perto do pai e da menininha e começou a "tocar" também. Esse encantamento do pai de Fernando por Larissa perdurou nos encontros seguintes, e mais de uma vez as coordenadoras viram ele se comunicar com menina usando falas e gestos espontâneos, que denotavam uma aposta que ele tinha dificuldade em manifestar em relação ao próprio filho. Por exemplo, diante de uma situação em que Larissa tentava andar, ele se aproximou da menininha e disse: "Você consegue! Você vai conseguir!".

Por sua vez, a mãe de Larissa também passa a demonstrar um júbilo em relação a Fernando, dizendo em um encontro: "Como o Fernando é lindo, não é? Ele é um gato", e fazendo brincadeiras, insinuando um possível "namoro" entre ele e Larissa.

Podemos pensar que tanto a mãe de Larissa como o pai de Fernando se encontravam em colapso narcísico frente a seus filhos, o que atingia diretamente sua fantasmática ou o lugar que a criança ocupava nela, atrapalhando-os na empreitada de sustentar uma suposição de sujeito e um investimento libidinal. Fica evidente como tal dificuldade era localizada em relação aos próprios filhos, ambos se mostrando com recursos para fazer as funções determinantes para a constituição subjetiva frente a outras crianças. Podemos pensar, então, que o pai de uma criança, ao "emprestar" o investimento libidinal ao pai de outra criança, pode ajudar o segundo em relação à própria posição frente ao filho e, ao mesmo tempo, pode, pelo efeito que provoca na criança, reposicionar-se em seu saber inconsciente.

A segunda vinheta é do grupo no qual participam Maria e seu filho João. Nos diversos encontros, presenciamos uma distância entre eles: João não procura Maria para brincar, e Maria só observa as brincadeiras e movimentações dos demais componentes do grupo. Num certo encontro, estamos comemorando um aniversário e somos surpreendidos com a cena de uma menininha autista, Bela, que está sentada ao lado de Maria, oferecer-lhe um pedaço de bolo, erguendo seu garfo em direção à boca de Maria. Esta surpreende-se e, apesar de dizer "eu estou de regime" [*sic*], não consegue recusar a oferta de Bela. Essa cena é acompanhada a distância por João, filho de Maria, que olha para os dois. No grupo seguinte, é João quem nos surpreende, ao ir em direção a Bela e deitar em seu colo, ao mesmo tempo que dirige o olhar para a mãe, que está num outro canto da sala. No terceiro encontro, mais uma surpresa: Maria, mãe de João, propõe e sustenta um brincar com seu filho, algo inédito. Ela joga uma bola na cesta de basquete e João recupera-a e a entrega à mãe.

Consideramos que o Grupo Interativo de Pais com Crianças Pequenas possibilita um espaço transicional no qual os atos de outros pais ou de outras crianças produzem situações que resgatam uma surpresa parental jubilatória perdida ou a instalação de momentos de prazer compartilhado capazes de mobilizar o que está cristalizado ou desvitalizado na relação dos pais com seus filhos, assim como promover a construção do corpo libidinal da pequena criança. Além disso, o apelo de uma criança, que porventura não possa ser escutado pelos seus pais, pode ser reconhecido e acolhido como demanda pelos pais de outra criança. Os pais da primeira criança podem, então, se identificar com esses outros pais e assim acolher a demanda de seu filho. Um certo circuito é acionado, colocando em andamento no grupo o jogo pulsional necessário ao estabelecimento de demandas e de manifestações do desejo entre pais e crianças.

Considerações finais

O dispositivo clínico-institucional do Grupo Interativo de Pais com Crianças Pequenas surge no Lugar de Vida a partir da experiência com a clínica específica da primeira infância, de modo a levar em consideração a função dos pais nos primeiros tempos da constituição da subjetividade da criança. Assim, cria-se um espaço transicional que permite encontros entre pais e crianças, possibilitando que ocorra circulação discursiva e trocas simbólicas no brincar compartilhado, que têm, como efeito, incidência sobre os possíveis entraves na constituição subjetiva das crianças, visando à construção de um corpo pulsional e à instauração da demanda e do desejo na primeira infância.

Um dos aspectos importantes dos encontros entre pais e crianças pequenas é a encenação dos movimentos de alternância presença-ausência parentais. O que encontramos muitas vezes no início do tratamento são laços entre pais e filhos em que o jogo da alternância presença-ausência não produziu os efeitos de subjetivação esperados. Não foi instalado o espaço transicional, entendido nos termos de Winnicott (1951/1975), e os chamados da criança não são tomados como demanda dirigida aos pais. Nos encontros dos grupos, porém, se, por um lado, os olhares de Larissa não são reconhecidos pela sua mãe, por exemplo, são reconhecidos como demanda pelo pai de Fernando; por outro lado, a mãe de Larissa pode encantar-se com Fernando e reviver o júbilo ou o prazer no encontro com a criança. Por meio do espelhamento com o semelhante, os pais podem recuperar seu saber. Dessa forma, começam a aparecer no grupo de pais falas de suposições sobre os filhos, assiste-se à transformação de choros, antes desprovidos de sentido ou de interpelação, em demandas de filhos dirigidas a seus pais. Esse campo transicional que se cria no encontro dos grupos é então lugar de construção psíquica para as crianças (Pesaro *et al.*, 2012). A instalação do batimento presença-ausência é intrínseca à educação das crianças. Provocá-lo no âmbito do tratamento é reeditar uma estrutura que deveria ter-se instalado nos primórdios educativos. Ressalta-se que não estamos operando com a fantasmática parental nos grupos, apesar de eles serem vividos em cenas institucionais e apoiados na identificação com outros pais semelhantes. O que os pais extraem é um reposicionamento frente a seus filhos que tem efeitos subjetivantes.

Destacamos também que os Grupos Interativos dos Pais com as Crianças Pequenas consideram o princípio ético da psicanálise, já salientado por Françoise Dolto nas suas *Maisons Vertes*: o de que não falamos sobre as crianças, mas com as crianças. Assim, o tempo todo, a criança é comprometida no discurso dos pais e vai criando seu próprio discurso. Trata-se, portanto, de um espaço de cuidado e de acolhimento de crianças e seus cuidadores para que as mães, os pais e as crianças possam ser ajudados, tendo como direção a construção de laços subjetivantes.

Referências

Bergès, J., & Balbo, G. (2002). *Jogos de posições da mãe e da criança* (pp. 23-31). Porto Alegre: CMC.

Kupfer, M. C. M. (2000). *Educação para o futuro*: psicanálise e educação. São Paulo: Escuta.

Kupfer, M. C. M. (2010). O sujeito na psicanálise e na educação: bases para a educação terapêutica. *Educação e Realidade*, *35*(1).

Kupfer, M. C. M. *et al.* (2009). Valor preditivo de indicadores clínicos de risco para o desenvolvimento infantil: um estudo a partir da teoria psicanalítica. São Paulo, *Latin American Journal of Fundamental Psychopathology Online*, *6*(1), 48-68.

Kupfer, M. C. M. *et. al.* (2012). Metodologia IRDI: uma ação de prevenção na primeira infância. *In* M. C. M. Kupfer, L. M. F. Bernardino, & R. M. M. Marioto (Orgs.). *Psicanálise e ações de prevenção na primeira infância* (pp. 131-148). São Paulo: Escuta.

Kupfer, M. C. M., Bernardino, L. M. F., & Pesaro, M. E. (2018, set./dez.). Validação do instrumento "Acompanhamento psicanalítico de crianças em escolas, grupos e instituições" - APEGI: primeiros resultados. São Paulo, *Estilos Clin.*, *23*(3), 558-573.

Kupfer, M. C. M., Bernardino, L. M. F., & Silva, D. C. (2020, out./dez.). Resultados finais da pesquisa APEGI (Acompanhamento Psicanalítico de crianças em Escolas, Grupos e Instituições). Salvador, *FAEEBA - Ed. e Contemp.*, *29*(60), 176-190.

Kupfer, M. C. M., & Lajonquière, L. (2015). A escuta de pais no dispositivo da Educação Terapêutica: uma intervenção entre a psicanálise e a educação. *In* M. L. S. Ornellas. *Psicanálise e educação. (Im)passes subjetivos contemporâneos III* (pp. 35-53). Belo Horizonte: Fino Trato.

Kupfer, M. C. M., Patto, M. H. S., & Voltolini, R. (Orgs.). (2017). *Práticas inclusivas em escolas transformadoras: acolhendo o aluno-sujeito*. São Paulo: Escuta.

Kupfer, M. C. M., Pinto, F. S. C. N., & Voltolini, R. (2010). O que uma criança pode fazer por outra? Sobre grupos terapêuticos de crianças. *In* M. C. M. Kupfer, & F. S. C. N. Pinto (Orgs.). *Lugar de Vida, vinte anos depois* (pp. 97-101). São Paulo: Escuta.

Lacan, J. (1998). O estádio do espelho como formador da função do eu. *In Escritos* (pp. 104-126). Rio de Janeiro: Zahar. (Trabalho originalmente publicado em 1949)

Lacan, J. (2003). Os complexos familiares na formação do indivíduo. *In Outros escritos* (pp. 29-90). Rio de Janeiro: Jorge Zahar. (Trabalho originalmente publicado em 1938)

Lajonquière, L. (1999). *Infância e ilusão (psico)pedagógica: escritos de psicanálise e educação.* São Paulo: Vozes.

Pesaro, M. E. *et al.* (2012). Interfaces do grupo de educação terapêutica com crianças pequenas e do grupo de pais no lugar de vida: a construção do corpo pulsional pelo transitivismo. *In* M. C. M. Kupfer, L. M. F. Bernardino, & R. M. M. Mariotto, (Orgs). *Psicanálise e ações de prevenção na primeira infância* (pp. 131-148). São Paulo: Escuta/Fapesp.

Pesaro, M. E., & Merletti, C. K. I. (2020). Duas propostas de intervenções subjetivantes para pequenas crianças com entraves psíquicos: a avaliação psicanalítica e o grupo interativo pais-crianças do Lugar de Vida. *In* I. Catão (Org.). *Mal-estar na infância e medicalização do sofrimento: quando a brincadeira fica sem graça* (pp. 269-286). Salvador: Álgama.

Winnicott, D. W. (1975). *Objetos transicionais e fenômenos transicionais. Da pediatria à psicanálise.* Rio de Janeiro: Francisco Alves. (Trabalho originalmente publicado em 1951)

Saúde e sofrimento psíquico no contexto das relações iniciais: reconhecimento e intervenções psicanalíticas em cena

Mariângela Mendes de Almeida, Maria Cecília Pereira da Silva, Stephania Batista Geraldini, Fátima Maria Vieira Batistelli

Introdução e configuração da proposta: apresentando a cena

O Núcleo de Atendimento Pais-Bebês da Universidade Federal de São Paulo (Unifesp) e a Clínica 0 a 3 do Centro de Atendimento Psicanalítico da Sociedade Brasileira de Psicanálise de São Paulo são equipes de trabalho parceiras em *intervenções* (consultas terapêuticas, psicoterapias vinculares, grupos de atendimento pais-bebês ou de reflexão sobre as relações iniciais), *formação* (trabalho conjunto com diferentes especialidades e níveis de experiência, discussões clínico-teóricas psicanalíticas, grupos de discussão sobre o desenvolvimento infantil) e *pesquisa* (produção científica, investigação a partir de material filmado aprofundando sofrimento psíquico e transculturalidade, organização e participação em eventos, cursos e congressos transdisciplinares).

Este capítulo traz como eixo, portanto, o modelo de trabalho e transmissão de experiência junto às relações iniciais por nós utilizado, quanto ao fortalecimento de aspectos de saúde e continência quando algo não vai bem no desenvolvimento emocional do bebê e sua família.

Serão apresentadas vinhetas clínicas, originalmente filmadas e autorizadas em benefício da possibilidade de ensino e pesquisa, por facilitar a discussão e a participação ao vivo envolvidas no aprendizado, aguçando e legitimando competências observacionais empáticas com os aspectos subjetivos presentes, além de possibilitar associações com a própria experiência prática dos profissionais.

Refletiremos sobre as ferramentas clínicas utilizadas nas intervenções e suas variadas manifestações e aplicações construindo-se a partir da microscopia das relações que se desdobram durante os atendimentos. Pretendemos, assim, ilustrar e embasar a discussão da relevância de um reconhecimento das competências e vulnerabilidades do vínculo e acompanhamento receptivo favorecido pelo olhar psicanalítico, integrando as ansiedades parentais e o sofrimento do bebê, facilitando, então, a possibilidade de intervenção oportuna.

Neste trabalho, apresentamos dois atendimentos clínicos em que a vitalização das relações pais-bebês se fazia urgente e necessária. Enfatizaremos os trânsitos tornados possíveis entre pais, crianças e terapeutas para que bebês em vulnerabilidade multifatorial pudessem se alçar a movimentos em direção aos olhares, receptividade e acolhimento dos adultos. Demonstraremos como o reconhecimento, a amplificação e a mobilização desses movimentos, aparentemente banais, pelas profissionais trabalhando com referencial psicanalítico revestem-se de crescente potencial para a facilitação de processos psíquicos em constituição. Justamente por trabalharmos com microeventos tão comuns e fundantes da intersubjetividade, optamos por trazer a cena viva em vinhetas com comentários incrustrados junto às comunicações e trocas interativas dos presentes. Em alguns momentos, mantivemos, para fins didáticos, comentários diretos entre parênteses logo após as falas, explicitando a função de nossas intervenções.

Yara: vitalizando vínculos na cena clínica da relação pais-bebê

A chegada em família

Atendemos essa família em duas extensas consultas terapêuticas. Pretendemos que os recortes em vinhetas possam transmitir os momentos em que nossas intervenções incidiram sobre o fortalecimento das capacidades dos pais e do irmão de vitalizarem o vínculo com uma bebê de 1 ano e 2 meses, intensificando áreas de contato prejudicadas por atrasos globais em seu desenvolvimento neuropsicomotor e vulnerabilidades na integração sensorial.

Yara, a segunda filha de um jovem casal, desde o início mostrou-se muito passiva, com pouca agilidade física e pouco vigor em seus tênues esboços de contato com os familiares, contrariando as expectativas, principalmente de sua mãe, que imaginava, à sua semelhança, uma filha menina representante de força e intensa atividade, às quais Yara não correspondia. Reciprocamente, demandas de responsividade interpessoal pareciam gradativamente ir se reduzindo, e, quando os recebemos, percebemos a urgente necessidade de amplificar o trânsito das capacidades parentais e infantis no sentido de fazer sobreviver o laço favorecedor de desenvolvimento.

Soubemos que, como Yara se mostrava muito frágil, antes de começar a frequentar a creche, passara muitas horas "protegida" dentro de casa, em um quarto fechado com pouca luz, aos cuidados de uma mocinha ajudante, enquanto os pais trabalhavam. A mãe nos conta que, "quando ela começou a ir para a creche, aos 10 meses, não sentava. Ela 'era' o tempo todo deitada. Onde você a colocava ela ficava ali! Ela não se mexia nem para um lado nem para o outro".

Primeiros movimentos: estrabismos × frágeis buscas incipientes

Na primeira sessão, estavam presentes Yara, de 1 ano e 2 meses, sua mãe, Ana Júlia, o pai, Arnaldo, e o irmão, Antônio, de 8 anos. Desde o início, Yara nos chamou a atenção por um pronunciado estrabismo.

Seguimos o árduo percurso da família, também, de certa forma, metaforicamente "estrábico", caminhando em várias direções. Em cena tão comum em nossos contatos com esse tipo de sofrimento nas primeiras relações, os pais buscam um porto profissional continente, receptivo às ansiedades iniciais, que possa olhar ao mesmo tempo para vários lados, mas que possa, ao longo do processo, ir constituindo um eixo, uma rede de integrações. Sem excluir possíveis "focos" irritativos neurológicos (também em concomitante investigação), em visão neurodesenvolvimental trata-se, aqui, de encontrar um "foco" integrativo para abrigar vários aspectos em consideração, tomando Yara como um indivíduo singular nessa família e nesse momento. Ao mesmo tempo, portanto, em escuta flutuante, estávamos atentas às várias direções das tênues buscas de Yara... um barulhinho aqui, um olhar rápido ali, por exemplo, alcançando o pai em um faz de conta de comidinha. Amplificamos e valorizamos essas tênues tentativas de encontro, ressaltando pequenas possibilidades de mobilidade física e psíquica, como quando Yara busca a mãe com um olhar fugaz.

> Terapeuta M.: *Ana Júlia, você viu que ela te chamou agora para olhar o que papai deu para ela, de fazer comidinha aqui? Como se ela falasse: Olha, olha este!* (Amplificando o sinal sutil da criança.)
>
> Pai: É! (O pai continua "alimentando" a garota, confirmando nossa narrativa de olhar compartilhado a ligar pai e mãe.)
>
> Terapeuta M.: *O Papai te deu a comidinha e você quis que a mamãe olhasse.* (Falando com a criança e irradiando sua intenção e posição de suposto sujeito.)

Transitando entre espaços de continência

Inicialmente aparece também um sentimento de orgulho materno (protetivo compensatório?) pelo grude dual com Yara. A criança demonstra oscilação entre dependência adesiva e tendência a um retraimento autocentrado.

> Mãe: *Ela é assim, sabia? Você vê? Ela quer estar perto de mim, mais grudada.* (Enfatizando a relação dual, sem tanto espaço para terceiros.)

Diante da necessidade de contato, a mãe frequentemente começa a dar de mamar para Yara, sentindo-se movida a oferecer suprimentos concretos às suas necessidades primárias.

Vão ficando claras as oscilações entre "colagens" e "afastamentos" na relação de Yara e seus familiares. Acompanhamos e sustentamos trânsitos possíveis, incluindo conexões de compartilhamento de necessidades diferenciadas do outro, com expressões faciais manifestando e fortalecendo sintonias afetivas incipientes no cuidado compartilhado pelo casal. Enfatizamos a presença continente dos pais para o desenvolvimento de Yara, valorizando suas competências e recursos.

> Terapeuta M.: *E vocês também são muito importantes pra ela ir se desenvolvendo, né?*
>
> Pai: É verdade.
>
> Terapeuta M.: *Tem os brinquedos, tem o lençol e tem o "vocês", que podem fazer muito por ela, só de ficar junto, de olhar, de falar.*
>
> Mãe: *Eu... devido a ela ser assim, tenho medo até de pôr ela no chão, você acredita?* (Possibilidade materna de compartilhar um olhar reflexivo sobre os próprios sentimentos e atitude, possivelmente mobilizada pela atribuição a eles de competência parental e capacidade de continência, ao mesmo tempo que exercitamos a continência ali ao vivo de suas angústias relacionais.)

Yara faz um barulho de balbucio. A terapeuta S. amplia o som, falando para Yara e para os adultos: "Que som diferente!". A mãe observa Yara (irradiação do olhar observacional e compartilhamento do olhar exploratório).

> Mãe: *Os meninos eu não deixava no chão, brincava com eles, eles até podiam cair... Ela não!*

Apesar de a mãe colocar literalmente, durante as consultas, que não tem tempo "para dizer, assim... vou ficar umas quatro horas brincando com ela", acompanhamos sua gradativa disponibilidade para conversar, olhar e brincar mais com Yara. Eles também aproveitam o espaço terapêutico para compartilhar vulnerabilidades. Diz a mãe: "Se eu deixar a Yara no chão, eu não relaxo, não consigo fazer nada. Toda hora eu estou falando: 'Olha a menina para não bater a cabeça!'. Toda hora eu fico com medo dela cair".

Valorizamos o desenvolvimento de recursos de modulação, reparação e dependência relativa:

> Terapeuta M.: *Ah, mas se acontecer alguma coisa, vocês estão pertinho, como foi aqui, ela bateu um pouquinho, mas logo viu que, quando alguma coisa acontece de um jeito difícil, tem gente para ajudar.*
>
> Pai: É!
>
> Mãe: *Olha lá o papai! Vai lá com o papai!* (Compartilhando o cuidado parental, autorizando a entrada de terceiros, reconhecendo a necessidade de ajuda, possibilitando assim o desenvolvimento de "autonomia" genuína, dela e da bebê, podendo contar com o outro.)
>
> Terapeuta S.: *Olha o papai! Tem o papai, tem eu, a M.* (terapeuta), *o Antônio, né?* (Associando autonomia genuína com dependência relativa.)

Desafiamos o apelo da autossuficiência e proteção autística:

> Terapeuta M.: *Porque aí, se é difícil ela estar no chão e você precisa trabalhar, onde ela fica então? Protegidinha, mas isolada?*

Segundo momento: favorecendo vitalizações

Na segunda sessão estavam presentes Yara, com 1 ano e 3 meses, a mãe, Ana Júlia, os irmãos Antônio, de 8 anos, e José, de 14 anos. Acompanhamos a vitalização das interações, facilitando o face a face e o transitar entre mãe e filha, valorizando os vínculos familiares.

Acompanhamos a vitalização das interações:

> Terapeuta M.: *E essa mamãe aqui, você quer brincar com ela também? Vamos ficar em pezinha, de frente para a sua irmã* (ato falho interessante, considerando-se que estamos sempre às voltas com o "infantil" presente nas crianças e nos adultos), *para sua mamãe* (corrigindo) *e para o seu irmão?* (Armando redes de sustentação física e psíquica, valorizando os laços lúdicos também na horizontalidade das raízes arcaicas "irmãs".)
>
> Mãe: *Yara! Oi, Yara! Oi, oi!*
>
> Terapeuta M.: *Eeeee, eh, mamãe, eh, mamãe, eh, mamãe, eh, mamãe!* (Segurando Yara, que se mostra desejosa de se levantar e se aproximar da mãe, fazendo movimentos ensejando um animado saltitar.)
>
> Terapeuta S.: *Que felicidade!* (Relacionando estados emocionais com expressão motora)
>
> Terapeuta M.: *Eu gosto de brincar!* (Falando pela criança)
>
> Mãe: *Cadê o irmão? Cadê o irmão? Cadê o José, Yara?* (Solicitando rede de apoio?)

> Terapeuta M.: *Você está brincando junto com sua mamãe!* (Segurando a criança que dá pulinhos e compartilhando o júbilo com expressões faciais e sonoras.)

Yara emite sons de satisfação e parece se sentir mais agente na comunicação de seus estados internos.

> Terapeuta M.: *Ah, mamãe, vamos brincar!* (Comemorando o lúdico compartilhado.) *Eeeee, eu quero brincar, mamãe! Eu quero falar, mamãe! Eu quero falar bem de perto!* (Valorizando a intimidade.)

Enquanto Yara transita entre nós, percebemos sua mãe mais atenta e ligada. Acompanhando os passos de Yara, sintonizados com sua possibilidade, construímos ritmos enquanto a ajudamos a andar com apoio entre nós:

> Terapeuta M.: *É, você quer ir passear até a S.?* (Traçando rotas relacionais.)
>
> Terapeuta M.: *Tu, tu, tu tu* (Ressoando os passos enquanto Yara anda, construindo ritmos.)
>
> Terapeuta S.: *Ela percebe tudo, né? Quem chega perto... Oi!* (Amplificando as capacidades infantis rudimentares, talvez antes desinvestidas.)
>
> Terapeuta M. (faz a voz de Yara e a leva até a terapeuta S.): *Oi! Eba! Opa!* (Vitalizando o percurso.)
>
> Terapeuta S.: *Você fica muito feliz!* (Falando de frente com a criança, mostrando reconhecimento de sua expressão afetiva.)

Acompanhamos Yara sorrindo e incipientemente compartilhando seu estado de entusiasmo ao ser sustentada pelo olhar dos adultos na sala:

> Terapeuta M.: *A Yara está gostando de ver que os outros estão gostando do que ela está gostando, né?* (Enfatizando funcionamento reflexivo e compartilhamento de estados afetivos em convocação e enlace pulsional.)

Na sessão anterior, algumas vezes havíamos salientado a atividade de Yara em momentos em que os pais a viam como querendo se recolher. Havíamos destacado também a possibilidade de a mãe engajar a filha e responder com vitalidade. Na segunda sessão, a mãe parece trazer maior vitalização para a relação, ao mesmo tempo que aspectos metaforicamente "estrábicos" ainda nos demandam integração. Curiosamente, a expressão facial de Yara nos parece menos marcada pelo estrabismo nesse segundo encontro.

Continuamos a trabalhar com a expansão das perspectivas parentais sobre a criança:

> Mãe: *O ruim é que ela é mole.* (A confiança parental no desenvolvimento do tônus físico e psíquico de Yara também ainda é flácida.) *Ela não se interessa para andar, assim, para caminhar.*
>
> Terapeuta M.: *Será que ela não se interessa? Olha o que ela fez aqui, né, Ana Júlia?* (Desafiando a flacidez, tanto da criança como da mãe.)
>
> Mãe: *Então... ela tem umas pernas fortes!* (Reorientando-se e reconhecendo a possibilidade de força nas bases.) *Porque ela pula!*

Terapeuta M.: *E ela quis, ela fez um movimento de ir até a S. quando ela chegou pertinho.* (Reconhecimento do desejo e da sensibilidade à disponibilidade do outro.)

Terapeuta S.: *Você conseguiu vir até aqui. Opa! Ela ficou bem atenta que eu cheguei perto, e veio.* (Irradiando para a criança o que estamos dizendo à mãe.)

Terapeuta M.: *É, então!*

Terapeuta S.: *Agora o Antônio foi passar, ela olhou o Antônio também. Está ligada em todo mundo, né, Yara?* (Recapitulando o percurso atencional vincular.)

Yara: *Aaaahhh.*

Terapeuta S.: *É? É verdade, né? Que gostoso ficar em pé!* (Reconhecendo a sustentação oferecida pelos vínculos.)

Terapeuta M.: *E, também hoje, parece que a mamãe está mais ligada na Yara, né?* (Valorizando a sustentação oferecida pelo vínculo parental.)

A mãe ri e, de certa forma acanhada, confirma nossa percepção como ainda a se acostumar com esses jovens desenvolvimentos em progresso.

Terapeuta M.: *Você achou isso ou não?* (Valorizando o dar-se conta do próprio desenvolvimento.)

Mãe: *É, eu achei!* (Confirmando o percurso.)

Esperamos ter facilitado, no contato com a cena clínica detalhada com Yara e sua família, a possibilidade de refletir sobre aproximações e aberturas de contato entre os pais, bebês e crianças, acompanhando sutis mudanças e a instauração de bases para possíveis progressões. Ao utilizar a linguagem simples e direta das microinterações, tentamos viabilizar também maior trânsito e sintonia transdisciplinar. Definimos aqui instrumentos, ampliamos pequenos movimentos, "tonificando" e vitalizando vínculos em constituição, na família ou a seguirem sendo desenvolvidos em rede profissional, junto à família em serviços de atenção primária e especializada em seu próprio território geográfico de acompanhamento.

Aurora: apontando competências em um bebê desconhecido

Aurora nasceu prematura de 29 semanas e ficou muito tempo na UTI neonatal. Sua mãe biológica, desde o início da gravidez, informou que seria deixada para adoção. Os pais adotivos a receberam quando estava com 7 meses.

Eles nos procuraram quando ela estava com 9 meses e, entre as queixas principais, estavam o fato de Aurora dormir muito pouco e o receio de possíveis riscos para o autismo. Como Aurora não esteve com os pais nos primeiros meses, eles não sabiam dizer da presença ou não das primeiras aquisições esperadas para os 4 primeiros meses, como o sorriso social. Além disso, era difícil dissociar o que eram angústias vivenciadas na UTI de ansiedades de separação típicas do oitavo mês, que repercutiam durante a madrugada.

Foram as consultas terapêuticas que permitiram a nós, analistas, e aos pais irmos descobrindo os recursos de Aurora e afastando a hipótese de riscos para o autismo (Silva, & Batistelli, 2017; 2021).

Cena 1 – A queixa

> Mãe: *Hoje em dia o que preocupa a gente é que a Aurora, à noite, acorda muitas vezes... Umas seis, sete vezes ela acorda chorando, aí eu ponho a mão, falo "mamãe está aqui", aí ela sorri e se acalma... Eu morro de dó, porque ela acorda chorando e eu não tenho coragem de colocá-la no berço dela por isso, porque eu fico com medo...*

Os pais ainda nos contam que: "quando ela fica nervosa, ela puxa o cabelo. Eu até vou conversar com o pediatra se pode ser dor de cabeça. Ela arranca... Ela se arranha muito...". E o pai acrescenta que ele vai: "ninando, ninando até ela pegar e embarcar no sono... E quando ela [a mãe] começa a chorar, porque ela acha que é pelo sofrimento que a Aurora passou tão pequenininha, então, tento acalmar...".

Depois, com a mesma dor, a mãe descreve o processo de adoção do ponto de vista legal: as idas ao fórum a cada um mês e meio, dois meses, as longas entrevistas e o medo desesperado de perderem a guarda. Além disso, percebiam que Aurora voltava muito transtornada dessas visitas, se arranhando no carro. Acreditam que ela captava o clima da situação.

Cena 2 – O sofrimento do processo de adoção

> Terapeuta M.C. – *Estava pensando que essa situação de adoção é uma situação de muita angústia. É como se a qualquer momento também pudesse ter um aborto.*
>
> Mãe – *É...*

> Terapeuta M.C.: *Ela já está há mais tempo com vocês, com esse amor, com esse desejo...*

Então a mãe nos conta que está com quase 43 anos agora e o pai também. Que foi casada e logo ficou viúva.

> Mãe: *Foi, assim, terrível. O casamento não, a situação toda que aconteceu. Eu casei e aí, catorze dias depois do casamento, meu marido se suicidou.... Deixou uma carta me dizendo que ele ia me deixar livre, que eu ia encontrar outra pessoa, ser feliz, porque ele era impotente, entendeu? Eu me casei já com quase 37 anos e virgem, e ele também... E aí, no casamento, na noite de núpcias, a gente percebeu que ele não tinha ereção. E aí ele ficou muito mal. E eu, é claro, fiquei também. Mas aí a gente ficou com vergonha de contar pra família e voltou os dois da viagem, aquela tristeza, aquela coisa, e eu acho que ele não suportou. Ele se suicidou. [...] Até isso influencia essa tristeza. Eu não percebi que ele estava em depressão... Então, pra mim, eu fico com muito medo até disso. Será que a Aurora sofre? Eu não sei.*

Apontamos que, talvez, ela se identifique um pouquinho com a bebê, que também foi abandonada.

Ela continua seu relato, dizendo que conheceu seu novo companheiro, pai de Aurora, quase três anos depois de ter ficado viúva.

Segunda consulta

Na segunda consulta Aurora chega linda, e os pais comemoram seus 9 meses. Aurora dormiu a noite toda anterior a essa consulta.

Os pais comentam que ela é uma bebê sorridente, bem-humorada, mas começa a estranhar as pessoas, o que indica que já reconhece os pais e um vínculo emocional se instala.

Falam de como ela precisa da presença dos pais por perto.

A mãe também nos conta como foi sua infância, muito ligada à própria mãe, com a qual brincava bastante, sem sair de casa. Foi filha única por nove anos, mimada, e tinha tudo o que queria. Só saiu de casa aos 37 anos, quando se casou pela primeira vez, e testemunha: "Sempre fui assim, muito dependente da minha mãe, emocionalmente. E agora, com a Aurora, é que eu fico mais lá em casa, a gente fica mais afastado, até por incentivo da minha própria mãe".

Seu pai faleceu cedo, com 58 anos: "Faz oito anos agora. Eu tinha 34. Ele teve um aneurisma na aorta. Nunca tinha tido nada... Foi terrível. Um trauma assim. Foi a primeira perda da minha vida. Foi terrível".

Contam que Aurora fica exposta à televisão o dia inteiro e também à noite ou na madrugada. Orientamos como isso seria um excesso de estímulos para ela e associamos com os barulhos da UTI. Explicamos a importância dos estímulos humanos *versus* os tecnológicos.

Narcisisamos a mãe!

Cena 1 – Aurora conversa

> Terapeuta M.C.: *Diga o que foi, você está gostando de vir aqui? A gente vai ajudar a mamãe e o papai, para você nanar gostoso, que nem essa noite. Que o papai e a mamãe também precisam descansar, né?*

Mãe: *Então, eu até estranhei, porque ela ficou tranquila. Dormiu tranquila, em paz. Mas eu acordei várias vezes para olhar.*

Terapeuta F.: *Mamãe ficou assustada que a nenê estava quietinha.*

Terapeuta M.C.: *Então a gente precisa te acalmar, para você poder deixar ela dormir no quartinho dela. Porque você está um pouco aflita se ela vai ficar bem, vai acordar bem, né?*

Terapeuta F.: *Mas eu já fiz 9 meses, está na hora de nascer.*

Terceira consulta

Aurora está mais ativa e com mais tônus muscular. Os pais passaram a deixá-la mais tempo no chão, e pudemos observar como ela estava sustentando mais a cabecinha e rolava no chão. Ela ficou a consulta toda no chão, brincando. Já podia explorar o mundo descolada do colo da mãe.

Nessa consulta, conhecemos um pouco da história do pai. Ele nos conta que sua mãe perdeu um bebê antes dele e que seus pais se separaram quando ele era pequeno. Seu pai tinha outra família e nunca foi muito presente, embora pagasse a pensão. O dinheiro da pensão não caía na conta corrente. A mãe tinha que ir na empresa onde o pai trabalhava, e ele a acompanhava. Dessa forma, via o pai uma vez por mês, e era só esse o relacionamento deles. Foi assim até seus 13 anos. Quando estava com 15 anos, seu pai apareceu na casa, porque havia se desentendido com a mulher dele, e quis assumir seu lugar, mas aí, já era tarde demais. E foi embora outra vez. Atualmente, sabe por uma irmã do pai que ele mora em

Minas Gerais e parece que teve uma filha. Fala que, quando contou sua história para a esposa, ela até chorou.

Então apontamos: "Tem um abandono aí, tem dois abandonos (referindo-se às vivências tanto do pai como da mãe de Aurora), cada um de vocês foi abandonado de um jeito".

Conta-nos também que tem um irmão adotivo, e que após essa adoção o pai abandonou a família. Toda a família e a vizinhança sabem da adoção do irmão, menos ele próprio. Ele nos diz que, muitas vezes, nem ele mesmo lembra que o irmão é adotivo. Quando ele estava com 18 anos, a mãe ficou muito doente e faleceu dois anos depois. Ele e o irmão viveram juntos até se casar. A certidão da adoção do irmão está sob sua guarda, anda com ela dentro da carteira, não tem coragem de mostrar e contar para ele, protegendo-o de sua verdadeira história e mantendo-se como guardião desse segredo. Imaginam que ele deva desconfiar, mas ninguém toca no assunto.

Não tem contato com o próprio pai, que ainda não conheceu a neta.

Conversamos sobre os imbricamentos desse segredo nesse momento em que ele se torna pai de uma criança, também adotiva. Poder falar poderia ser uma forma de fortalecimento dos vínculos. Mas, apesar do peso desse segredo, ele tem muito medo de contá-lo para o irmão.

Cena 1 – Escolha do nome

> Terapeuta F.: *Foram vocês que escolheram o nome?*
>
> Mãe: *Então, a gente foi no carro pensando no nome Aurora, mas decidimos olhar pra carinha dela e decidir. Quando a gente chegou lá, descobrimos que a médica já a chamava de Aurora.*

Terapeuta M.C.: *Você já é Aurora.*

Pai: Aí, no leito, estava só o nome RN. Aí, arrumamos uma caneta e escrevi Aurora.

Terapeuta F.: *Eu sou uma pessoinha. Eu sou Aurora.*

Terapeuta M.C.: *Eu sou o pai!*

Mãe: *Escreveu o nome.*

Quarta consulta

Na quarta consulta a mãe veio com a Aurora e sua mãe, que aguardou na sala de espera.

Ela nos conta que Aurora está dormindo sozinha no quarto dela a noite toda e os pais puderam recuperar o espaço de casal.

Então, falamos: "'Eu sou muito competente. Vocês pensam que eu sou de papel, que eu não sou forte, que eu não sou saudável. Eu sou grande, eu nasci pequenininha, mas eu cresci.... Eu posso contar com meu papai e minha mamãe...' Ela tem confiança que vocês estão lá".

A mãe de Aurora nos mostra que passou a confiar mais em sua capacidade de ser mãe e o pai em sua capacidade de embalar essa dupla mãe-bebê, e exercitar sua função paterna. E, assim, Aurora, sentindo-se segura, com os pais também se sentindo mais seguros, pôde adormecer.

Cena 1 – Confiança

A mãe percebe a mudança que se deu na bebê e na relação entre os três e nos diz: "Comentei lá na escola que não pensei que fosse se resolver tão rápido... Agora ela fica muito no chão e diminuímos muito a televisão. Aquele bebê tão frágil... Agora ela está assim tão bem. Nunca pensei que terapia para bebê pudesse ajudar tanto...".

No final, compartilha o diário da maternidade preenchido por todas as enfermeiras, com mensagens que costuram a história de Aurora, anterior à adoção, e da emoção da despedida do hospital. Uma ideia linda, que constrói uma narrativa de amor, de esperança. Uma história de muito amor, que conta como ela foi cuidada, como ela foi querida...

Quinta consulta

Pela primeira vez a mãe veio sozinha com a bebê. Aurora fica sentada, bem mais firme, apesar de ainda precisar do apoio nas costas. Apontamos como ambas cresceram...

Sexta consulta

Aurora está agora com 1 ano de idade. Chega toda bonitinha, de vestido e sorridente. Os pais a colocam sentada no chão, na frente da caixa de brinquedos, e ela já está totalmente firme. Comentam que está arriscando engatinhar.

Quando todos nos sentamos no chão, Aurora olha diretamente para nós, e quando lhe dirigimos a palavra, responde com seus muitos sons. Fica, mais uma vez, claro como o medo inicial da possibilidade de algo na linha dos transtornos do espectro autista está totalmente descartado.

Cena 1 - Um bebê sem riscos

"Agora ela dorme onze, doze horas por noite. À tarde só uma hora de soninho, e às 21h já está dormindo, direto até o dia seguinte."

Contam que finalizaram o processo de adoção e só estão esperando o Fórum ligar para irem buscar a certidão. A assistente social fez uma carta solicitando a inclusão do pai no registro, ainda que no início só a mãe tenha entrado na fila de adoção. Possivelmente, vão conseguir adotar em nome dos dois.

Enfatizamos: "Então agora a certidão vai ter papai e mamãe!".

Dirigimo-nos a Aurora e eles sorriem, mostrando felicidade.

Não só finalizaram a adoção na lei, mas se adotaram mutuamente, os três, como uma família.

Aurora está sendo trazida como uma criança que brinca, interage, experimenta todos os alimentos que lhe são apresentados, emite vários sons - alguns que já lembram palavras -, mantendo ensaio de diálogos com os pais, enfim, está aberta para a vida.

E a mãe de Aurora completa, dizendo: "Eu estou feliz e ele também, porque a gente está conseguindo inserir a Aurora na vida normal".

Então, acrescentamos: "E nos seus prazeres também".

A mãe ri e concorda.

Cena 2: Uma família

Nessa cena é possível ver, pela filmagem que emoldura o pai, a mãe e Aurora à frente, uma foto de álbum de família, o que para nós se configurou como a representação genuína de um grupo familiar.

E, para concluir, gostaríamos de compartilhar que, em nosso oitavo encontro, quando Aurora estava com 2 anos, brindamos essas conquistas e apontamos como ela é uma menina esperta. Tim-tim!

Movimentos finais

Salientamos aqui, com Yara, Aurora e suas famílias, como o olhar para a microscopia clínica do que ocorre nos vínculos interativos e intersubjetivos pode facilitar a transmissão de recursos de compreensão e discussão entre os profissionais no campo da saúde para a promoção de um espaço receptivo à emergência de ansiedades e sofrimento psíquico do bebê e seus pais. Facilita-se assim o reconhecimento de eventuais entraves para o desenvolvimento e o favorecimento das potencialidades para retomar ou constituir trilhas relacionais.

Referências

Mendes de Almeida, M., & Geraldini, S. B. (2018). Vitalizando vínculos: imagens em movimento na cena clínica da relação pais-bebê. *In* D. B. Wanderley, & M. L. Gille (Orgs.). *É tarde! É tarde? A Intervenção a tempo em bebês com risco de evolução autística.* São Paulo: Ágalma. (Coleção Calças Curtas)

Silva, M. C. P., & Batistelli, F. M. V. (2017). Aurora e o processo de parentalização. *Jornal de Psicanálise, 50*(92), 209-224.

Silva, M. C. P. (Org.). (2021). *Fronteiras da parentalidade e recursos auxiliares: pensando a clínica da primeira infância.* São Paulo. Blucher.

Relato de uma experiência de atendimento em grupo de bebês com suspeita de "transtornos do espectro do autismo" e suas famílias

Eliane Pessoa, Paula Ferraz, Carla Boy, Iasmin Morínigo, Sueli Benante

Este trabalho acontece no Centro de Atenção Psicossocial Infantojuvenil (CAPSI) de Macaé. O CAPSI faz parte do Sistema Único de Saúde (SUS). É um serviço de alta complexidade, que acolhe crianças e adolescentes em grave sofrimento psíquico ou risco social, e os atendimentos são realizados prioritariamente em grupo. A equipe é composta por profissionais de formações distintas, favorecendo uma composição de olhares que enriquece e complexifica as discussões, a elaboração de projetos terapêuticos e os cuidados para essa população. O CAPSI recebe estagiários de algumas faculdades de Psicologia da região e internos de Medicina da Família e Pediatria da Universidade Federal do Rio de Janeiro (UFRJ-Macaé). Tínhamos, durante a elaboração deste texto, no segundo semestre de 2018, uma população de 183 crianças e adolescentes sendo atendidos no serviço, dos quais 131 apresentavam quadros compatíveis com transtorno do espectro do autismo (TEA), segundo a última versão do *Manual diagnóstico e estatístico de transtornos mentais* (DSM-V). Havia, naquela ocasião, dezessete bebês e suas famílias divididos em seis grupos terapêuticos, e dez bebês (0-3 anos) estavam em fase de avaliação.

Muitas das famílias atendidas com seus bebês, principalmente as oriundas de outros estados, migrantes ou em situações de embarques, buscam no CAPSI um suporte psíquico e sociocultural. Embarques e desembarques fazem parte da rotina de muitas famílias de Macaé. Esses períodos podem ser longos e durar até mais de um mês, podendo afetar profundamente a rotina familiar.[1] O investimento dos familiares é intenso: estão sempre presentes nas reuniões, assembleias e comemorações, colaboram com a equipe, mobilizam-se em campanhas sociais; em suma, fazem uma transferência importante com a instituição e com a equipe. Como disse uma das mães atendidas no projeto: "O CAPSI é como uma família para nós".

Antoine Guedeney e colaboradores (2007), em um artigo sobre riscos ao desenvolvimento do bebê, do nascimento aos 18 meses, ressalta que um acúmulo de fatores de risco colocaria em xeque a capacidade de resiliência. Entendemos que a migração seria mais um fator para a vulnerabilidade das famílias entre outros vários fatores, como as características biológicas e genéticas e os encontros relacionais. Precisamos refletir sobre esses fatores de risco e a possibilidade de intervenções terapêuticas a tempo, pois sabemos que os sinais de risco nem sempre evoluem para a patologia, conforme nos esclarecem Picco e Carel (2002).

Esse projeto de atendimento foi implantado em novembro de 2015, e podemos dizer que dois fatores confluíram para sua organização. O primeiro: um número significativo de bebês (de 2 anos e meio a 3 anos) passaram a ser encaminhados à instituição,

1 Os funcionários da Petrobras e outras petroleiras alternam períodos "embarcados" e outros em terra. Eles trabalham nas plataformas de exploração de petróleo no mar.

que até então atendia crianças a partir de 5 anos. O outro fator foi o desejo, de uma parte da equipe, de se aprofundar no estudo da psicopatologia do bebê e das perturbações precoces da interação, visando ao atendimento dessa população no âmbito do serviço público.

A maioria dos bebês chega ao CAPSI com atraso no desenvolvimento da fala e comprometimento na interação, muitos já com uma hipótese diagnóstica de "transtorno do espectro do autismo". Entendemos que esses bebês chegam em "retraimento relacional", termo que Picco e Carel (2002) preferem usar em lugar de "pré-autístico". Esse termo nos parece mais adequado, na medida em que essa condição pode ser encontrada em bebês com clínicas muito variadas, inclusive, mas não somente, em bebês que evoluem para o autismo. O sofrimento psíquico dos pais pode ser preexistente, eventualmente desencadeado pelo anúncio brusco e precoce desse diagnóstico; pelo retorno de dores passadas que a chegada do bebê atualiza; e, ainda, pelas inúmeras dificuldades cotidianas diretamente relacionadas a essas situações clínicas. Nosso fazer terapêutico e nosso pensar têm por referência a concepção psicanalítica da constituição do psiquismo a partir da relação com o outro – o que implica, em se tratando de bebês, a participação dos familiares no atendimento.

Que tipo de atendimento oferecer a bebês com retraimento relacional em um CAPSI? Como lidar com essa dor psíquica "silenciosa"? Por fim, como pensar nosso lugar terapêutico em meio a tantas promessas de reeducação e cura oferecidas por outras modalidades de atendimento? Desde o início, a necessidade de uma supervisão de orientação psicanalítica se fez indispensável.

O projeto inicial compreendia acolher as famílias e seus bebês em grupos terapêuticos e promover a criação de uma rede de assistência a essa população. Ao chegar à instituição, o bebê e sua família são atendidos para uma avaliação inicial que dura algumas semanas. Na discussão em equipe define-se o projeto terapêutico para essa família e em que grupo ela será inserida. A proposta de inclusão nesses grupos terapêuticos pais-bebês é apresentada aos familiares ao final dessa avaliação. Explicamos o funcionamento do grupo, sua regularidade, quem são os participantes e qual é a proposta. Um profissional é designado como terapeuta de referência para essa família.

O grupo terapêutico acontece uma vez por semana, durante cinquenta minutos. Participam três bebês e seus familiares, dois terapeutas e um observador (estagiário de Psicologia/interno de Medicina), que relata a sessão. Todos se sentam no chão, o que faz com que fiquemos acessíveis e na altura dos olhos dos bebês.

Os brinquedos, escolhidos de acordo com as necessidades, interesses e competências dos bebês, são colocados no chão da sala, ficando à disposição de todos os participantes. Iniciamos com brinquedos macios, tecidos, cubos de espuma, dedoches de pano. Aos poucos, em função dos interesses de cada um, vamos propondo brinquedos diferentes. Palavras podem ir surgindo na ausência dos objetos de desejo. Os terapeutas vão nomeando, colocando em palavras apostas de comunicação, afeto e desejo. Nem sempre as palavras surgem. Mas há outras possibilidades de entrada em relação, mesmo que de maneira pontual e fortuita. E os familiares estão ali, investidos e legitimados por nós em suas funções e potências, participando do grande trabalho que é a inserção desses indivíduos no campo da relação, das palavras, dos significados sociais, da diferenciação do outro e da constituição do psiquismo.

A introdução dos pais no atendimento dos bebês foi uma mudança importante no funcionamento da instituição. A criança tradicionalmente era a figura central nos atendimentos, apesar das entrevistas com pais já serem prática corrente na unidade. Se nosso objetivo era promover encontros que propiciassem condições para favorecer a constituição do psiquismo, nada mais lógico que incluir as principais figuras de afeto e cuidado dos bebês. O espaço grupal favorece possibilidades de comunicação e de expressão de sentimentos, o aparecimento da percepção que os pais têm de seus filhos, seu significado na história de cada família, de cada um dos cônjuges, as dificuldades para lidar no cotidiano... As vivências vão sendo compartilhadas e, eventualmente, transformadas. Possibilita-nos observar e facilitar o investimento no bebê na condição de um sujeito advir. Sabemos que a construção de uma imagem antecipatória sobre o bebê, que o precipite em possibilidades e expectativas, é fundamental para sua constituição como sujeito.

Um armário vazio com espelho na parte interna da porta, que é bastante visitado pelos bebês nas brincadeiras de esconde-esconde, tem função importante na sala de atendimento. Nessas brincadeiras ficam evidentes questões como entrar-sair, estar presente-ausente, junto-separado, dentro-fora, se esconder do outro e ser procurado. Essa situação também possibilita a vivência da continuidade do contato garantida pela voz do terapeuta, mesmo quando não é possível se olharem. Quando a família entra na sala de atendimento, seus nomes são escritos em uma das laterais da parede: os nomes dos bebês, dos familiares e dos profissionais. Existe um "ritual de saída": o lanche fornecido pela prefeitura. Mas a separação e a antecipação do próximo reencontro também são "servidos", por meio das palavras dos terapeutas. Há um ritmo que se repete. Eles sabem que iremos nos reencontrar na semana seguinte, a hora, a sala, que brinquedos estarão lá... Há um enquadramento que sustenta o sentimento de continuidade e estabilidade, não de maneira rígida, mas de modo previsível e maleável. O espaço terapêutico se mantém estável, como um envelope, um continente, uma membrana que protege e ao mesmo tempo separa, reúne, transforma. O grupo-célula, como define Marie Dominique

Amy (2001, p. 103), no qual os terapeutas "servem de membrana a um conteúdo celular altamente anárquico".

A permanência de cada bebê nesses grupos depende da idade de chegada, da sua situação clínica e familiar, mas a duração média atual está em torno de 1 ano e meio. Estamos definindo critérios clínicos que nos norteiem quanto à passagem do bebê e sua família para outras modalidades de acompanhamento. Os encaminhamentos podem ser feitos para o próprio CAPSI, para outro serviço da rede municipal, ou compartilhado por mais de uma instituição. Cada chegada ou saída de uma criança é discutida e trabalhada pelos terapeutas com os participantes do grupo, e algumas situações, aprofundadas em supervisão.

Vinhetas clínicas de um dos grupos terapêuticos com os bebês e suas famílias

Esse grupo, conduzido por Paula Ferraz e Iasmin Morínigo, teve início com Laura (2 anos e 8 meses) e sua mãe, Maria. O pai de Laura só veio uma vez, dois meses depois, em um período de desembarque. Após três meses, entraram Eduardo (2 anos e 9 meses) e sua mãe, Lia; e Daniel (2 anos e 9 meses) e sua mãe, Joana. O grupo conta também com um observador, em geral um interno de Medicina da Família da UFRJ. O relato que se segue apresenta vinhetas de algumas sessões e diz respeito apenas aos primeiros sete meses de atendimento.

Os três bebês chegaram com a mesma hipótese diagnóstica, TEA, feita pelos encaminhadores (escola, neuropediatra e fonoaudióloga). Desde o início do acompanhamento mostram-se extremamente diferentes entre si, tanto nas características individuais como nos sintomas que apresentam. Suas famílias também, na forma como se relacionam e como sofrem. Dois pontos têm em comum: são todos primeiros e únicos filhos do mesmo casal parental. Somente Eduardo tem um irmão mais velho por parte de pai. O outro ponto em comum: todas as famílias têm histórico de migração para o município. Uma família vem de outra região; nas outras, as mães vêm de outras cidades, no mesmo estado.

Nos primeiros atendimentos, Laura chegava frequentemente chorosa, irritadiça e com a testa franzida. Ela parecia gostar de brincar com giz. Já no primeiro dia, brincou de espalhar os pedacinhos de giz; Paula os juntava e os colocava de volta em suas mãos ou em um copo. Ela os espalhava novamente. Essa brincadeira, que se repetiu durante alguns minutos, parecia tranquilizá-la momentaneamente. Logo voltava chorosa para o colo de sua mãe. Nesse dia, quase no final do atendimento, recorreu ao seu "paninho". Fez a mãe abrir a sua mochila, puxando-a pela mão, e o pegou. Encostou o "paninho" no rosto, na altura do lábio, o olhar virou para o teto. Saiu completamente do contato, fato que a mãe relatou ser frequente em casa.

A descrição desse comportamento de Laura ilustra bem o que Picco e Carel (2002, p. 173) descrevem como retraimento relacional, "quando há um retraimento ativo da criança (do olhar ou pela hiperextensão crânio-caudal quando pego nos braços) ou uma atitude de indiferença às solicitações do adulto. A ausência de busca de consolo em uma situação de estresse constitui um equivalente". E continuam: "a atitude de retraimento é seguida ou concomitante a uma atenção extrema dada a um objeto fonte de estimulação sensorial". Esse tipo de comportamento acontece no desenvolvimento normal e tem funções de comunicação (por exemplo, comunica ao interlocutor um desprazer/desconforto), e também na organização psíquica e proteção dos bebês (por exemplo, participa do aprendizado da ausência). O retraimento relacional nos preocupa quando está presente de maneira sistemática e em situações nas quais há um prejuízo da qualidade da relação. Esses autores ressaltam a ideia de que as classificações nosográficas para essa faixa etária ainda estão muito presas aos modelos da clínica de adultos e que a qualidade da relação pode ser o primeiro indício de uma organização patológica (Picco e Carel, 2002).

Maria, nesse mesmo dia, falou de sua solidão, principalmente por ter que sustentar sozinha a investigação e o início dos cuidados de Laura. O marido/pai trabalha embarcado: quinze dias em terra, quinze dias no mar. Maria contou o que Laura fazia em casa: pegar o telefone, jogar longe a mamadeira quando o suco está acabando, desenhar, sempre enfatizando a suscetibilidade de Laura. Essas histórias surgiam e eram articuladas com o que se passava no grupo.

Gradualmente, Laura começou a se movimentar pela sala, a explorar o espaço e os brinquedos. Começou a fazer mais contato conosco. Em uma sessão de grupo, Paula lhe ofereceu o giz para desenhar na parede. Ela fez pequenos círculos. Em seguida, foi brincar com potes de encaixe, com os quais mãe e filha brincavam com frequência de empilhar e ordenar. Ela deixou os potes, abraçou a mãe e retornou próximo aos desenhos. Voltou a fazer os pequenos círculos com o giz. Paula fez um círculo grande e depois círculos pequenos, dentro do círculo maior. Laura a imitou, acrescentando círculos pequenos ao desenho de Paula. E continuou a brincadeira com giz. Paula falou que ela estava com o giz branco e Laura com o rosa. Laura passou o giz no queixo. Maria disse: "Não!". Laura emitiu um som que parecia ser "giz". Paula disse: "É giz, mamãe...". E Maria sorriu e passou o giz em seu queixo também. Após algumas semanas, suspeitamos que Laura fazia alergia ao giz e tivemos que deixar de utilizá-lo como objeto de mediação. Depois de um tempo, foi possível voltar a usá-lo.

Essa passagem do atendimento foi muito significativa e ilustra bem o trabalho nos grupos terapêuticos. A ilusão antecipatória de Paula, que ouve um som e o transforma em uma "palavra", permite que o som ganhe um significado para a mãe. Maria olha para Laura como alguém que pode e deseja comunicar algo. Essa percepção torna possível um jogo identificatório e simbólico entre elas (estavam passando batom?). Algo precioso se passa na relação mãe-filha. Entramos no campo do significado e da linguagem.

Iasmin saiu de férias, e esse afastamento foi previamente falado no grupo. Duas internas de Medicina participaram com Paula dos atendimentos nesse período. Laura reagiu com muita irritação quando Iasmin voltou: gritava, fechava os olhos, não queria entrar na sala. Cabe lembrar que Iasmin fez as entrevistas iniciais com Maria e que esse afastamento ocorreu um mês após o início do grupo. À medida que colocamos em palavras a separação, o retorno, as emoções que ela sentira, a reação de Laura foi se atenuando, na duração e na intensidade. Em duas semanas isso não mais acontecia. Separação, solidão, ausências, fazem parte do cotidiano na vida de Laura e Maria – ausências como a do pai embarcado (cujo nome não é lembrado pela equipe no momento da supervisão) e das famílias do casal vivendo em outro estado. No mês seguinte, mãe e filha brincaram pela primeira vez de fazer de conta, com copinhos de encaixe, como se fossem copos com suco dentro.

Mais um mês e Laura mudou de escola, passando a frequentá-la por meio período, tendo as tardes livres com sua mãe. Antes, frequentava uma creche em período integral. Outra brincadeira entrou em cena: equilibrar cubos de espuma na cabeça. Nós os colocávamos nas nossas cabeças, ela imitava. Com cumplicidade no olhar, dava cubos à sua mãe, para que ela também os colocasse sobre a própria cabeça (da mãe).

Nesse mês, entraram Eduardo e Lia (mãe). Laura acompanhava a movimentação de Eduardo com o olhar, interessada. Seguiram-se algumas tentativas de aproximação física. Eduardo ficava indiferente às suas aproximações. Ela o seguia e tentava sentar-se ao seu lado no espaço do armário. Ele não abria espaço para ela. Parecia não perceber Laura. Lia, por sua vez, só estabelecia contato com o filho. Ela nos respondia monossilábica ou evasivamente de maneira sistemática. A entrada de Daniel e Joana, duas semanas depois, mudou ainda mais a dinâmica. Maria e Joana já se conheciam da primeira escola de Laura e Daniel. Compartilhavam experiências comuns. Lia ficava fora dessas trocas, até por permanecer a maior parte do tempo de costas ou de lado para o grupo.

A equipe discutiu a situação em supervisão e pensamos que seria importante oferecer uma entrevista individual a Lia. Levantamos algumas hipóteses para esse retraimento. O que pertencia a Lia, o que pertencia a Eduardo, o que seria do funcionamento do grupo, o que seria dos terapeutas e o que seria próprio dos aspectos autísticos de cada um? E entendíamos que todos estes aspectos poderiam coexistir.

Na consulta individual, Lia se mostrou muito diferente. Solícita, falando espontaneamente sobre o filho, sobre suas expectativas e sua teoria sobre o que se passava com ele. Ela via apenas o atraso de linguagem e alguma dificuldade pontual para se relacionar com certas crianças. Contou que ele brincava com os primos, que atendia quando ela o chamava, que falava algumas palavras, que emitia sons. Ela não percebia as dificuldades na interação social, na comunicação não verbal, na capacidade de se vincular e olhar o outro, nem percebia a sua movimentação como aleatória. Não via suas estereotipias. Durante essa consulta, Eduardo movimentou-se pela sala, apresentando estereotipias motoras, emitindo sons, gritinhos e risos sem uma motivação compartilhada conosco. Não fez nenhum contato com a terapeuta. Ele procurou o contato físico com sua mãe e fez contatos visuais fortuitos com ela. Lia, como sempre, reagiu com muito afeto. É uma jovem mãe de 22 anos, que nos parece muito disponível para seu filho, mas frequentemente indisponível para o restante do grupo. O que o grupo representaria para ela?

No grupo que se seguiu ao atendimento individual, ela estava mais comunicativa, mais disponível para o contato com as outras crianças e com as mães do grupo. Nós sabemos o quanto é importante trazer essa temática para o grupo de uma forma que implique todos os participantes. Afinal, este é um dos núcleos do nosso trabalho: formar vínculos, se separar, se vincular, lidar com rupturas. No entanto, essa dificuldade de estabelecer contato com Lia dentro do grupo e sua apresentação tão diferente na consulta individual nos mostrou que precisamos também pensar o funcionamento grupal sempre em paralelo com a singularidade de cada componente do grupo. Uma situação que pode nos parecer um "entrave" no grupo pode significar um sofrimento pessoal que demanda uma escuta individual. Já tínhamos experimentado outras situações em que atendimentos individuais tinham sido fundamentais para a aliança e a continuidade da família no grupo.

Em uma sessão, Maria falou sobre suas "tendências depressivas", que acredita serem uma característica familiar. Falou que houve um momento em que sentia vontade de chorar, que tinha muito desânimo. Falou da falta que sentia de ter sua mãe por perto. Lembrou do seu choro durante a gravidez, associando-o ao fato de ficar muito sozinha, pois seu marido já embarcava com regularidade. O casal veio do Nordeste antes da gestação de Laura e não contava com suporte familiar em Macaé. Maria sentia saudades, apesar de falar com a mãe frequentemente pelo celular. Acrescentou que, nos últimos tempos, vinha se sentido melhor, menos triste. Achava que Laura percebia quando ela não estava bem. Nós nos perguntamos: será que Laura percebe que sua mãe está melhor agora? Maria contou ainda que Laura lhe "deu paciência", referindo-se ao fato de que aprendeu a ter paciência e a dividir seu mundo/espaço com a filha. Nesse dia, Laura e Maria brincaram com um fantoche de pano, rindo e se olhando. Joana e Maria compartilharam relatos de melhora de seus filhos em outros espaços. As mães estavam mais falantes e brincando mais com seus filhos durante o atendimento. Joana contou que, no final de semana, Daniel brincara com a filha da madrinha e que percebera que ele estava interagindo mais. Disse ainda que ele tinha voltado a falar. No grupo, o menino falou "achou" na brincadeira de esconder embaixo do tecido. Daniel, que havia chegado bem inquieto, jogando os brinquedos para o alto, aos poucos foi se conectando ao grupo. Ele adorava carros e, na ausência proposital destes (pois conversamos no grupo que quando uma criança usa um brinquedo e se machuca ou pode machucar o outro, esse brinquedo é retirado temporariamente e sua ausência trabalhada na sessão), começou a usar outros objetos como se fossem carrinhos, se apropriando de uma brincadeira iniciada por Iasmin. A sandália de sua mãe se transforma em um carro. A brincadeira era empurrar uma sandália para o outro, arrastando-a pelo chão. Nesse dia, Eduardo ficou ao lado de Joana, fazendo "Hummm". Joana entendeu que Eduardo também queria um chinelo. Deu o outro pé para ele, que ficou arrastando o calçado de um lado para o outro e "sorrindo". Eduardo mantém essa expressão de "sorriso" quando olha para a própria mão, quando olha para o espelho, quando dança, quando bate à porta do armário. Ele movimentava a cabeça lateral e incessantemente enquanto repetia seu "Hummm". Perguntamos a Lia o que ela achava que podia estar acontecendo. Ela explicou muito convicta que ele gostava de sentir os cachinhos balançando e que pretendia deixar o cabelo dele crescer para ter mais cachos. Sua certeza sobre esses movimentos tão estereotipados nos preocupou, pois poderia representar uma impossibilidade em perceber esse sintoma que nos preocupava nele, além de fechar a questão em uma interpretação muito própria, na qual não havia espaço para dúvida, para Eduardo se manifestar. Em contrapartida, essa fala de Lia também poderia nos mostrar que ela era capaz de imaginá-lo como sujeito, dando um significado cheio de afeto aos movimentos que ele fazia. A complexidade da situação nos mostra a sutileza e a especificidade dessa clínica.

Na semana seguinte, Daniel lembrou da brincadeira com a sandália e quis repeti-la. Pegou o próprio tênis e a sandália da mãe, sentou de frente para Iasmin e iniciou a brincadeira. Mas não houve olhares nem sons para Iasmin. Nesse dia, houve uma brincadeira que envolveu todas as crianças, no "buraco do armário". Daniel e Laura entraram e saíram, se alternando. Laura disse "tchau, Daniel", fechando a porta com Daniel sentado lá dentro. Logo depois, Laura demonstrou irritação por ter que esperar a vez de entrar. Eduardo brincou de fechar a porta, batendo-a. Conversamos no grupo, narrando essas experiências, articulando-as com a interação.

Em uma outra sessão, Eduardo fez a brincadeira da sandália com sua mãe. Ele buscou a sandália de Joana, sentou-se de frente para Lia e iniciou a brincadeira com ela. Daniel, por sua vez, repetiu com Iasmin a mesma brincadeira. Observamos entre eles olhares que não se sustentavam longamente, mas que mostravam o compartilhamento pontual de momentos de prazer com discretos sorrisos.

Laura voltou a buscar seu "paninho" (seis meses depois do início do grupo), mas de uma maneira um pouco diferente. Ela mexeu na mochila até sua mãe pegar o paninho que estava dentro. Ficou um pouco com ele na mão, mas sem se desconectar, sem apresentar o "evitamento relacional". Separou-se dele, sem grande dificuldade, quando sua mãe sinalizou a ela que iria guardá-lo. Mais um mês se passou e percebemos as crianças interagindo mais com as mães das outras crianças. Lia com Daniel, Joana com Eduardo, Laura com Lia. As brincadeiras no tecido (esconder e achar, cantar embaixo do tecido) e com cubos (de jogar uns para os outros) já apontam para uma maior interação. Pela primeira vez, Eduardo jogou de volta um cubo de espuma que foi jogado na direção das suas mãos. Laura desfraldou nesse mesmo mês, estava mais expressiva, buscando mais o contato visual. Nesse dia, já quase no final do grupo, Laura sentou ao lado da mãe e convidou Iasmin para sentar-se do seu outro lado. Bateu palmas olhando para uma e para a outra, alternadamente.

A supervisão

A supervisão acontece em grupo com encontros semanais de uma hora e trinta minutos de duração. Fazem parte desse grupo todos os profissionais da instituição, que se responsabilizam pessoalmente pelo pagamento da supervisão, dado esse de extrema importância e que aponta para a qualidade do comprometimento desses profissionais. Nesse sentido, é de se lamentar a imensa dificuldade do poder público em investir em projetos pioneiros ligados à saúde mental, em especial quando estes dizem respeito a bebês e à primeira infância. Os estagiários de Psicologia também participam desse grupo, trazendo um clima de curiosidade e desafio construtivos para as reuniões.

O foco da supervisão é o trabalho nos grupos terapêuticos pais-mães-bebês, o que significa um universo de questões. Questões sobre avaliação de bebês e suas famílias, sobre a indicação de acompanhamento dos "bebês que são nossos" (forma carinhosa da equipe de se referir aos bebês que apresentam sinais de risco para o autismo), sobre o contato com as instituições encaminhadoras, pedidos de indicações de leitura especializada (e não especializada: literatura, por exemplo). Inicialmente, discutimos a forma como iríamos trabalhar: o que os profissionais esperavam da supervisão, a composição dos grupos, sua frequência, os relatos minuciosos (no estilo das observações de bebês – método Esther Bick) das sessões dos grupos para a supervisão. Aos poucos foi construído um modelo de funcionamento no qual tanto a palavra como o gesto-ação teriam uma força e um lugar de destaque na dinâmica desses grupos. Entendemos que o grupo de supervisão funciona com uma dinâmica própria, mantendo, no entanto, uma certa sintonia e pontos de contato com os grupos terapêuticos.

É importante frisar que trabalhamos com a concepção do autismo dentro de uma perspectiva multifatorial, sem entrar na polêmica etiológica que opõe psicogênese a organogênese. A psicanálise nos oferece uma compreensão sobre o sofrimento psíquico desses bebês, sua angústia intensa, sua sensação de fragmentação. Um entendimento precioso, também, sobre a desesperança e a dor das famílias frente às dificuldades das crianças de se vincularem. "Se todas as crianças autistas se caracterizam, no início, pela recusa de contato, elas são por outro lado muito diferentes umas das outras. Em um momento inicial, o trabalho consistirá em observar todos os aspectos de sua organização defensiva, e tentar perceber quais podem ser suas fraquezas" (Amy, 2001, p. 68). Tentamos encontrar quais seriam os pontos possíveis de interação, criando uma ligação embrionária entre os terapeutas e as crianças.

Importante exemplificar como trabalhamos em supervisão: foi sugerido um tema por um dos participantes para se discutir em supervisão. No entanto, a equipe não se deteve ao tema, passando de um assunto para outro, sem dar continuidade à linha de pensamento. A supervisora percebendo um certo sentimento de impotência, foi utilizando sua contratransferência e passou a colocar em palavras o que estava acontecendo, descrevendo a situação e nomeando os sentimentos explícitos de toda a equipe (supervisora incluída). Foram surgindo palavras no grupo, e "pulverização" foi uma delas. Pensamos juntas: fragmentação, *splitting*, continente. A supervisora fez um desenho (pontos dentro de um círculo) que, posteriormente, identificamos ser similar ao que Paula Ferraz fez no grupo de bebês com Laura. A partir da relação estabelecida em supervisão entre os conceitos que surgiam nas discussões e as situações clínicas, decidimos escrever um relatório durante cada encontro. Esse relato passou a ser lido no início da supervisão seguinte, facilitando a continuidade e funcionando como narrativa da história do grupo de supervisão.

A cada ano fazemos uma avaliação da supervisão, em cujo final consta uma pergunta: "o que precisa ser mudado?". As conversas são individuais, e, por fim, discutimos em grupo, tomando decisões e modificando o rumo quando possível. "Eu acho que ir fazendo é do serviço público. A supervisão é o espaço para pensar o trabalho, foi condição para o projeto existir." "A equipe precisa estudar mais, se comprometer com a leitura. Poderíamos ter um tempo na supervisão para discussão de textos." Estipulamos uma supervisão por mês para discussão de textos. "Precisa ser realizado um melhor trabalho com a rede. Sem ela o projeto não se sustenta." A partir dessas discussões em supervisão, a equipe modificou sua prática de matriciamento e passou a receber encaminhamentos de bebês cada vez mais jovens.

Percebemos, a partir de uma outra situação que havia ocorrido em um dos grupos, que o contrato terapêutico não estava claro, gerando incertezas, insegurança e descontinuidade. Quando chegava o momento de explicar às famílias a importância da sua participação, nos víamos em dificuldade, medindo as palavras. Muitos pais vinham com a ideia de que os ensinaríamos, pedagogicamente, a cuidar dos seus bebês, a falar com eles ou a lidar com as situações difíceis do cotidiano. Precisávamos explicar claramente que a presença deles era fundamental em nosso trabalho, por eles serem as principais referências afetivas dos bebês e fazerem, de fato, parte do processo terapêutico. Um trabalho que se baseia nos vínculos e na relação precisa acontecer com as figuras envolvidas, ou seja, pensar no bebê sempre em um sistema interativo. A família é um grupo. "É nesse grupo primário que se opera o processo de individuação dos novos membros que nele chegam, os bebês" (Lacroix, & Monmayrant, 2005, p. 151).

Para além dessa questão, ao longo da discussão nos demos conta de que havia outro fator para não estarmos sendo claras. O sentimento de culpa ainda era um nó para a equipe. Ao reconhecermos que havia questões dos bebês que afetavam o funcionamento psíquico dos pais e vice-versa, nós reconhecíamos também a relevância do envolvimento dos pais no processo de adoecimento ou no reforço dos sintomas. E, por isso, temíamos aumentar o sentimento de culpa destes com nossas falas. Mas não poderíamos negligenciar que há um ciclo relacional que se retroalimenta, como em uma "sincronia interativa", a exemplo do que dizem Cosnier e Charavel (1998, p. 83), e que "está na base do processo empático que condiciona as trocas intersubjetivas". Nossa intenção não era aumentar a culpa pelo adoecimento de seus bebês (lembrando o modelo polifatorial), mas não poderíamos negligenciar o fato de haver situações do sistema familiar a serem consideradas, convocando-os a se envolverem com o atendimento.

Uma estagiária de Psicologia trouxe na supervisão uma pergunta que uma mãe fizera no grupo terapêutico e que muito a tocou: "Tem uma coisa que sempre quis perguntar. Aqui vocês nos acolhem, conversam, escutam nossas angústias, tristezas, enfim, cuidam da gente. Mas sempre quis saber... quem cuida de vocês? Porque todo mundo tem esses sentimentos, não é?". O espaço de supervisão também é um espaço para cuidar de quem cuida.

Longe de ser uma conclusão

Esses bebês em retraimento têm, em graus variados, dificuldade para se comunicar neste mundo onde tudo é linguagem, pensamento, representações. Nos grupos terapêuticos, eles podem se expressar livremente, na medida em que são escutados e olhados. E os familiares também. Suas histórias vão sendo contadas, e esses bebês vão sendo inscritos nestas histórias. Eles não são reduzidos a "futuros autistas", nem em suas vivências, nem em suas características ou particularidades. Nós vamos coconstruindo formas de lidar com essas questões, ampliando possibilidades existenciais para o bebê e sua família.

Todo o processo que antecede a chegada das famílias para avaliação, todas as incertezas sobre o que se passa com o bebê, a suspeita diagnóstica, um diagnóstico eventualmente dado de maneira traumática, a busca por assistência, o início do acompanhamento, a solidão, a migração... todos esses fatores potencializam a vulnerabilidade dessas famílias. A chegada ao CAPSI lhes apresenta uma rede de atenção psicossocial até então desconhecida para a maioria – e que, até pouco tempo, no caso dos bebês, era mesmo inexistente em Macaé. Essa rede se torna um verdadeiro suporte, pois há uma inserção social muito particular que se organiza. Quanto antes eles chegarem, mais cedo acontecerá a entrada nos grupos terapêuticos e na rede de cuidados, permitindo que trabalhemos com essas famílias antes que estejam cristalizados funcionamentos autísticos. Esses bebês, mas principalmente os laços que os envolvem, tornam-se sujeitos de cuidado na rede pública de Macaé.

Referências

American Psychiatric Association (APA).(2014). *Manual diagnóstico e estatístico de transtornos mentais (DSM-5)*. Porto Alegre: Artmed.

Amy, M. D. (2001). *Enfrentando o autismo: a criança autista, seus pais e a relação terapêutica*. Rio de Janeiro: Jorge Zahar.

Brasil. Ministério da Saúde. Gabinete do Ministro. Portaria n. 336 de 19 de fevereiro de 2002. Disponível em: https://bvsms.saude.gov.br/bvs/saudelegis/gm/2002/prt0336_19_02_2002.html. Acesso em: 11 jul. 2021.

Cosnier, J., & Charavel, M. (1998). Développement théorico-clinique du concept d'épigénèse interactionnelle. *Psychiatrie Française, 29*(3), 79-87.

De la Noe, Q., & Sharara, R. (2004). De la vulnerabilité des mères migrantes et leurs enfants à la résilience. *In* M. R. Moro, Q. de la Noe, & Y. Mouchenik (Eds.). *Manuel de psychiatrie transculturelle* (p. 363). Grenoble: La Pensée Sauvage.

Houzel, D., Emmanuelli, M., & Moggio, F. (2002). *Dictionaire de psychopathologie de l'enfant et de l'adolescent*. Paris: PUF.

Farias, E. P., & Toucherman, S. E. (1988). A observação da relação mãe-bebê e a formação analítica. São Paulo, *Revista Brasileira de Psicanálise, 22*(4), 595-609.

Golse, B. (2013). Sobre lo que no podemos ceder. *Controversias en Psicoanálisis de Niños y Adolescentes*, n. 13. Disponível em: https://www.controversiasonline.org.ar/dossier/GOLSE.pdf. Acesso em: 11 jul. 2021.

Golse, B. (2015). Préface. L'atmosphère thérapeutique: une double enveloppe pour prender soin du soin? *In* M. Vincze.

L'Atmosphère thérapeutique à Lóczy II. De l'observations de l'enfant aux questionnementes de l'instituition. Toulouse: Érès.

Guedeney, A., Mintz, A.-S., & Dugravier, R. (2007). Risques développementaux chez le nourrisson de la naissance à 18 mois. *Journal de Pédiatrie et de Puériculture*, (20), 146-151. Disponível em: https://www.researchgate.net/publication/271029902_Risques_developpementaux_chez_le_nourrisson_de_la_naissance_a_18_mois. Acesso em: 11 jul. 2021.

Lacerda, E. T. (2015). A "cura pela palavra" também serviria aos bebês?: a constituição de um serviço. *In* C. C. Abud. *A subjetividade nos grupos e instituições: constituição, mediação e mudança* (pp. 365-395). Lisboa: Chiado.

Lacroix, M. B., & Monmayrant, M. (2005). Du bébé au groupe d'enfants: l'impact de la violence émotionnelle. *In* D. Mellier. *Vie émotionnelle et souffrance du bébé*. Paris: Dunod.

Laznik, M. C. (2013). *A voz da sereia: o autismo e os impasses na constituição do sujeito*. Salvador: Ágalma.

Lebovici, S. (1998). *L'Arbre de vie. Eléments de la psychopathologie du bébé*. Ramonville Saint-Agne: Érès.

Morales-Huet, M. (1999). As psicoterapias mãe/bebê a domicílio: tratamentos de díades mãe/filho de risco e inacessíveis aos cuidados institucionais. *In* A. Guedeney, & S. Lebovici. *Intervenções psicoterápicas pais/bebê*. Porto Alegre: Artmed.

Picco, M., & Carel, A. (2002). Evitement relationnel du nourrisson et dépistage précoce. *La Psychiatrie de l'Enfant*, *45*(2002/1), 171-205. Disponível em https://www.cairn.info/revue-la-psychiatrie-de-l-enfant-2002-1-page-171.htm. Acesso em: 11 jul. 2021.

Intervenções oportunas em bebês com sinais de risco em saúde mental

Vera B. Zimmermann, Juliana de Souza Moraes Mori, Marcela Assef, Paula Gandolfo, Rosana Maria Ojeda, Silvana Vieira Silveira Santos

Nossa história e modelo de funcionamento

Durante o percurso clínico ambulatorial do Centro de Referência da Infância e Adolescência (CRIA), da Universidade Federal de São Paulo (Unifesp), fomos convocados a preencher muitas e diferentes lacunas demandadas pela população que nos procurava. Entre essas lacunas, foi se constituindo o desejo de intervir precocemente nos mecanismos relacionais que constituem o processo de subjetivação. Apostamos na premissa clínica de que, se uma equipe de saúde mental puder intervir nos momentos iniciais do desenvolvimento e constituição psíquica e nas relações da criança com seu ambiente, evitará ou minimizará que se estabeleçam determinadas fixações e/ou prejuízos maiores.

Ainda, nossa experiência nas aulas de Psicologia Médica e na supervisão da residência em Psiquiatria Infantil foi-nos mostrando a importância de incluir na formação desses alunos uma vivência profissional em que eles pudessem observar concretamente como se constituem os primórdios do psiquismo e como isso está entrelaçado com o desenvolvimento, abarcando, assim, complexidade do funcionamento corpo-psiquismo e da psicopatologia.

Desse modo, via projeto Bebês com Sinais de Risco em Saúde Mental, oficializado em 2009, focalizamos a assistência à faixa etária de 0 a 3 anos com entraves iniciais na constituição psíquica e no desenvolvimento.

Em sintonia com a filosofia geral do CRIA, fundamentamos nossa clínica numa concepção de sujeito que se constitui a partir da interação complexa entre o corpo e o psiquismo, entendendo que a saúde mental se estabelece nos primeiros anos de vida e que depende das relações corporais, afetivas e simbólicas que se organizam entre o bebê e a figura materna ou sua substituta, bem como de sua família, relações ambientais e institucionais.

Trata-se da organização de uma estruturação psíquica básica, organização esta que lhe possibilitará fazer uso de suas funções instrumentais e de suas relações com o ambiente. Dessa forma, a motricidade, a inteligência, a socialização e o domínio da linguagem são indissociáveis ao psiquismo.

Realizamos nossas intervenções fundamentadas nesses pressupostos e privilegiamos conhecimentos advindos de um entrecruzamento de processos maturativos de ordem neurológica e genética e dos processos de constituição psíquica. Conceitos como neuroplasticidade e conclusões de investigações em diferentes áreas do conhecimento que apontam para a importância decisiva das experiências infantis precoces norteiam a organização de nossas tarefas para atender o sofrimento psíquico de crianças e suas famílias.

Em nosso serviço, falamos em intervenções transdisciplinares que auxiliam corpos biológicos a ingressarem num circuito pulsional, corpos sensoriais a advirem ao mundo das representações verbais e se incluírem em redes de comunicação compartilhada no social.

Entende-se aqui o transdisciplinar como busca da compreensão da complexidade dos fenômenos pertinentes à cena clínica, uma atitude empática na relação com o conhecimento do outro, articulando elementos que passam entre, além e através das disciplinas (Rocha Filho, 2007).

Nossas metapsicologias abrangem, principalmente, um percurso teórico clínico fundamentado em Freud, Aulagnier, Winnicott e Lacan, bem como fundamentos da psiquiatria e da psicologia do desenvolvimento.

Referenciais conceituais

O que significa organizar intervenções multidisciplinares que favoreçam encontros para que a cria humana se torne sujeito?

Retomamos Freud (1895/1996), quando sintetiza o primeiro "encontro" necessário para o início da constituição do psiquismo, conceituando a "vivência de satisfação", definindo assim, também, o lugar da função materna, do outro na constituição psíquica: "o organismo humano é incapaz de promover a 'ação específica' que lhe aliviará a tensão, o desprazer e, portanto, ela se efetua por 'ajuda alheia'". Diz Freud: "essa descarga adquire, assim, a importantíssima função secundária da comunicação, e o desamparo inicial dos seres humanos é a fonte primordial de todos os motivos morais" (Freud, 1895/1996 p. 370).

A ideia que se desprende dessa dinâmica é a de que o motor inicial da busca de conhecer o mundo não está somente a serviço do autoconservativo, ou seja, das necessidades biológicas apenas, mas sim do reencontro com o objeto de prazer. A alucinação primitiva, que é a satisfação do desejo por via alucinatória, e que é advinda dessas primeiras vivências de satisfação, será o que constitui o início da simbolização, origem do processo de pensamento. Assim, a condição de humanização não é apenas satisfação de necessidades básicas, biológicas, mas inscrição sexualizante da pulsão com relação à sexualidade do outro. Quem representar a "ajuda alheia" será responsável pela passagem de mensagens via corpo do bebê, mensagens que falarão de seus próprios desejos inconscientes em relação àquela criança que cuidará.

Portanto, o outro semelhante não alimenta só nossas bocas, mas nossas mentes. Dele recebemos, junto com o leite, o ódio e o amor, nossas preferências morais e nossos valores ideológicos. Isso é inevitável e necessário!

A origem da representação alucinatória suscitará novas representações e é constituída por um outro que exerce a função materna. Será transformada por quem o absorve, ou seja, o bebê: essa transformação é que fundamenta a diversidade e a singularidade de respostas do ser humano a um mesmo estímulo externo. Segundo o texto freudiano, trata-se de uma operação que transforma quantidades em qualidades, conceito fundamental para a clínica com bebês, já que muitas vezes eles nos chegam por não estarem conseguindo êxito nessa operação, ora por falhas no aparato biológico, ora por falhas na função materna, ou por ambas, permanecendo num excesso não metabolizável, o que tende a produzir sintomas.

O psiquismo, portanto, tem origem pelo efeito de um "estado de encontro" (Aulagnier, 1975/1979), constituindo-se a partir de vários desencontros, não encontros, encontros e reencontros. O psíquico e o corpo nascem um com o outro e um para o outro (Aulagnier, 1975/1979).

Nossa abordagem metodológica, portanto, privilegia os aspectos não verbais da comunicação e a dimensão relacional do corpo, em que a noção de representação pode ser retomada a partir da ideia de um processo de "metabolização" das inscrições e marcas das primeiras relações (Aulagnier, 1975/1979).

Entende a autora que o psiquismo se constitui a partir de uma intrusão necessária e estruturante do discurso materno, conceituando-a como violência primária, o que impele o psiquismo do bebê a metabolizar os significantes que vêm do campo do outro por intermédio da atividade de representação de imagens como uma representação pictográfica. Essa indicação sugere que as primeiras relações e interações marcam o sujeito antes das representações de palavras inscritas no registro simbólico, correspondendo ao efeito das antecipações criativas da mãe, incidindo sobre o psiquismo em construção do infante.

Como indica Laplanche (1992), citado por Aragão (2008), é por meio do encontro/confronto entre o mundo adulto marcado pelo fator sexual infantil e o mundo do bebê marcado pela dependência afetiva a seus objetos primordiais que irá se constituir o inconsciente da criança, não como mera internalização do discurso materno, mas em relação a ele. Ou seja, entre o discurso do adulto, carregado de mensagens inconscientes, e o inconsciente do sujeito, não existe continuidade, mas sim um trabalho de simbolização que se inicia precocemente por meio da relação mãe/bebê.

Além desses pressupostos psicanalíticos que orientam nossas intervenções sobre a constituição do sujeito, necessitamos permanentemente confrontarmo-nos com dados novos de pesquisas que surgem do campo da psicologia do desenvolvimento e da neurociência sobre as capacidades e competências do bebê, informações que nos falam da complexidade e da potencialidade do bebê desde seu nascimento, situando-as nominalmente como competências. Sob essas novas pesquisas, o bebê também pode produzir fracassos na relação necessária de ser estabelecida com seus cuidadores (Klaus, & Klaus, 1989).

Sintetizando, consideramos que a subjetividade é um longo processo cujo elemento fundamental é a experiência partilhada com o outro. Enquanto equipe transdisciplinar, nossa ferramenta básica é a intervenção, pressupondo-a enquanto prática permeada pela invenção e pela criatividade, conforme trabalha Hornstein (2002, p. 140) ao referir-se a técnica psicanalítica nas patologias graves:

> *Em todos os tratamentos, o método deve incluir iniciativa, invenção, como parte da estratégia. Estratégia e não programa ou livro de receitas...[...] a estratégia aceita a incerteza. Considera-se aleatório e se modifica de acordo com as informações colhidas durante o processo. [...] é solicitado ao analista algo mais que a disponibilidade afetiva e sua escuta: solicita-se a sua potencialidade simbolizante, [...] não só aponta para a recuperação do existente, mas também a produzir aquilo que nunca existiu.*

Conceito de risco em saúde mental

Entendemos como risco em saúde mental ou sofrimento psíquico precoce sintomas clínicos observáveis nos primeiros três anos, segundo conclusões da pesquisa multicêntrica de indicadores de risco para o desenvolvimento infantil. Trata-se de resultados do trabalho realizado por um grupo interdisciplinar de profissionais brasileiros, o Grupo Nacional de Pesquisas (GNP), que partiu da Classificação Diagnóstica de Saúde Mental e Transtornos de Desenvolvimento do Bebê e da criança pequena "0 a 3", do Centro Nacional para Bebês, Crianças e Famílias, de Arlington, Estados Unidos. Os objetivos dessa classificação norte-americana eram especificar diagnósticos até então muito globais para essas faixas etárias, bem como especificar as características relacionais (Lerner, & Kupfer, 2008).

O GNP ampliou a observação para a população brasileira quanto aos aspectos relacionais, englobando aspectos psíquicos que indiquem falhas na constituição do sujeito. O objetivo da pesquisa foi construir e validar um protocolo de investigação clínica que fosse capaz de apontar a existência de sofrimento psíquico nos primeiros 18 meses de vida da criança, colocando a psicanálise a serviço da saúde pública, com fins éticos de saúde e prevenção.

O trabalho culminou na elaboração de um instrumento de diagnóstico psicanalítico: "Indicadores de Risco do Desenvolvimento Infantil de 0 a 18 meses" (IRDI). Trata-se de um protocolo composto por 31 indicadores relacionados com cuidador-criança nos primeiros 18 meses de vida dessa criança.

O diferencial desse protocolo é que a grande maioria das avaliações priorizam os marcadores neurológicos e os motores, ao passo que no IRDI os eixos estão articulados entre si, dando a fundamentação teórica para os 31 indicadores, em que cada item está ligado a um ou mais eixos.

Nosso método de trabalho

Para a observação e a avaliação do desenvolvimento do bebê, organizamos um instrumento construído a partir de autores que especificam aquisições nas diferentes áreas, conforme bibliografia citada. Consideramos fundamental que se observem todas as áreas do desenvolvimento, além dos elementos psicodinâmicos observáveis a partir do instrumento IRDI. Processo a partir da chegada no CRIA:

1) *Triagem.* Entrevista na qual se busca ouvir as queixas trazidas pelos pais, observar a constituição psíquica e o desenvolvimento da criança, bem como a interação entre a criança e seus familiares. Nesse momento o foco não é elucidação diagnóstica, mas uma observação inicial para decidir a forma como deve prosseguir a investigação daquele caso específico.

A partir dessa entrevista, estabelece-se uma hipótese diagnóstica e um plano inicial de continuidade ou encaminha-se para outra instituição caso não tenhamos condições de abarcar as necessidades detectadas.

No caso de continuidade, elege-se o caminho a ser seguido na equipe, em função dos dinamismos psíquicos que se apresentam naquela família. Muitas vezes, torna-se necessário que esperemos para prosseguir a avaliação, optando por focar na vinculação dos pais com o profissional que fez a triagem, para somente depois permitir a entrada de outro elemento da equipe. Isso acontece quando se avalia muito sofrimento e/ou resistências frente os sintomas do filho(a).

A anamnese não é feita nesse primeiro contato, visando minimizar o sofrimento frente à busca de atendimento para os sintomas que o filho ou filha está apresentando. Procuramos recortar o ato amoroso parental representado pela busca de ajuda, promovendo, na medida do possível, a inserção dos pais no processo terapêutico desde a chegada.

Se os pais permitirem, filmamos a entrevista, explicando a eles o funcionamento multidisciplinar da equipe e a importância do vídeo na discussão do projeto terapêutico que será feito após a avaliação. A tarefa de filmagem é realizada pelo aluno que acompanha a triagem.

A triagem também é muito útil como recurso pedagógico na formação de residentes em Psiquiatria Infantil. Sempre é acompanhada por um aluno da residência, com o qual discute-se os elementos detectados em cada caso observado.

2) *O processo diagnóstico*. Após a primeira entrevista é realizada a entrevista de anamnese pela enfermagem, na presença da fonoaudióloga, profissional que também já avalia a criança. Segue-se avaliação psiquiátrica e a avaliação de outra especialidade, caso seja necessário. Então, a equipe reúne os dados para elaborar hipóteses diagnósticas e o projeto terapêutico.

Observamos elementos do desenvolvimento e da constituição do psiquismo nos seus primórdios, elucidando aspectos relativos à instalação das patologias. São eles: interação cuidador(es)-bebê: mensagens que são trocadas – tipos de diálogos como gestos, olhares, vocalizações, sorrisos; relações familiares e ambientais; níveis de desenvolvimento nas diferentes áreas; investigações necessárias em cada caso.

A partir dos fatores de risco detectados são planejadas estratégias transdisciplinares de organização e/ou reorganização dos vínculos criança-cuidador(es) que possibilitem estímulos adequados à instalação da estrutura básica para seu desenvolvimento e sua constituição psíquica.

Temos como princípio norteador não fechar o diagnóstico antes de realizarmos, pelo menos, um semestre de intervenções. Consideramos isso importante porque os quadros iniciais apresentam grande movimentação após o início dos trabalhos, muitas vezes modificando as hipóteses iniciais. Também porque, mesmo que tenhamos uma definição diagnóstica, quase sempre necessitamos realizar um trabalho familiar para que ela seja recebida adequadamente.

3) *Intervenções.* Realizamos vários tipos de intervenções, definidas a partir de cada singularidade: dupla mãe-criança; criança individualmente; mãe individualmente; família e criança; pais e criança; grupo de familiares; "encontros" (sujeitos que ainda não compartilham os significantes sociais) com duas ou mais crianças que são trabalhadas juntas; intervenções em creches ou escolas, bem como com outros profissionais que podem fazer parte da equipe.

As intervenções têm os seguintes objetivos:

- Ajudar quem ocupa a função materna a discriminar para o bebê estímulos que recebe de dentro e de fora, qualificando-os. A possibilidade de o bebê vir a qualificá-los cria a diferença e marca o surgimento da consciência: a função materna deve protegê-lo do excesso e reduzir o valor de intromissão. Estimulação das funções instrumentais da criança.
- Acompanhar e intervir nas interações entre o bebê e seus cuidadores, quando a fantasmática parental que lhe é oferecida estiver causando sofrimento psíquico e obstaculizando seu potencial de desenvolvimento.
- Detectar também possíveis obstáculos na constituição do psiquismo e no desenvolvimento do bebê, provenientes do interjogo de fragmentos inconscientes ou não das histórias edípicas e pré-edípicas dos pais, atualizadas na relação com o filho ou filha.
- Facilitar a elaboração de conflitos narcísicos dos pais – lutos que se instalam frente ao filho real. Trabalhar na direção de desculpabilizar – diminuir o sentimento de impotência, de vergonha, de injustiça que circula no entorno familiar quando o bebê é portador de alguma diferença que não se adequa à fantasmática dos pais.

- Discutir possibilidades de prognóstico e trabalhar as reações.
- Evitar a inércia – morte psíquica – tanto entre os familiares como na equipe multidisciplinar. O que é? Efeitos do negativo – produções que representam a passividade, a morte, o não desejo, a ruptura, a descontinuidade e a desconstrução, o não dito. O que não é posto em palavras por ser inominável ou reprimido psiquicamente (Torres, 2008).

  Esses dinamismos costumam se fazer presentes quando há uma movimentação psíquica na direção da minimização de sintomas numa criança em relação à qual os pais tinham muito baixa expectativa. Uma melhora se configura como algo tão suficiente em relação ao início do atendimento que o restante do processo a ser feito fica desnecessário, levando muitas vezes à interrupção do tratamento. Na equipe, a "morte psíquica" pode também produzir inércia no que diz respeito à busca de outras estratégias terapêuticas que devem ser implantadas para a nova fase do tratamento do paciente. Enfim, são psicodinamismos que tendem a entravar a evolução de um tratamento.
- Evitar o esquartejamento da criança na equipe multidisciplinar; organizar e manter estímulos integradores do projeto terapêutico.

Como dissemos em documento organizado para pais no Movimento de Psicanálise Autismo e Saúde Pública (MPASP):

> *Há que se investir maciçamente na criação de oportunidades de relação que ajudem a criança a regular e reconhecer seus estados emocionais, não através da pura cognição, mas exatamente através de experiências*

> *significativas com o outro. Esta é a tarefa da psicanálise: buscar reconhecer/inferir os estados mentais a partir da observação detalhada e sintonizada do comportamento não verbal do bebê/criança e seus pais, convocar para o contato a partir do que a criança é (e não daquilo que queremos que ela seja), amplificar o movimento da criança em direção ao contato com o outro. (MPASP, 2014, p. 3)*

4) *Atividades de Ensino e Pesquisa.* Além de realizarmos intervenções junto à população de bebês de risco, podemos oferecer experiências formativas para profissionais de saúde mental, conteúdos e experiências que os ajudarão a entender fenômenos clínicos norteadores de suas tarefas futuras na área.

Em relação à capacitação dos estudantes nas várias especialidades, principalmente residência em Psiquiatria Infantil, consideramos fundamental a tarefa formativa de possibilitar-lhes que: compreendam os mecanismos pelos quais um corpo biológico transforma-se num ser humano subjetivado; vivenciem dinâmicas de uma equipe multiprofissional na busca de respostas, com seus sucessos e fracassos, com seus diferentes conflitos nos variados exercícios profissionais.

Um caso clínico

O que apresentaremos neste trabalho é uma reflexão sobre as intervenções realizadas durante o manejo terapêutico de um atendimento – dada uma situação clínica em que a paciente foi diagnosticada precocemente como dentro do transtorno do espectro autista (TEA) – e como essas intervenções puderam modificar e proporcionar elementos que favoreceram a reconstrução do olhar fraturado dos pais para sua filha. Falamos de intervenções que devem buscar um encontro que faça sentido para a criança e os pais, dentro de uma cena terapêutica.

Quando Manoela (1 ano e 11 meses) chegou para o acompanhamento após ter recebido um diagnóstico de TEA em outra cidade, passou pela triagem e por uma consulta de avaliação com a equipe interdisciplinar. A mãe relatou que o motivo pela busca por orientação médica, inicialmente, foi o olhar diferente e triste de sua filha, e o fato de a menina apresentar comportamentos como não sorrir, não responder quando chamada, não pedir nada e ter problemas com alimentação. A mãe ainda se queixava que a menina não se interessava por outras crianças, que começou a andar na ponta dos pés e a enfileirar brinquedos e objetos.

A complexidade de se pensar um diagnóstico precocemente apresentado, para as crianças pequenas com dificuldade no vínculo e brechas no desenvolvimento, segundo Almeida *et al.* (2017), leva a uma busca automática por sinais ou manifestações sintomáticas, e deixa de levar em conta a necessidade de compreender que tais manifestações, por vezes transitórias e paralelas ao desenvolvimento comum, podem fazer parte do processo de subjetivação da criança e de suas vivências na dinâmica familiar.

Quando se comunica um diagnóstico precoce aos pais, sucede às vezes que alguns médicos ou profissionais de saúde se adiantam a projetar hipóteses sobre o futuro da criança a partir de suas próprias fantasmáticas, na tentativa de recobrir a irrupção do real provocada pelo diagnóstico. Dessa forma, favorecem a obstrução do desejo, o que leva a uma fratura nas funções parentais.

Nesse caso apresentado, observamos uma mãe muito ansiosa, chorosa, que não sabia o que a filha tinha, por que chorava e o que queria. Ela nos questionava, de forma insistente, sobre o diagnóstico e o prognóstico da filha. Relatava sinais de risco que pouco apareceram em cena durante a avaliação com a equipe. Na avaliação, a menina sustentava um olhar fugaz quando se interessava por algo; aceitou e explorou os brinquedos oferecidos pela terapeuta, ainda que por pouco tempo; tentou fazer brincadeiras de encaixe; iniciou um jogo simbólico empobrecido e com dificuldade de se manter na brincadeira; vocalizou em alguns momentos, embora quase sem nenhum balbucio; respondeu a variações prosódicas e teve uma prontidão de resposta auditiva para sons onomatopeicos.

Após o processo de avaliação, identificamos alguns indícios como sinais de risco, ou uma predisposição de entraves no desenvolvimento, com ênfase nos aspectos vinculares como resposta às suas dificuldades na estruturação psíquica, o que nos abriu uma oportunidade para uma intervenção a tempo. São eles: o atraso de linguagem, a sustentação do olhar apenas para o que lhe interessava (ela pouco se dirigia ao outro, nem em uma intenção de comunicação, nem na tentativa de propor um fazer junto), não responder facilmente ao ser chamada pelo nome e uma instabilidade psicomotora.

Os recortes de cenas a seguir demonstram as estratégias clínicas durante o manejo terapêutico, as quais nos permitiram abordar questões que, mediante as interações vistas nas brincadeiras, revelaram aspectos vinculares entre pais e filha.

Primeira cena: "A chegada frente ao choro e recusa de comunicação"

Durante o primeiro atendimento já com a dupla terapêutica (musicoterapeuta e fonoaudióloga), Manoela chorava muito e não aceitava a aproximação de ninguém. Ao entrarmos na sala, ela mantinha o choro e se aninhava cada vez mais no colo da mãe, que parecia estar paralisada, sem saber o que fazer para cessar o choro da filha. Frente à recusa da criança de aproximação e comunicação, a terapeuta (musicoterapeuta) escolhe um brinquedo de "monta--monta", pois a mãe demonstrou interesse por este brinquedo, ao convidar a filha para brincar quando entrou na sala.

Entendemos que o saber materno originado a partir da própria estrutura psíquica da mãe orienta as ações necessárias na relação mãe e filho e determina a forma pela qual essa criança se estrutura como sujeito do desejo.

A terapeuta inicia uma brincadeira de encaixar peças, jogando todas elas no chão. Esse movimento de jogar as peças no chão permite tirar do centro da cena a recusa da menina e abrir um novo cenário, a possibilidade de experimentar um espaço lúdico, que despatologiza a cena terapêutica.

"Eu vou encaixar, eu vou! Você vai encaixar quando você quiser!" – essa frase, enunciada pela terapeuta, convida a criança e a mãe a se enquadrarem na regra proposta com o brinquedo "monta-monta", que leva em consideração a possibilidade de uma escolha, de estar ou não, nessa brincadeira.

Esse enunciado, que a modo de prelúdio anuncia uma brincadeira, aloja a recusa da menina na medida em que esta é escutada como um dizer e tomada como uma demanda, o que nos permite supor implicitamente um sujeito.

A terapeuta começa a agregar na brincadeira cada um dos aspectos sonoros e corporais dessa negativa apresentada pela menina: o não falar, o não querer se aproximar e o não deixar que ninguém fale. Ao mesmo tempo que realizava produções sonora-expressivas e gestos comunicativos, que acompanhavam o seu fazer com os objetos, a terapeuta criou um diálogo para lidar com tais aspectos da negação e introduziu novas variáveis à cena, que, por sua vez, convocaram a criança a responder indiretamente (ela balança a cabeça levemente). A menina produz um som, próximo de um gemido queixoso, e a terapeuta o toma como um dizer, como uma produção singular, inaugurando um lugar de enunciação para a criança, e o repete na mesma frequência e intensidade sonora. A partir de então faz variações, colocando-se como uma interlocutora.

Com essa intervenção dialógica com os objetos, que questiona e dá contorno, foi possível mobilizar e convocar algo da ordem da subjetividade e fazer o laço. A menina começa a acompanhar o dizer da terapeuta, nas suas variações gestuais e sonoras, e abandona a recusa.

Ao final desse momento, a terapeuta, com seu olhar e expressões, amplia a cena, incluindo na brincadeira a mãe e a outra terapeuta (que está na sala filmando). A mãe sinaliza para um brinquedo que está no chão e convida a filha a pegá-lo; a terapeuta, valorizando esse gesto (abrindo um espaço até o brinquedo), evidencia o saber da mãe sobre a cena e a criança. O que vemos com essa intervenção é a configuração de uma comunicação subjetivante, que nos aponta para a não confirmação de um diagnóstico de TEA.

Segunda cena: "Uma estratégia de encontro entre a criança e os pais"

Na história relatada sobre a gestação e os primeiros cuidados com essa bebê, era possível observar no discurso materno a dificuldade de promover esse encontro. A partir desse sofrimento constatado, pensamos que em algum momento seria importante trazer para a cena lúdica essa questão. As terapeutas recortam do discurso materno uma expressão que se repetia – "ela está tão distante, tão longe" (*sic*) – para nomear essa dificuldade de encontro com a filha o que levou a mãe a buscar o porquê desse estranhamento. E, durante um dos atendimentos, surgiu uma brincadeira que chamaremos aqui de "ponte".

A cena lúdica pensada vem a partir das dificuldades fantasiadas pela mãe e dos gostos e possibilidades da criança (de pular, subir, correr etc.) como vislumbres de um desejo incipiente.

Essa "ponte" foi a construção de tapetes enfileirados que se convertem em caminho na medida em que é andado primeiro pela terapeuta entre a criança e a mãe, e, depois, pela criança entre a terapeuta e a mãe. Conquistado esse momento a terapeuta se retira da cena, incluindo o pai, e entrega a eles a satisfação narcísica que surge desse encontro. Sabemos que esse "longe", sentido pela mãe, também pode estar representado pela sua fantasmática em relação à maternidade e que em outro momento poderá ser trabalhado na equipe ou fora dela. O que nos fica claro é que essa "ponte" promoveu uma passagem para esses pais deslocarem a paralisação fixada por um diagnóstico, precocemente dado, efetuando a valorização do saber dos pais e a possibilidade de mobilizar as potencialidades singulares de sua filha.

Terceira cena: "Montou seu caminho!" – O despertar da função materna na busca pelo encontro

Na semana seguinte ao atendimento com a brincadeira da "ponte", em que a mãe se apropriou de seu lugar na relação, a terapeuta (fonoaudióloga) nomeia e faz uma narrativa do fazer da menina, oferecendo palavras às ações da criança após ela e a mãe montarem as peças do tapete, dando um sentido à cena: "Montou seu caminho!".

Nesse momento a mãe fala "Pronto!", acordando (com um duplo sentido de concordar/despertar) e validando dessa maneira a fala da terapeuta, e dá potência à produção da criança. Antecipando-se, a mãe diz "E agora?", e aposta na realização de mais produções vindas de sua filha – produções essas que surgem a partir de ações e linguagem, quando a menina, com intenção de comunicação, passa a falar (com vocalizações) e nomear cada quadrado do caminho montado por ela.

O importante foi constatar a apropriação que a criança faz de si mesma e o júbilo que ela demonstra quando a terapeuta nomeia isso: surge uma fala singular da criança, convocando a mãe ao laço, e, em consequência, a entrada como sujeito ativo na linguagem.

No decorrer dessa cena, a menina caminha e encontra um furo no tapete, que a mãe nomeia como "Olha o buraquinho!". A terapeuta, ao dizer "Uhuu! Tem alguém aí?", nomeia, novamente, o furo, dá sentido às ações e abre uma brecha para que a mãe possa se colocar nesse espaço (a mãe coloca o dedo no buraco). Abre-se, assim, um espaço onde se formulou uma hipótese que a mãe tomou para si, colocando-se nesse furo e dando continuidade à brincadeira, o que favoreceu o enlaçamento entre as duas.

Muito além dessas intervenções terem possibilitado a exclusão do diagnóstico de autismo, coube às terapeutas, por meio das cenas lúdicas, constituir possibilidades de encontros subjetivantes entre a criança e seus pais, que se contrapõem à sensação de distanciamento e à incapacidade que sentiam de se apropriar da relação, não podendo construir o laço necessário para a constituição desse sujeito.

O atendimento prossegue e verificamos o enriquecimento da função materna e paterna, no sentido de construir novas "pontes" com a filha. A mãe passa a significar as produções da filha e a olhar de maneira ampla para o que a menina tem a dizer e fazer.

Considerações finais

Desde o início do Programa, em 2009, observamos que estão chegando a nós, cada vez mais, crianças menores: inicialmente com 3 anos e, agora, já em torno de 1 ano. Esse dado nos fala da maior conscientização de profissionais e pais a respeito da importância da intervenção oportuna frente a sinais de risco em saúde mental, bem como da divulgação de efeitos positivos dos trabalhos realizados.

Verifica-se, ainda, que muitas crianças chegam com diagnósticos fechados de TEA, diagnóstico que não é confirmado após nossa avaliação ou após alguns meses de intervenção. Muitos sintomas que são atribuídos ao autismo não têm como base o quadro autístico, mas a outras patologias de base. Em relação às intervenções multidisciplinares, constatamos que um semestre de trabalho com uma criança tende a produzir uma significativa movimentação psíquica, tanto no funcionamento da criança como no dos familiares em relação a ela, eliminando ou minimizando fatores de risco apresentados na chegada. Mesmo nos quadros mais graves, observamos avanços relacionais importantes, bem como uma melhora no desenvolvimento da criança.

Nosso modelo está em constante reformulação, e o trânsito de alunos e profissionais voluntários existente no funcionamento da equipe, apesar de exigir muito esforço de integração, tem se mostrado como fator de enriquecimento, tanto para os pacientes como para os profissionais no seu todo.

Assim como nossas intervenções vão na direção de contribuir para que o sujeito se constitua na sua singularidade, também o trabalho de constituição de uma equipe multidisciplinar se movimenta e investe psiquicamente para conviver com a diferença dos variados discursos.

Pretendemos seguir nessa direção, contribuindo para minimizar e/ou evitar doenças mentais graves, auxiliando a formação de profissionais capazes de assimilar a noção de complexidade de fatores intervenientes nas patologias mentais, do conceito de plasticidade cerebral, dos efeitos da epigenética na herança genética e da importância de intervenções interdisciplinares na primeira infância, enfim, numa execução de tarefas transdisciplinares.

Nossa equipe continua na direção de abrir espaço para a palavra e para encontros que possibilitam representações psíquicas, que implicam o sujeito frente ao seu desejo.

Referências

Almeida, M. M. *et al.* (2017). Vias alternativas para o desenvolvimento no atendimento psicanalítico a crianças pequenas em risco psíquico: o corpo em cena. *In* E. P. Oliveira, & D. Cohen. (Orgs.). *O bebê e o outro: seu entorno e suas interações*. São Paulo: Langage.

Aragão, R. O. (2008). Quem é esse bebê, tão próximo, tão distante? *In* L. M. Atem (Org.). *Os cuidados no início da vida*. São Paulo: Casa do Psicólogo.

Aragão, R. O., & Zornig, S. A. (2009). Clínica da relação mãe-bebê: novos paradigmas para a Psicanálise? *Revista de Psicanálise*, ano 22, (4).

Aulagnier, P. (1979). *A violência da interpretação*: do pictograma ao enunciado. Rio de Janeiro: Imago. (Trabalho originalmente publicado em 1975)

Cole, M., & Cole, S. (2001). *O desenvolvimento da criança e do adolescente*. Porto Alegre: Artmed.

Cole, M., & Cole, S. (2017). Conferência proferida por ocasião do lançamento do livro A. P. Ramos, & V. B. Zimmermann. *Inserção de crianças e adolescentes na cultura: caminhos possíveis*. São Paulo: Instituto Langage.

Freud, S. (1996). Projeto para uma psicologia científica. *In Edição Standard Brasileira das Obras Psicológicas Completas de Sigmund Freud* (V. 1). Rio de Janeiro: Imago. (Trabalho originalmente publicado em 1895)

Hornstein, L. (2002). *Proyecto terapêutico. De Piera Aulagnier al psicoanalisis actual*. Buenos Aires: Paidós.

Hornstein, L. *et al.* (1994). *Cuerpo, historia, interpretación*. Buenos Aires: Paidós.

Klaus, M., & Klaus, P. (1989). *O surpreendente recém-nascido*. Porto Alegre: Artes Médicas.

Laplanche, J. (1992). *Novos fundamentos para a psicanálise*. São Paulo: Martins Fontes.

Laznik, M. C. (2013). *A hora e a vez do bebê*. São Paulo: Instituto Langage.

Laznik, M. C. (2001). Psicanalistas que trabalham em Saúde Pública. *Revista de Psicanálise*, ano XIII, (132), 62-78.

Laznik, M. C., & Chauvet, M. (2016). Tratamento psicanalítico de um bebê com risco de autismo e seu tratamento concomitante em sensoriomotricidade. *In* A. P. R. Souza, V. B. Zimmermann (Orgs.). (2016). *Inserção de crianças e adolescentes na cultura: caminhos possíveis*. São Paulo: Instituto Langage.

Lerner, R., & Kupfer, M. C. (2008). *Psicanálise com crianças: clínica e pesquisa*. São Paulo: Escuta.

Rocha Filho, J. B. (2007). *Transdisciplinaridade. A natureza íntima da Educação Científica*. Porto Alegre: EDIPUCRGS.

Rodulfo, R. (1989). *O brincar e o significante*. Porto Alegre: Artes Médicas.

Torres, M. V. (2008). *Intervenciones tempranas. El futuro de los bebés em el terreno de las decisiones e las aciones clínicas*. Buenos Aires: Lumen.

Zornig, S. (2008). A corporeidade na clínica: algumas observações sobre a clínica dos primórdios. Rio de Janeiro, *Tempo Psicanalítico*, *40*(2).

A construção da função materna nas situações em que o recém-nascido é diagnosticado com uma patologia crônica

Patrícia L. Paione Grinfeld

Introdução

Este trabalho pretende, a partir da escuta clínica, trazer uma reflexão sobre o processo de estabelecimento da função materna nas situações em que o recém-nascido é diagnosticado com uma patologia crônica que o carimba como "o filho eterno" – expressão que empresto da obra homônima e de caráter autobiográfico do escritor Cristóvão Tezza (2007), na qual ele expõe as dificuldades e vitórias de criar um filho com síndrome de Down.

Sabemos que o nascimento do bebê humano traz em seu bojo a finitude, na medida em que "dar a vida implica [para a mulher] mudar de lugar na cadeia geracional, passar da posição de filha para a posição de mãe, e assim seguir no percurso em direção à morte" (Aragão, 2011, p. 25). No entanto, quando o destino anuncia uma patologia crônica em um bebê que acaba de nascer, eternidade e morte caminham, paradoxalmente, lado a lado.

Diante do imutável da patologia, ser mãe acaba se tornando mortífero. Nessas circunstâncias, então, como uma mãe pode construir e se ocupar de uma função tão vital, e imprescindivelmente viva, como a função materna?

A preocupação médica em lugar da preocupação materna primária

Tomemos o trecho de um dos escritos de Pannunzio (2016) dedicados ao filho que nasceu com fissura labial e palatina, o qual nos ajuda a pensar na experiência vivida pelas mulheres há pouco referidas frente ao diagnóstico do bebê no seu nascimento: "te tive e não pude te ter" (p. 13).

Embora a autora se refira a não poder carregar o bebê no pós-parto devido à brusca separação decorrente do encaminhamento do bebê para a UTI neonatal, podemos dizer que a expressão "não pude te ter" também faz referência à grande divergência entre o bebê imaginado – completo e unificado, cuja ilusão antecipatória (Aulagnier, 1990, *apud* Iaconelli, 2015) é necessária para a constituição psíquica do bebê e para a construção da parentalidade – e o bebê patológico, imperfeito. Sem *ter* o bebê, como reconhecê-lo e conhecê-lo?

Conforme Iaconelli (2015), existem duas posições no contato com o bebê, essenciais para o estabelecimento da função materna: a posição de reconhecimento e a posição de conhecimento. Na primeira posição é necessário que alguém, mesmo que não seja a mãe, reconheça que aquela massa orgânica que nasceu trata-se de *um* bebê; posteriormente, é preciso que a mãe reconheça que *um* bebê é *seu* bebê. Na segunda posição, é necessário conhecer *seu* bebê, estranho, "que surpreende por não ser idêntico ao corpo imaginado, nem a nós mesmos" (Iaconelli, 2015, p. 161). Desse modo, o trabalho psíquico materno no pós-parto, segundo a autora, consiste em atribuir nos contatos iniciais com o bebê algo que seja da mãe, a qual:

> *deverá ser capaz de ver-se no bebê, para que este possa ser reconhecido na filiação como sendo o bebê dela e do pai por ela escolhido. Mas, ao mesmo tempo, ela deverá deixar necessariamente em aberto um espaço para vir a conhecê-lo, quer dizer, admiti-lo como outro, inédito, estranhá-lo, não reconhecer-se no bebê. (Iaconelli, 2015, pp. 161-162).*

Diante dessa colocação, cabem-nos algumas perguntas: como reconhecer como *seu* bebê aquele que, devido a uma patologia, se torna *tão* distante do bebê desenhado antecipada e ilusoriamente? Como conhecer um bebê que nos primeiros dias (ou meses) de vida pertence *tão* mais a uma equipe multiprofissional do que à mãe, ao pai ou à família? Como atribuir algo que seja da mãe se, imaginariamente, o bebê é *tão* diferente dela? Como deixar espaço para conhecer um estranho que é *tão* assustador e, ao mesmo tempo, *sua imagem e semelhança* – o que coloca a mãe defronte de sua própria estranheza?

Tão, advérbio intencionalmente sublinhado aqui, revela a intensidade da sobrecarga de afetos e cuidados físicos que se somam nas situações em que o diagnóstico de uma patologia confere ao bebê o estatuto de *filho eterno*.

As considerações apresentadas por Morsch *et al.* (2012) sobre as redes de suporte à parentalidade em UTI neonatal apontam para a dificuldade parental de estar atento aos cuidados que o filho exige *e* aproximar-se dele num ambiente no qual a dupla parental "tem tão pouca ingerência sobre as decisões a respeito do que fazer com um bebê que, nesse momento, não é só seu" (Morsch *et al.*, 2012, p. 60). Podemos acrescentar que tal ingerência, ainda que possa diminuir com o passar do tempo, não cessa após a alta hospitalar, uma vez que esses casos requerem cuidados médicos e terapias complementares contínuos, muitas vezes com internações posteriores, recorrentes e longas.

Nessas situações, o trabalho de reconhecimento e estranhamento indispensáveis para que o bebê imaginário dê lugar ao bebê real fica onerado, dificultando a instalação da preocupação materna primária (Winnicott, 1956/2000) – sensibilidade que permite à mãe identificar-se com o desamparo do filho de tal modo que ela se torna capaz de supor como ele pode estar se sentindo.

Vaisberg e Granato (2006) apontam que, diante do nascimento de uma "criança especial", a preocupação materna primária será uma "preocupação especial",

> *não tanto em termos de sua intensidade ou profundidade, nem mesmo da capacidade que a mãe tem de se colocar no lugar do bebê, [...] [mas] no sentido de sua duração, já que no lugar do arrefecimento da dedicação absoluta das primeiras semanas ou meses, observaremos o prolongamento dessa situação, um declínio menor do que o habitual, seu retorno em épocas de crise ou ainda sua manutenção por toda uma vida, em situações extremamente peculiares. (Vaisberg, & Granato, 2006, p. 95)*

Todavia, mais do que a quantidade de tempo que a mãe se mantém no estado da preocupação materna primária, devemos estar atentos à natureza desse estado nos casos ditos "especiais". De acordo com Soubieux e Soulé (1992, *apud* Davoudian, 2013) "a incerteza sobre a evolução de uma criança [com suspeita de uma patologia na gestação e, podemos acrescentar, de confirmação dela no pós-parto] pode transformar a preocupação maternal primária descrita por Winnicott em 'A preocupação médica primária', não deixando nenhum espaço para o desabrochar das relações harmoniosas entre a mãe e o filho" (Davoudian, 2013, p. 156).

Em estudo do impacto sobre as representações maternas diante da suspeita de uma anormalidade em alguma ecografia do primeiro ou segundo trimestre, Cohen *et al.* (2011) colocam que:

> *no momento do nascimento, o encontro inicial se dá de uma forma conturbada. A mãe não está mais na dinâmica da preocupação materna primária e não se coloca da mesma forma para ajudar seu filho a entrar em comunicação com ela e com os outros, o que gera consequências já conhecidas no desenvolvimento da criança. (p. 42)*

Ao que nos parece, isso também ocorre nas situações em que se confirma no nascimento do bebê o diagnóstico de uma patologia crônica, podendo comprometer, inclusive, a instauração da função materna.

Como sinalizam Druon *et al.* (1999), somente quando os pais deixam a posição de pais-médicos, uma função mais médica do que parental, é que podem se tornar pais "do bebê que está na cabeça dos pais e não do bebê físico, objeto de tratamento" (Druon *et al.*, 1999, p. 24); ou seja, do *seu* bebê.

Para haver vida, a morte é necessária

A partir do atendimento psicoterápico de duas puérperas que tiveram seus bebês diagnosticados com uma patologia crônica no momento do nascimento – referidas aqui como caso A (bebê com síndrome de Down e cardiopatia decorrente da trissomia) e caso B (bebê com lesão cerebral resultante de anoxia perinatal) –, podemos dizer que a preocupação médica primária se instala quando, no imaginário materno, *seu* bebê se torna sinônimo da representação que a mãe tem da patologia. É como se *seu* bebê fosse *a* patologia, não a patologia clínica, mas a patologia que está inscrita em suas construções subjetivas – o que corrobora os apontamentos de Battikha e colaboradores (2017) de uma "equivalência entre a doença do bebê e o bebê" e o "reconhecimento [do bebê, pela mãe] a partir do seu diagnóstico" e não da linhagem familiar (Battikha *et al.*, 2017, p. 20). Nos casos aqui citados, temos, respectivamente, "o retardado" e "a cega" (o comprometimento da visão foi o primeiro aspecto conhecido como resultado da lesão cerebral).

"Meu filho não vai se desenvolver, crescer, aprender", dizia a primeira mãe, que desde a gestação carregava, ainda que veladamente, a fantasia de um bebê-monstro com o qual, após o nascimento, dificilmente se relacionava para além dos cuidados de higiene e terapêuticos. Não saía de casa porque o filho era muito pequeno, suscetível a pegar qualquer doença que pudesse comprometer a estabilidade de seu quadro clínico antes da cirurgia cardíaca, mas, também, alvo de olhares inquisidores e desconfiados de que aquele bebê tinha algo de diferente. Não o colocava para brincar no chão porque o menino tinha "déficit de desenvolvimento" e pouco poderia fazer num espaço maior do que o berço ou o carrinho.

A mãe do caso B se perguntava: "como vou virar mãe se minha filha não vai poder me ver, me reconhecer como tal?".

Quem cumpria a função de libidinizar o bebê era a avó, talvez porque estava um tanto desacreditada das sequelas neurológicas. Ela brincava com a neta, apresentava-lhe o que era possível, mesmo com a mãe dizendo que seria impossível a menininha enxergar o que lhe era mostrado.

No que tange ao diagnóstico, recorremos a outro escrito de Pannunzio (2016), o qual ilustra o quanto tentar apagar a doença é uma tentativa de evitar a dor que ela causa: "eu que sempre achei bonito o diferente, de repente me pego tentando deixar você, filho, bem igualzinho aos outros, por uma maior aceitação social" (Pannunzio, 2016, p. 19). Enquanto a mãe do caso A temia a cicatriz da cirurgia cardíaca do filho, a mãe do caso B fazia objeção em relação à gastrostomia (colocação de um tubo de alimentação diretamente no estômago através da parede abdominal) a que sua bebê seria submetida. Procedimentos que deixam marcas perenes, mas, acima de tudo, singulares e, portanto, de diferenciação – num momento de muita indiscriminação.

Duro golpe no narcisismo materno, que, ao anunciar (e reanunciar) o irrecuperável da organicidade, traz, de acordo com Mannoni (1964/1995), uma marca indelével na relação mãe-filho, que terá sempre:

> *um ressabio de morte, de morte negada, disfarçada a maior parte das vezes em amor sublime, algumas vezes em indiferença patológica, outras vezes em recusa consciente; mas as ideias de homicídio existem, mesmo que nem todas as mães possam tomar consciência disso. (p. 2)*

O aprisionamento a longos e detalhados relatos sobre o estado de saúde de seus bebês e as intercorrências e intervenções médicas, bem como a dedicação exemplar nos cuidados com eles, caminharam com a mãe do caso A ao lado da dúvida de como contar às pessoas mais próximas que o filho nascera com síndrome de Down. Já a mãe do caso B mergulhara na leitura de artigos científicos que tentavam dar conta de explicar o que, mais tarde, foi parecendo-lhe ser da ordem do inexplicável, do acaso, mesmo que a causalidade não a isentasse de vagas e brevíssimas associações referentes ao parto, origem do seu drama.

Em ambos os casos, o não saber apontava para a incapacidade e a incompletude materna; afinal, "se o bebê ficou marcado por aquilo que não tem, pelo que não é, a mãe poderá sentir-se igualmente marcada como deficiente nesta posição" (Battikha *et al.*, 2017, p. 21). Ao mesmo tempo, a busca por um saber sobre o rebento, que aparentemente revelava a pulsão de vida, encobria fantasias mortíferas e o desejo de morte que não podia ser falado, mas que parece ter sido o que, com apoio nas palavras de Mannoni (1964/1995), levou essas mães a procurarem um espaço de fala/escuta:

> *a mãe deseja obscuramente que a sua pergunta nunca receba resposta, para que possa continuar a fazê-la. Mas precisa de força para continuar, e é isso que ela vem pedir. Precisa de uma testemunha, uma testemunha que sinta que por trás da fachada de tranquilidade, ela não aguenta mais. (p. 2)*

Não aguenta mais porque ela, a mãe, "é de tal modo sensível a qualquer atentado à vida que saiu dela, que pode também sentir-se senhora da morte quando o ser que trouxe ao mundo torna impossível, para ela, qualquer projeção humana". (Mannoni, 1964/1995, pp. 1-2)

Para amar, é preciso poder odiar

Davoudian (2013) cita o trabalho dos psicanalistas do Instituto de Puericultura de Paris Michel Soulé, Marie José Soubieux e François Sirol sobre a ambivalência materna de desejar a criança e sua componente odiosa diante do anúncio, na gravidez, de uma anomalia ou de sua suspeita, apoiando-se no conceito de ódio ao feto apresentado por Sirol:

> *Esse conceito de ódio será retomado a propósito dos efeitos psíquicos do anúncio de anomalias suscetíveis de mobilizar o ódio inconsciente em parte do fato da profunda ferida narcísica que ela inflige à mãe. No entanto, Sirol indica que esse ódio opera no mais das vezes sob a forma de uma intensa culpabilidade. Para a mãe, a falta de conhecê-la e pensá-la sustentaria todo o processo de ódio no pós-natal. O retorno desse ódio pode [...] entravar a instauração de relações precoces harmoniosas. Num espelho, esse ódio é muito difícil de ser pensado pelos profissionais que podem equivocar-se ao tentar acalmar uma culpabilidade sem fundo. Sirol propõe como pista de trabalho para a prevenção ou o reparo das perturbações precoces mãe-bebê, permitir à mãe um espaço de escuta, abordar esse sentimento hostil ao feto. Esse trabalho permitiria o desaparecimento da culpabilidade que ainda a persegue no pós-natal (Davoudian, 2013, pp. 154-155).*

O conceito de ódio ao feto serve-nos para pensar no ódio ao bebê que nasce com uma doença incurável.

Quanto mais as mães ouviam frases, proferidas por familiares, amigos e profissionais da saúde, como "Deus não dá um fardo maior do que se pode carregar", "as crianças com deficiência são muito amorosas" ou "tenha fé", mais ódio elas relatavam sentir sobre quem falava. Acreditamos, porém, que esse ódio era deslocado do ódio ao bebê, a quem a mãe, em alguma medida, deseja a morte, mas a silencia secreta e culposamente.

Na contratransferência, a fantasia de morte dos bebês nos toma, com toda angústia dela decorrente. É preciso que o psicoterapeuta possa pensar na morte, se angustiar com ela, para poder suportar que cada mãe fale de seu temor – e desejo – de morte do filho. Como coloca Jerusalinsky (2002), "quando se dá lugar à palavra, acaba por emergir o que resulta insuportável e que, ao mesmo tempo, permeia, em uma medida ou outra, todos os laços que se estabelecem: o desejo de morte" (Jerusalinsky, 2002, p. 174).

Na medida em que podemos escutar e falar sobre o ódio e o desejo de morte do filho, inicialmente encobertos por defesas psíquicas necessárias para que essas mães não desmoronem e para que possam sustentar o vínculo com seu bebê (Battikha, 2017), ainda que pela via do diagnóstico, abrimos caminho para que o bebê seja investido de outras representações.

Depois de relatar a história da gestação, do parto e dos primeiros meses de vida de seu filho, insistindo na pergunta sobre como contar que o menino era portador da trissomia do cromossomo 21, pergunto à mãe do caso A se ela, enquanto profissional que trabalhara com bebês, já tinha estado diante de algum com a síndrome e, se sim, se ela sabia como tinha sido para a mãe daquela criança a descoberta da doença. Ela diz: "Acompanhei por bastante tempo um menininho. A mãe dele ficou muito próxima a mim e me contou que, quando o filho nasceu, disse para a mãe dela para tirar o bebê de perto dela pois ela não iria cuidar dele. A avó disse que cuidaria do bebê, mas a mãe disse que queria que ele fosse cuidado por alguém que estivesse bem longe dela, para que ela não tivesse notícia da criatura".

A partir dessa fala, a mãe do caso A pode começar a falar do seu ódio por ter um filho imperfeito, da culpa por gerar um bebê com tal patologia pela idade avançada e do medo de o filho morrer na cirurgia que se aproximava, não mais perguntando como contaria para as pessoas mais chegadas sobre a síndrome do menino. A cada sessão, relatava os encontros com as amigas, e a forma como cada uma recebera positivamente a notícia. Acompanhando pelas redes sociais as imagens e depoimentos de mães com filhos com a mesma patologia do seu, foi podendo perceber que uma criança com tal síndrome não tem um atraso no desenvolvimento tão grande quanto ela tinha imaginado. Ao falar da sua angústia, foi podendo perceber que *seu* bebê era um serzinho e não uma síndrome – "Tão bonitinho vê-lo brincando...".

A mãe do caso B, por sua vez, numa das sessões ocorridas após considerável agravamento do quadro clínico da filha, diz que chorou mais do que devia na semana que passara. Perguntada pela terapeuta por que não devia chorar, ela diz que precisava ser forte para conseguir transmitir força para a filha, já que percebia que se ela, a mãe, transmitia força, a bebê ficava melhor. Pela primeira vez ela falou que não queria que o sofrimento da filha fosse prolongado e que seria melhor que a bebê morresse se ela não fosse sobreviver a tantas intercorrências e intervenções. A mãe chora muito e diz que não tem mais o que ler, que já leu tudo o que podia sobre as sintomatologias apresentadas pela menina. Reconhece que a literatura científica acobertava sua angústia, distanciando-a do *seu* bebê. O tema da morte esteve presente nas sessões seguintes. Desde então, começou a aparecer uma mãe, viva, e não mais uma pessoa mortificada, cuja vida só pulsava por meio da "técnica de saúde", que discutia com os médicos como se fosse um deles. Consequentemente, começou a estar com a filha, a brincar com ela, cuidar dela como um bebê e não apenas como um doente, embora sua doença jamais possa deixar de existir.

Considerações finais

Podemos dizer que o caminho para a construção da função materna às mães em que o acaso arrebatadamente concede um "filho eterno" é bastante tortuoso. Nele, o que toda mulher necessariamente precisa passar para, do ponto de vista psíquico, tornar-se mãe, é regado por um transbordamento de afetos que escancara a ambivalência materna em suas facetas de amor e ódio, de pulsão de vida e de morte. Contudo, na medida em que a angústia, fantasias e outros sentimentos encobertos pelos excessos vão sendo nomeados, favorece-se àquela que pariu descobrir *seu* bebê e fazer-se mãe. Ou que se faça mãe aquela que, para além de ter *um* bebê doente, pode conhecer *seu* bebê, por meio de um saber que só se constrói na relação com ele.

Referências

Aragão, R. O. (2011). *Tornar-se mãe de seu próprio filho*. Curitiba: Honoris Causa.

Battikha, E. C. (2017). *A comunicação do diagnóstico na UTI neonatal: médicos e pacientes: assimetrias e simetrias*. São Paulo: Escuta.

Battikha, E. C. *et al.* (2017, jan.-mar.). As representações maternas acerca do bebê que nasce com doenças orgânicas graves. *Psicologia: Teoria e Pesquisa, 23*(1), 17-24.

Cohen, D. (2011). Acompanhamento ecográfico pré-natal de gravidez com suspeitas de má-formações: estudo do impacto sobre as representações maternas. *In* M. C. Lasnik, & D. Cohen (Orgs.). *O bebê e seus intérpretes: clínica e pesquisa*. São Paulo: Instituto Langage.

Davoudian, C. (2013). Perturbações psicossomáticas do bebê... *In* I. K. Marin, & R. O. Aragão (Orgs.). *Do que fala o corpo do bebê*. São Paulo: Escuta.

Druon, C. *et al.* (1999). Intervenções psicológicas em neonatologia. *In* D. B. Wanderley (Org.). *Agora eu era o rei: os entraves da prematuridade*. Salvador: Ágalma.

Iaconelli, V. (2015). *Mal-estar na maternidade: do infanticídio à função materna*. São Paulo: Annablume.

Jerusalinsky, J. (2002). Crônica de um bebê com morte anunciada – intervindo com a instauração do sujeito na eminência da morte. *In* L. M. F. Bernardino, & C. M. F. Rohenkohl (Orgs.). *O bebê e a modernidade: abordagens teórico-clínicas*. São Paulo: Casa do Psicólogo.

Mannoni, M. (1995). *A criança retardada e a mãe*. São Paulo: Martins Fontes. (Trabalho originalmente publicado em 1964)

Morsch, D. S. *et al.* (2012). Redes de suporte à parentalidade em UTI Neonatal. *In* A. B. Piccinni, & P. Alvarenga (Orgs.). *Maternidade e paternidade em diferentes contextos*. São Paulo: Casa do Psicólogo.

Pannunzio, L. (2016). *Para ler quando crescer*. São Paulo: Pólen.

Tezza, C. (2007). *O filho eterno*. Rio de Janeiro: Record.

Vaisberg, T. M. A., & Granato, T. M. M. (2006). A preocupação materna especial. *In* T. M. A. Vaisberg, & T. M. M. Granato. *Ser e fazer: na clínica winnicottiana da maternidade*. Aparecida, SP: Ideias & Letras.

Winnicott, D. W. (2000). A preocupação materna primária. *In Da pediatria à psicanálise: obras escolhidas*. Rio de Janeiro: Imago. (Trabalho originalmente publicado em 1956)

Sobre os autores

Ana Cecília Silveira Lins Sucupira – Mestre em Medicina Preventiva e doutora em Pediatria pela Faculdade de Medicina da Universidade de São Paulo (FMUSP), especialista em Saúde Pública pela Faculdade de Saúde Pública (FSP) da USP, professora do Departamento de Pediatria da FMUSP e presidente do Instituto Trevo de Quatro Folhas – Sobral (CE).

Andrea Amaral de Almeida Prado – Psicóloga pela Pontifícia Universidade Católica de São Paulo (PUC-SP), com especialização e aperfeiçoamento em Relação Pais-Bebê: Da Observação à Intervenção pelo Departamento de Psicanálise da Criança do Instituto Sedes Sapientiae e especialização em Psicoterapia Antroposófica (Emerson College). E-mail: aa.prado@uol.com.br

Anne Brun – Psicanalista, professora titular de Psicopatologia e Psicologia Clínica, diretora do Departamento de Psicologia Clínica da Universidade Lyon 2 (França). Autora do livro *Médiations thérapeutiques et psychose infantile*. Co-organizadora e autora com Chouvier B. e Roussillon R., do livro *Manuel des médiations* *thérapeutiques*, e com Roussillon R. *Formes primaires de symbolisation*, prêmio Évolution psychiatrique 2017. Autora de numerosos artigos em publicações especializadas.

Bianca Sordi Stock – Psicóloga clínica, social e educacional, com experiência em desenvolvimento socioemocional e gestão de equipes; professora da Pós-Graduação em Educação Infantil da Unisinos e da Pós-Graduação do Instituto Ivoti. Membro do Instituto Brasileiro de Psicanálise Winnicottiana; diretora da Vinculum Consultoria e Psicoterapia; mestre em Psicologia Social pela Universidade Federal do Rio Grande do Sul (UFRGS); especialista em Problemas do Desenvolvimento da Infância e Adolescência pelo Centro Lydia Coriat; consultora em Encorajamento e educadora parental certificada pela Positive Discipline Association (Estados Unidos); coordenadora de Grupos pelo Instituto Pichon Rivière. Tem MBA em Liderança e Estratégia Organizacional.

Bruna Ballan Maluhy – Psicóloga e psicanalista, mestranda em Psicologia Clínica no Núcleo de Psicossomática e Psicologia Hospitalar Pontifícia Universidade Católica de São Paulo (PUC-SP), com especialização e aperfeiçoamento na Relação Pais-Bebê: Da Observação à Intervenção pelo Instituto Sedes Sapientiae e especialização em Psicologia Hospitalar no Hospital das Clínicas da Faculdade de Medicina da Universidade de São Paulo (HC-FMUSP). E-mail: brunamaluhy@yahoo.com.br

Carla Boy – Mestre em Psicologia Social pela Universidade do Estado do Rio de Janeiro (UERJ-RJ), especialista em Saúde Mental pela Fundação Oswaldo Cruz (FIOCRUZ-RJ), especialista em Psicanálise pela Universidade Veiga de Almeida (RJ), especialista em Preceptoria no SUS – Sírio Libanês/UFRJ, psicóloga clínica do Centro de Atenção Psicossocial Infantojuvenil (CAPSI) de Macaé-RJ.

Celso Gutfreind– Psiquiatra pela Associação Brasileira de Psiquiatria (ABP), psicanalista de adultos, crianças e adolescentes pela Sociedade Brasileira de Psicanálise (SBP) de Porto Alegre, doutor em psicologia pela Universidade de Paris, escritor com 41 livros publicados entre poemas, ensaios e ficção

Christine Davoudian – Psicanalista, é médica no Centre de Protection Materno Infantile (PMI), na França, e psicoterapeuta de migrantes no Centre de Médecins du Monde. Diretora de filmes documentários. Organizadora e autora dos livros *Mères et bébés sans papiers* (Érès, 2012); *La grossesse: une histoire hors normes* (Érès 2014); e *Mères et bébés en errance migratoire* (Fabert, no prelo).

Claudia Ravera – Psicomotricista pela Universidad de la República Oriental del Uruguay (Udelar), graduada em Clínica da Perinatalidade e Trastornos do Vínculo Precoce, curso coordenado pelo Prof. Victor Guerra na Clínica de Psiquiatría Pediátrica da Universidad da República em convênio com a Universidade de Aix-en-Provence (França) e a Ulbra de Porto Alegre (Brasil). Membro de equipes interdisciplinares de serviços hospitalares (neuropediatria e pediatria) e de equipes particulares coordenadas por psiquiatras psicoanalistas (Clínica Uno, Clínica del Niño). Docente da Clínica Psicomotriz do Bebê e da disciplina Diagnóstico e Tratamento na Licenciatura de Psicomotricidae da Udelar. Autora do livro *Clínica psicomotriz do bebê* e coautora dos livros *Corpo e representação* e *Diálogos com Bernard Aucouturier*. Integrante da equipe docente do curso Métodos de Observação da Primeira Infância, iniciado por Víctor Guerra em 2009.

Cristiane da Silva Geraldo Folino – Psicóloga e psicanalista, doutora e mestre pelo Instituto de Psicologia da Universidade de São Paulo (USP). Membro do Departamento de Formação em Psicanálise do Instituto Sedes Sapientiae. Docente do curso Relação

Pais-Bebê: Da Observação à Intervenção no mesmo Instituto. Membro do Departamento de Saúde Mental da Sociedade de Pediatria de São Paulo. Membro filiado da Sociedade Brasileira de Psicanálise de São Paulo. E-mail: cristianegf@uol.com.br

Cristina Keiko Inafuku de Merletti – Psicóloga, psicanalista, doutora em Psicologia Escolar e do Desenvolvimento Humano pelo Instituto de Psicologia da Universidade de São Paulo (USP), especialista em tratamento e escolarização de crianças com transtorno do espectro autista (TEA) pelo programa Psicologia Escolar e do Desenvolvimento (PSA-USP); docente titular do Programa de Pós-Graduação em Educação na Unib, sócia e membro da equipe clínica do Lugar de Vida – Centro de Educação Terapêutica

Edilaine Maria Bronzeri Pugliese – Psicóloga e psicanalista, é membro filiado ao Instituto de Psicanálise da Sociedade Brasileira de Psicanálise de São Paulo. Tem formação em Psicanálise pelo Departamento de Psicanálise do Instituto Sedes Sapientiae e é especialista na Relação Pais-Bebê: Da Observação à Intervenção pelo Instituto Sedes Sapientiae. Graduada pela Pontifícia Universidade Católica de Campinas. E-mail: ebpugliese@hotmail.com

Eliane Pessoa – Psicanalista, membro efetivo da Sociedade Brasileira de Psicanálise do Rio de Janeiro (SBPRJ), psicanalista de crianças e adolescentes pela Associação Psicanalítica Internacional (IPA), membro da Associação Brasileira de Estudos sobre o Bebê (ABEBÊ) e da Associação Latino-americana de Observadores de Bebê (ALOBB), supervisora do projeto de atendimento no Centro de Atenção Psicossocial Infantojuvenil (CAPSI) de Macaé-RJ.

Fátima Maria Vieira Batistelli – Psicóloga pela Universidade de São Paulo (USP), especialista em Psicanálise de Crianças e Adolescentes pelo Instituto Sedes Sapientae, membro associado da

Sociedade Brasileira de Psicanálise de São Paulo (SBPSP), membro da Clínica 0 a 3 – Intervenção nas relações iniciais pais/bebê-criança pequena do Centro de Atendimento Psicanalítico da SBPSP, membro do Grupo Prisma de Psicanálise e Autismo (GPPA) e do Departamento de Saúde Mental da Sociedade de Pediatria de São Paulo. E-mail: fvbatistelli@gmail.com

Francisca Julia dos Santos Sousa – Enfermeira, especialista em Enfermagem Obstétrica, mestre em Saúde da Família pela Universidade Federal do Ceará (UFCE) e ex-coordenadora da Estratégia Trevo de Quatro Folhas.

Gisele Escorel – Psicopedagoga clínica em consultório particular, tem pós-graduação *lato sensu* em Psicopedagogia pela Universidade Católica de São Paulo. Especialização e aperfeiçoamento na Relação Pais-Bebê: Da Observação à Intervenção pelo Instituto Sedes Sapientiae. Foi membro integrante do Laboratório de Psicopedagogia do Instituto de Psicologia da USP entre 1993 e 2012 e é coautora de publicações nas revistas científicas da Abrapee e da Psicologia Escolar e Educacional. E-mail: gisele.escorel@gmail.com

Iasmin Morínigo – Psicóloga clínica e Coordenadora do Centro de Atenção Psicossocial Infantojuvenil (CAPSI) de Macaé-RJ, entre 2016 e 2019.

Isabela Lemos Arteiro – Graduada (2002) em Psicologia pela Universidade do Oeste Paulista (UNOESTE, SP) e especialista (2005) em Psicanálise pela Universidade Católica Dom Bosco (MS), é mestre (2007) e doutora (2017) em Psicologia Clínica pela Universidade Católica de Pernambuco. Professora adjunta na Universidade Federal da Paraíba e pesquisadora nas seguintes áreas: intervenção precoce em psicanálise, parentalidade, clínica psicanalítica, desenvolvimento emocional primitivo. E-mail: isabelalemos@gmail.com

Juliana de Souza Moraes Mori – Fonoaudióloga, doutoranda em Fonoaudiologia, especialista em Clínica Interdisciplinar da Primeira Infância, membro da REDE-BEBÊ-SP e integrante do Setor de Saúde Mental do Departamento de Pediatria e Fonoaudióloga do Núcleo de Bebês com Sinais de Risco em Saúde Mental do Departamento de Psiquiatria, ambos da Universidade Federal de São Paulo (Unifesp). E-mail: www.julianamori.com.br

Juliana Rodrigues Pinto – Mestre em Ciências Médica pela Universidade de São Paulo (USP), presidente do Comitê de Mortalidade Materno-Infantil de Sobral (CE), pediatra neonatalogista da Estratégia Trevo de Quatro Folhas, responsável pelo Projeto Coala e médica diarista da UTI neonatal da Santa Casa de Misericórdia de Sobral.

Marcela Pires Assef – Psicóloga, psicanalista, aspirante a membro do Departamento de Psicanálise do Instituto Sedes Sapientiae, membro e supervisora do Núcleo de Bebês com Sinais de Risco em Saúde Mental da Unifesp. Atua em consultório particular como psicanalista e supervisora.

Maria Cecília Pereira da Silva – Psicanalista, membro efetivo e analista didata, analista de criança e adolescente e docente da Sociedade Brasileira de Psicanálise de São Paulo (SBPSP). Coordenadora da Clínica 0 a 3 – Intervenção nas relações iniciais pais-bebê e da Clínica Transcultural do Centro de Atendimento Psicanalítico da SBPSP. Membro do Departamento de Psicanálise com Crianças e professora do curso Relação Pais-Bebê: da observação à intervenção do Instituto Sedes Sapientiae. Pós-doutora e doutora em Psicologia Clínica e mestre em Psicologia da Educação pela PUCSP.

Membro do Grupo Prisma de Psicanálise e Autismo (GPPA), Associação Latino-americana de Observadores de Bebê (ALOBB) e Rede Internacional de Estudos sobre a Psicanálise e a Psicopatologia do Infans (Rieppi). E-mail: mcpsilv@gmail.com

Maria Consuêlo Passos – Licenciada em Psicologia pela Faculdade de Filosofia do Recife (1973), com formação em Psicologia pela Faculdade de Filosofia do Recife (1973), mestrado em Psicologia pela Pontifícia Universidade Católica do Rio de Janeiro (1980) e doutorado em Psicologia (Psicologia Social) pela Pontifícia Universidade Católica de São Paulo (1991). Pesquisadora de família e desenvolvimento humano, tem experiência na área de Psicologia Social e Psicanálise, atuando principalmente com os seguintes temas: família, psicanálise da família, psicanálise e cultura, relação mãe-bebê, infância e adolescência. Professora do Departamento de Psicologia da Universidade Católica de Pernambuco desde agosto de 2009, com atuação na Graduação e no Pós-Graduação em Psicologia Clínica. E-mail: mariaconsuelopassos@gmail.com

Maria do Socorro Carneiro Linhares – Enfermeira doutora em Saúde Pública e mestre em Enfermagem pela Universidade Federal do Ceará (UFCE). Professora adjunta do curso de Enfermagem da Universidade Estadual Vale do Acaraú. Professora do mestrado profissional em Saúde da Família da Rede Nordeste de Formação em Saúde da Família (Renasf).

Maria Eugênia Pesaro – Psicóloga, psicanalista, doutora em Psicologia Escolar e do Desenvolvimento Humano pelo Instituto de Psicologia da Universidade de São Paulo (USP), sócia e membro da equipe clínica do Lugar de Vida – Centro de Educação Terapêutica

Maria Paula V. Zurawski – Graduada em Teatro pela Escola de Comunicações e Artes da Universidade de São Paulo (ECA-USP).

Tem doutorado em Educação pela Faculdade de Educação da USP, com uma pesquisa sobre teatro infantil e teatro para bebês. Participa, desde 1994, do Grupo Furunfunfum de teatro para crianças. Assessora pedagógica das temporadas infantis do Teatro Alfa; professora dos cursos de Pedagogia e de Pós-Graduação em Educação Infantil do Instituto Superior de Educação Vera Cruz, em São Paulo, e formadora em projetos de capacitação em redes públicas e particulares de todo o Brasil.

Mariângela Mendes de Almeida – Psicóloga e psicoterapeuta com mestrado pela Tavistock Clinic e University of London e doutorado pela Universidade Federal de São Paulo (Unifesp). Docente do Instituto Sedes Sapientiae e coordenadora do Núcleo de Atendimento a Pais-Bebês (Saúde Mental, Pediatria/Unifesp). Membro filiado ao Instituto de Psicanálise da Sociedade Brasileira de Psicanálise de São Paulo, participante da Clínica 0 a 3 e do Grupo Prisma de Psicanálise e Autismo (GPPA). Participante da Associação Latino-americana de Observadores de Bebê (ALOBB), Rieppi e Cippa. E-mail: mamendesa@hotmail.com

Marina Belém Lavrador –Psicóloga, psicanalista, mestranda em Psicologia Clínica pelo Instituto de Psicologia da Universidade de São Paulo (USP), possui aprimoramento profissional em Psicologia Hospitalar em instituição pediátrica pelo Instituto da Criança do Hospital das Clínicas da Faculdade de Medicina da USP, membro do LabPsi-USP (Laboratório de Psicanálise, Saúde e Instituição), membro da equipe clínica do Lugar de Vida – Centro de Educação Terapêutica.

Patrícia L. Paione Grinfeld – Psicóloga e sócia-fundadora da Ninguém Cresce Sozinho. Pós-graduada em Psicoterapia de Casal e Família pela Pontifícia Universidade Católica de São Paulo

(PUC-SP) e em Psicanálise na Perinatalidade e Parentalidade (Instituto Gerar).

Paula Ferraz – Psiquiatra pelo Instituto Philippe Pinel (RJ), especialista em Psiquiatria da Infância e da Adolescência (AFSA) pela Université Paris 5, mestre em Medicina Científica, Psicopatologia e Psicanálise pela Université Paris 7, psiquiatra do Centro de Atenção Psicossocial Infantojuvenil (CAPSI) de Macaé-RJ.

Paula Gandolfo Costa – Fonoaudióloga, mestre em Distúrbios da Comunicação pela Pontifícia Universidade Católica de São Paulo (PUC-SP), especializanda no curso de Estimulação Precoce Clínica Transdisciplinar, pelo Instituto Travessias da Infância – Centro de Estudos Lydia Coriat (SP). Coordenadora da Equipe de Fonoaudiologia na Rede D'Or São Luiz (Regional Leste – SP).

Paulo Sergio Fochi – Doutor em Educação na linha de Didática e Formação de Professores pela Universidade de São Paulo (USP) com estágio doutoral na Universidad de Barcelona (Espanha), mestre em Educação na linha Estudos sobre Infância pela Universidade Federal do Rio Grande do Sul (UFRGS) com estágio no exterior na Universidad Publica de Navarra (Espanha). Especialista em Educação Infantil pela Universidade do Vale do Rio dos Sinos (Unisinos) e em Gestão e Organização de Escola pela Universidade Norte do Paraná (Unopar). Professor do curso de Pedagogia, professor colaborador do Programa de Pós-Graduação; coordenador e professor do curso de especialização em Educação Infantil e pesquisador colaborador do Instituto de Inovação para a Educação (Unisinos). Coordenador do Observatório da Cultura Infantil (Obeci). Pesquisador colaborador do Contextos Integrados em Educação Infantil (USP/CNPq). Atuou em diversos trabalhos junto ao Ministério da Educação, dentre esses na elaboração da Base Nacional Comum Curricular para a Educação Infantil.

Rosana Maria Ojeda – Musicoterapeuta pela Facultad de Medicina da Universidad del Salvador de Buenos Aires – Argentina (1986); especialista em Clínica de la Estimulación Temprana (FEPI, Buenos Aires, Argentina, 1990) e acompanhante terapêutico pela A Casa São Paulo, Brasil (2012). Musicoterapeuta do Programa Bebês com Sinais de Risco em Saúde Mental do Departamento de Psiquiatria da Unifesp. Integrante da equipe Espaço de Fala. Membro fundador do Grupo Interdisciplinar em Saúde e Desenvolvimento AVER. Coordenadora de turma e professora do curso de especialização em Estimulação Precoce: Clínica Transdisciplinar do bebê do Instituto Travessias da Infância: Centro de Estudos Lydia Coriat (SP). Membro da REDE-BEBÊ-SP e do Conselho do Instituto Travessias da Infância: Centro de Estudos Lydia Coriat (SP).

Silvana Vieira Silveira Santos – Enfermeira e psicóloga com experiência institucional pela Universidade Federal de São Paulo (Unifesp), ambulatório de psiquiatria, e de consultório com bebês, crianças, adolescentes e adultos. Formação em psicanálise winnicottiana.

Stephania Batista Geraldini – Psicóloga e assistente social, doutora pelo Departamento de Psicologia Escolar e Desenvolvimento Humano da Universidade de São Paulo (USP), mestre em Early Years Development Infant Mental Health pela Tavistock Clinic e East London University, especialista em Psicologia da Infância pela Universidade Federal de São Paulo (Unifesp), Psicanálise com Crianças e Relação pais-bebê: da observação à intervenção pelo Instituto Sedes Sapientiae. E-mail: stebatistag@gmail.com

Sueli Benante – Residência em Saúde Mental no Centro de Atenção Psicossocial (CAPS) Porf. Luis Cerqueira de Rocha-USP especialista em Saúde Mental no Centro de Especialidades em Terapia

Ocupacional (CETO) e em Saúde Pública pela Universidade de Taubaté-SP, terapeuta ocupacional do Centro de Atenção Psicossocial Infantojuvenil (CAPSI) de Macaé-RJ.

Tereza Marques de Oliveira – Psicóloga, doutora em Psicologia Clínica pela Universidade de São Paulo (USP), mestre pela Universidade Presbiteriana Mackenzie, formação em Psicanálise da Criança pelo Instituto Sedes Sapientiae e especialista em Psicopatologia do Bebê pela Universidade Paris XIII e pela USP. Docente no Instituto Sedes Sapientiae e na Escola Paulista de Magistratura. Presidente da ONG Habitare. E-mail: tereza.m.o@hotmail.com

Vera B. Zimmerman – Psicanalista, membro do Departamento de Psicanálise do Instituto Sedes Sapientiae (SP), doutora em Psicologia Clínica pela Pontifícia Universidade Católica de São Paulo (PUC-SP), coordenadora do Núcleo Bebês de Risco em Saúde Mental do Departamento de Psiquiatria da Unifesp, professora e supervisora dos residentes em Psiquiatria Infantil do mesmo departamento; coordenadora do Curso de Aperfeiçoamento Clínica Interdisciplinar da Primeira Infância do Instituto Sedes Sapientiae.

GRÁFICA PAYM
Tel. [11] 4392-3344
paym@graficapaym.com.br